JN411686

이제는 복지시대!

다시 남원이다!

이제는 복지시대!
다시 남원이다!

초판 1쇄 인쇄 2026년 1월 26일
초판 1쇄 발행 2026년 1월 31일

지은이 김원종
펴낸이 소재두
펴낸곳 논형
편 집 심재진

출판등록 제386-3200000251002003000019호 2003년 3월 5일
주 소 경기도 고양시 덕양구 꽃마을로 36, DMC스타비즈 6st, 708호
전자우편 jdso6313@naver.com 전화번호 02-887-3561
팩 스 02-887-6900 정 가 20,000원
ISBN 978-89-6357-020-4 03810

이제는 복지시대! 다시 남원이다!

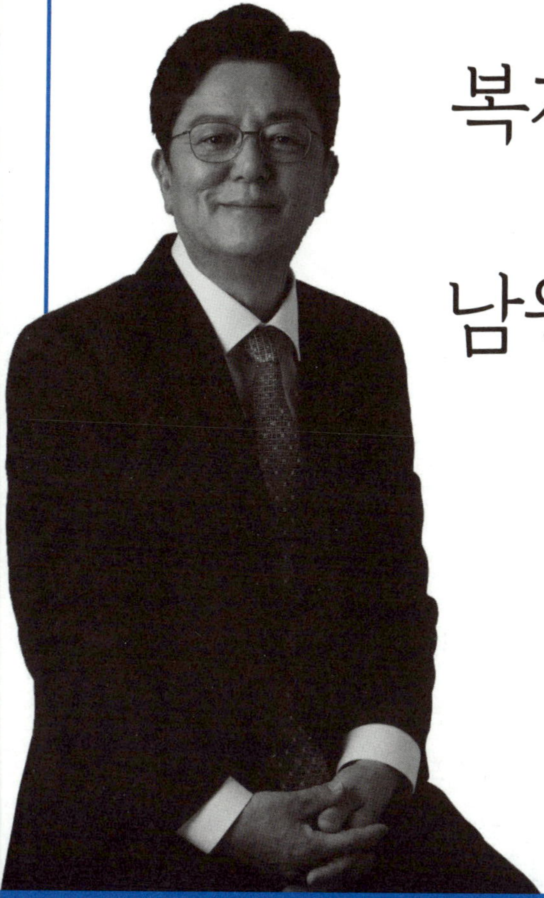

김원종 지음

시민과 동행하는 정책 실천가!
국가정책 설계자가 제시하는
'남원 발전 로드맵!'

프롤로그

오뚝이처럼 살았다. 제 아무리 쓰러뜨리고 넘어뜨려도 다시 일어서는 오뚝이처럼 말이다.

이런 삶을 선택했던 이유는 단순하다. 내가 열심히 하면 세상에 보탬이 되고, 내가 노력하면 누군가에게 도움이 될 수 있다는 믿음의 발로였다. 왜 사서 고생 하냐고 묻는 이들도 있었다. 그럴 때마다 나는 이렇게 대답하곤 했다. 나의 애씀이 다른 사람의 행복으로 이어질 수 있다면 이 보다 더 살맛나는 인생이 어디 있겠냐고. 물론 고단함은 있었다. 그러나 포기할 수 없었다.

오뚝이 삶의 건너편에는 석상의 삶이 있다. 다른 사람의 삶에는 아무런 관심이 없고 오로지 자신만 생각하는 삶이다. 석상은 주변 사람들이 아무리 힘들다고 외쳐도 냉담하게 외면한다.

"그게 나랑 무슨 상관이람?"

그렇다고 석상들이 귀를 틀어막고 늘 가만히 있는 것은 아니다. 이들도 눈과 귀는 있다. 남들에게 좋은 모습을 보이고 좋은 소리는 들어야 하므로 열심히 '척'은 한다. 때로는 아무것도 하지 않는 무능을 그럴싸하게 포장하기 위해 밤새워 일하기도 한다. 그런 이유로 그토록 열심인 모습을 보면 '그 에너지로 일을 하자'고 말하기조차 민망할 때가 한 두 번이 아니다.

나의 오뚝이 근성은 미국 유학시절에서 비롯되었다.

서울대학교 사회복지학과에 입학한 1982년 무렵, 제5공화국은 복지국가 건설을 내세웠다. 우리나라가 곧 복지천국이 될 것처럼 말하곤 했다. 당장 말처럼 세상이 변하지는 않을지라도 우리나라의 복지가 향상될 것이라는 기대를 걸었으나 현실은 따라주지 못했다. 그 복지라는 것이 굶어죽지 않을 정도로 시혜를 베푸는 수준이었다고 말하면 지나친 표현일까?

현실과 괴리감이 느껴지니 대학에서 배운 이론들은 도무지 피부에 와 닿지 않았다. 1987년 스물셋의 나이에 행정고시에 합격해 이듬해 보건복지부에 입사했지만 상황은 크게 달라지지 않았다. 우리나라 복지를 발전시키기 위해 무엇을 어떻게 해야 할지 막막했다. 당시 수준은 의료보험을 조합방식으로 할 건인가, 통합방식으로 할 것인가를 논쟁하는 정도였다.

그러던 중 1994년 미국으로 유학을 떠나게 되었다. 촌놈이 미국의 대학원을 가게 된 것이다. 조언을 해주는 사람이 있는 것도 아닌 처지라 일단 인디애나주립대학의 노인사회학gerontology 과정에 지원을 했다. 막상 가보니 그곳은 인디애나대학교가 있는 블루밍턴Bloomington이 아니라 테레 호트Terre Haute라는 지방도시에 있는 대학이었다. 게다가 사회심리학Soical Psychology 이론 중심의 수업이 과정의 대부분이었다. 영어도 서툰 나에게 이론 강의는 그야말로 고역이었다. 이 학교에 있어야 하나 말아야 하나 고민을 하다가 총무처에 사정사정한 끝에 뉴욕의 콜롬비아대학교 사회행정학과Social Administration로 전학할 수 있었다.

콜롬비아대학교는 내게 신대륙이나 다름없었다.

사회문제를 해결하기 위한 복지정책의 발달 과정, 복지 예산이 만들어지는 정치적 과정, 각종 사회복지 프로그램이 설계되는 방식까지 촘촘하게 배울 수 있는 곳이었다. 이렇게 공부해 나가다 보니 '정책'이라는 것이 눈에 들어오기 시작했다. 그동안 혼자 고민하던 문제들을 한꺼번에 풀어놓고 살펴볼 수 있는 기회가 주어진 것에 감사했다.

이곳의 교육 과정은 상당히 빡빡했다. 평일은 현장실습과 학교수업을 번갈아가며 참여해야했고 주말에는 리포트를 써야 해서 쉴 틈이 없었다. 일정 소화만으로도 힘에 부쳐서 당시에 피웠던 담배도 자연스럽게 끊게 되었다.

실습은 뉴욕시청 복지국HRA: Human Resources Aministration에서 하게 되었는데 그곳에서 강직한 성품의 멘토도 만날 수 있었다. 어느 날 그의 책상 위에 놓인 작은 오뚝이 하나가 눈에 들어왔다. 자세히 들여다보니 오뚝이 아래에는 이런 문구가 적혀 있었다.

Keep me down, if you can.

(할 수 있다면, 나를 억눌러 봐.)

멘토는 홍콩에서 열린 장애인 행사에서 가져온 오뚝이

라고 했다. 장애인들의 강한 주체의식이 고스란히 담긴 문구였다.

그 시절 나는 깨달았다. 사회와 사회정책의 발전은 결코 순탄한 과정이아니라는 것을. 기득권의 견제와 반대를 뚫고 나아가야만 가능하다는 사실을 말이다. 사회복지는 수많은 오뚝이에 의해 조금씩 전진한다. 석상들만으로는 결코 이룰 수 없는 일이다.

한국으로 돌아와 미국에서 보고 배우고 느낀 정책들을 하나씩 현실로 옮기기 시작했다.

먼저 1999년, 국민기초생활보장제도를 도입해 우리나라에 자활지원시스템을 구축했다. 이는 1992년 미국의 '임시 지원 가족TANF, Temporary Assistance for Needy Families'을 벤치마킹한 것이었다. 이 TANF가 복지 축소를 목적으로 출발했다면, 우리나라에서는 국민기초생활을 탄탄하게 만들기 위한 장치였다는 점에서 그 출발점은 다르다.

2005년에는 노인요양시설과 재가요양시설을 대폭 확충했다. 미국의 너싱홈Nursing Home을 보며 고령화 사회를 위한 노인시설의 필요성을 절감했기 때문이다. 저소득층 노인을 위한 양로시설 정도만 있었던 과거에 비하면 비약적인 변화라 할 수 있다.

사회서비스 제도를 자리 잡게 한 것은 2006년, 당시 노무현 정권 때였다. 노 대통령께서는 '사회서비스'라는 개념 자체가 낯설던 시절임에도 그 확충을 강하게 주장하셨다. 나는 한걸음 나아가 '지역사회서비스 투자사업CSI, Community Services Innovation'을 제안했다. 중앙정부가 서비스를 정하는 방식이 아니라, 지역주민들이 필요한 서비스를 제안하면 중앙정부가 이를 채택하는 구조다. 이는 미국 사회보장법의 '유연한 사회서비스 기금SSBG, Social Services Block Grant'를 벤치마킹한 것이었다. 미국은 60년대에 들여온 각종 개별보조금을 조정하기 위해 SSBG를 활용했다. SSBG를 공부하면서 언젠가 우리나라에도 이런 정책을 펼쳐야 한다고 생각했는데 대통령님 덕분에 시기를 앞당길 수 있었다.

나랏일에 석상들만 있었다면 지역사회서비스투자사업이 지금까지 이어질 수 없었을 것이다. 그들은 이 정책이 가능하지 않는 이유만 입이 아프도록 설명하고 있었을 것이다.

2007년에는 노인장기요양보험법을 만들었다. 기실 우리나라는 이 제도를 시행할 준비가 충분치 않았다. 전 국민을 대상으로 보험료를 걷기에는 부끄러울 정도로 시설은 부족했고 급여 종류도 제한적이었다. 이를 보완하기 위해 나는 '노인돌보미사업'을 먼저 제안했다. 재정사업으로 시작해 기반을 만든 뒤 보험제도로 전환하자는 취지였다. 그러나 이미 정치권에서 제도 도입을 공언한 터라 그 흐름을 되돌리기는 어려웠다. 우회로를 찾아야 하는 상황이었다. 고민이 나날을 보낸 후 일본과 독일의 제도를 절충해 우리 현실에 맞는 노인장기요양보험법을 만들어 국회에 제출했다.

삼 년이 지난 2010년, 보건산업정책국장으로 일하며 '콜럼버스 프로젝트'를 기획했다.

당시 보건의료산업을 바라보는 두 가지 시각이 있었다. 하나는 중국 · 아세안 등으로 진출해 자본을 축적한 뒤 선진국으로 가자는 전략이었고, 다른 하나는 처음부터 미국시장에 도전해야 한다는 주장이었다. 나는 후자가 옳다고 판단했다. '미국 식품의약국 FDA, U.S. Food and Drug Administration'를 통과해야만 세계적인 제품이 탄생할 수 있고, 실패를 통해서도 배워야 한다고 믿었다.

석상들은 이를 비웃었다. 그들의 조롱을 뒤로하고 나는 밀어붙였다.

Keep me down, if you can.

(할 수 있다면, 나를 억눌러 봐.)

그 결과 오늘날 우리 보건산업은 놀라운 성장을 이뤄낼 수 있었다. 이 모든 것이 '콜럼버스 프로젝트'의 성과라고 할 수는 없지만 '우리도 할 수 있다'는 자신감만큼은 확실히 얻었다. 분명하고도 귀한 유산이었다.

이명박, 박근혜 정부시절은 내 인생의 시련기였다. 내가 온 힘을 다해 만든 공적 제도들이 석상들에 의해 무너져 가는 것을 맥없이 지켜봐야 하는 시기였다.

순간, 나는 깨달았다. 정부에서 나의 할 일이 끝났다는 것을. 더 넓은 세상으로 나아가 내가 믿는 방식으로 세상에 힘을 보태야할 시간이 왔다는 것을. 때가 왔다.

Keep me down, if you can.

(할 수 있다면, 나를 억눌러 봐.)

2026. 1.

김 원 종

목차

2장 그래도 괜찮아. 난 눈부시니까

_ 대한민국 복지 제대로 바꿔보자

3장 소원을 들어주는 작은 별

_ 지역이 바뀌려면 정치가 바뀌어야 한다

1. 오뚝이의 좌충우돌 정치 참여기

2. 소멸지역에 오뚝이 정신 붙여넣기

1장

오뚝이 김원종, 반딧불 김원종

1. 나는 내가 빛나는 별인 줄 알았어요

_ 김원종의 민간인 전환 수난기

소몰이 공무원 VS 낚시꾼 민간인

공무원은 공익을 위해 소몰이하듯 일하지만, 민간인은 낚시꾼처럼 기다림이 필요하다. 공직을 떠나서야 나는 속도를 늦추는 또 다른 능력을 배웠다.

공무원은 개인의 이익을 추구하는 사람들이 아니다. 일을 열심히 한다고 해서 그 대가가 곧바로 자신에게 돌아오는 구조도 아니다. 그래서 어떤 공무원은 게으르거나 책임지는 일을 회피하려는 경향을 보이기도 한다. 그러나 대다수의 공무원은 자신들이 공익public interest을 위해 일하고 있다는 사실을 잘 알고 있다. 자신의 노력에 대한 보상이 개인에게 돌아오지 않더라도, 그 결과가 국가의 이익을 키우고 시민들에게 혜택으로 돌아갈 것이라는 믿음이 있다. 그 믿음이 있기에 힘들어도 끝까지 버티며 최선을 다한다. 내가 직장생활 초창기에 근무했던 과천 정부청사는 밤에 불이 꺼지는 일이 거의 없었다. 많은 사람들이 야근을 하고, 또 야근을 했기 때문이다.

반면 공무원이 아닌 민간인은 다르다. 민간인은 자신의 이익을 위해 일하고, 일을 하지 않는다고 해서 누가 공식적으로 질책하지도 않는다. 이익을 극대화하기 위해 파트너와 협상을 해야 하고, 자칫 서두르면 오히려 협상에서 불리한 위치에 놓이기 쉽다. 그래서 속으로는 급해도 겉으로는 느긋한 태도를 유지해야 한다. 전문성이나 네트워크가 부족해 일이 지연되는 경우도 적지 않지만, 그럴수록 조급함을 드러내는 것은 도움이 되지 않는다.

공무원들이여, 퇴직 후 민간인과 일을 하게 된다면 급하게 몰아붙이기보다 여유를 갖고, 상대방이 먼저 협상을 청해올 때까지 기다리는 자세가 필요하다. 유능한 공무원은 소를 몰 듯 가열차게 일하여 국민들에게 기여하는 것이 미덕이다. 그러나 민간인이 되어서도 소몰이하듯 일하면 상대방은 오히려 불안해한다. 민간인은 공무원처럼 불도저식으로 시간을 다투며 일해 본 경험이 많지 않다고 생각하는 편이 좋다. 민간인이 되면 소몰이꾼이 아니라 낚시꾼이 되어야 한다. 낚싯대를 던져놓고, 고기가 물때까지 차분히 기다리는 인내가 필요하다. 투자 기회를 놓치면 다시는 오지 않을 것처럼 조바심을 낼 필요도 없다. 투자 기회는 시내버스와 같다. 놓쳐도 버스는 곧 다시 온다.

공익을 위해 앞만 보고 달리던 나는 공직생활에 벗어나서야 비로소 속도를 늦추는 것이 또 하나의 능력임을 배웠다. 국가를 위해 달리는 법은 배웠지만, 사람의 마음을 기다리는 법은 민간에서 다시 배워야 했다.

참고 – 관련기사

2010년 보건복지부 보건산업정책국장에 임명된 김원종 전 국장이하 'K' 전 국장은 보건산업 북미시장진출 특화전략을 '콜럼버스 프로젝트'라고 명명한다. 보건산업을 어떻게 글로벌화 할 것인지에 대한 명확한 답이 나오지 않자 '콜럼버스'를 떠올렸다고 필자에게 토로한 바 있다. 콜럼버스는 모험심에 불타는 용감한 선원들을 이끌고 미지의 바다를 향해 출항했고 망망대해를 건너 마침내 신대륙에 닿았다. 우리나라는 보건산업에 닻을 올릴 때가 지금이라고 K 전 국장은 생각했다. 진수희 제49대 보건복지부장관이 재임하던 때이다. K 전 국장은 우리나라처럼 내수시장이 작은 나라에서 산업은 수출을 목표로 해야 한다는 점을 알고 있었다. 글로벌 시대에 국내에 머물러서는 경쟁력도 오르지 않는다. 그가 글로벌화를 어떻게 추진하고 있느냐고 제약업계 관계자에게 물었더니 이구동성으로 중국이나 동남아시장을 겨냥하고 있다고 답했다. 미국시장은 기술력이 떨어지고 자본도 부족해 염두가 안 나니 아시아에 우선 진출해 돈을 번 다음 미국으로 진출하겠다는 일종의 우회전술이었다. K 전 국장은 보건산업은 사람 몸에 직접 관계되는 것으로 임상이 경쟁력의 원천이라 믿었다. 임상이 가장 강하고 비중이 큰 시장은 미국이다. 중국에서나 통하는 실력으로는 미국을 넘볼 수 없다. 힘에 부치겠지만 미국에 먼저 들어가야 한다. 미국식품의약국FDA의 기준을 통과 못하면 세계 어느 나라든 들어갈 수 없다. 실패하더라도 그것을 바탕으로 자꾸 부딪히면 벽을 뚫을 수 있다는 게 K 전 국장의 생각이었다.

홍성익 부국장

'콜럼버스 프로젝트' 참여기업 선정은 한국보건산업진흥원이 평가위원회를 구성해 북미시장 진출 경험 유무, 진출 의지, 제품 경쟁력 등을 종합적으로 따졌다. 총 41개 기업에 제약이 21개 기업, 의료기기가 17개 기업 화장품이 3개 기업이었다. 참여기업에 △북미 임상시험 연구개발R&D 지원 시 가산점 부여 △지적재산권 관리 · 분석 및 특허컨설팅 지원 △현지 인허가 관련 파트너십 구축 △인허가 컨설팅 및 획득비용 지원 △현지마케팅 지원 등의 맞춤형 서비스를 제공했다. K 전 국장은 이 '콜럼버스 프로젝트'를 본격 가시화하기 위해 기업 관계자들과 함께 미국에 몇 차례 다니면서, 미국 FDA 소속 한국인 직원들을 만나고 교포 의사회와도 접촉해 우리 제품을 임상에 써 달라고 부탁했다. 현지의 과학기술자들과 세미나도 했고, 양해각서도 체결하는 식으로 보건산업정책국장으로 재임하는 동안 '콜럼버스 프로젝트'에 집중하며 계속 미국의 문을 두드렸다. 2015년 한미약품은 바이오신약 개발 기반기술 '랩스커버리Lapscovery'로 대성공을 거뒀다. 한미약품 경영진과 연구기술진의 오랜 노력의 결과다. 한미약품 역시 북미시장의 가치를 알아보고 미국 임상시험에 도전했고, 결국 8조원의 '대박'을 터뜨린 것이라고 술회한다.

그 다음 수순으로 K 전 국장은 R&D 투자를 성실하게 수행하는 제약기업을 선발해 '혁신형 제약기업'으로 인증했다. 총 83개 사가 신청했고 최초로 43개 사가 인증 받았다. 리베이트가 적발되면 인증을 바로 철회한다는 조건을 붙여 병원의 리베이트 요구를 거절할 명분을 만들고, 물질적 지원보다 브랜드라는 무형자산의 가치를 올렸다. 기업들로서는 병원의 리베이트 요구를 거절할 명분을 확보했다는 의미가 있었다. K 전 국장은 '병원수출사업'을 통해 본격적인 경쟁력을 갖춘 대학병원들을 내보내자고 주장했다. 약을 가장 많이 소비하는 것이 병원이고, 임상시험을 하는 곳도 병원이다. 병원도 이제 단순히 투약만 하지 말고 스스로 개발할 생각을 가져달라고 주문했다. 당시 보바스 기념병원이 두바이에 요양병원을 운영하는 등 개인병원들은 해외에 이미 많이 나가 있었으며, 제약 산업을 발전시키는 역할에서 빼놓을 수 없는 게 바로 병원이다. 해외환자유치사업도 재검토했다. 중동에서 환자 등을 꽤 데려왔는데 환자 1명에 1천만 원 벌기가 쉽지 않다. 1명, 2명 데려오는 것을 사업이라고 부를 수 있겠는가. 그 쪽 환자들로 여기까지 오기 힘들다. 차라리 병원을 수출하자! 우리나라가 나가서 환자들을 치료해주면 될 게 아닌가. 멀리 보면 길을 찾을 수 있는 것이다. 이렇게 해서 서울대병원이 아랍에미레이트UAE의 왕립병원을 위탁 운영하게 됐다. 의료기기도 마찬가지다. 이러한 취지에서 '연구중심병원' 10곳을 선정했다. K 전 국장이 보기에, 우리 보건산업의 체질을 '실전용'으로 바꿔놓았던 계기는 '한국보건산업진흥원' 탄생이라 자평한다. 전에는 보건산업 육성방안은 R&D

참고 - 관련기사

지원으로 예산을 뿌려주는 것에 불과했지만, 이제는 정책의 가닥이 R&D 중심에서 사업 중심으로 이동했다. '콜럼버스 프로젝트'의 성공적인 추진과 적극적인 정부 육성책에 힘입어 많은 한국 보건의료기업의 글로벌 시장 진출로 한국보건의료산업이 세계 최강 경쟁력을 갖출 수 있을 것으로 확신한다. 행정고시 31회인 K 전 국장은 필자와 알고 지낸 지 강산이 두 번 이상 변할 정도의 시간이 지났다. 그는 참여정부 시절 성장과 복지의 동반성장을 위해 제시된 '국가비전 2030' 보고서를 창안한 당사자로도 유명하다. '국가비전 2030'은 저출산 · 고령화와 양극화에 따른 경제 저성장에 대응하기 위해 마련됐다. 당시 보건복지부 전략조정팀장이었던 K 전 국장은 "한국이 2010년대에 선진국에 진입하고 2020년대에 세계 일류국가로 도약해 2030년에는 '삶의 질' 세계 10위에 오른다"는 내용의 '비전 2030-함께 가는 희망 한국'이란 보고서를 발표했다. 그는 보건복지부에서 공직생활을 하며 박근혜 대통령 인수위원회 전문위원으로 참여한 바 있다. 이후 보건산업정책국장, 보건의료정책관을 거쳐 박근혜 정부에서 비서실 보건복지비서관실 공동선임행정관을 지냈다. 지난해 질병관리본부 국립인천공항검역소장을 지내고 공직에 마침표를 찍었다. 이후 국민의당 정책위원회 부의장과 정책조정위원회 부위원장을 맡는 등 정치권에서 사실상 안철수 캠프의 보건의료 공약을 수립했다.

출처 : 의학신문(http://www.bosa.co.kr)

희망스타트, 드림스타트

희망스타트와 드림스타트의 차이는 명칭이 아니라 철학이다. 성과와 책임을 설계한 정책은 사라지고, 이해 없는 정치가 복지의 본질을 훼손했다.

우리나라 복지제도는 김대중 대통령의 국민의정부와 노무현 대통령의 참여정부 시절 본격적으로 도입·확대되었다. 그 시기에 청와대와 복지부에서 실무를 맡아 우리 사회복지제도의 틀을 세우는데 일정 부분 기여할 수 있었던 것은 지금도 큰 자부심으로 남아 있다. 김대중 대통령 재임 시절 공적부조제도인 국민기초생활보장제도가 도입되고, 이어 4대 사회보험체계가 완비되었다. 그로부터 얼마 지나지 않아 노무현대통령 시기에는 노인장기요양보험제도와 사회서비스제도까지 연이어 도입되면서, 외형상 단기간에 복지국가의 기본 골격이 갖추어지게 되었다.

다만, 제도 도입 과정이 다소 급하게 진행되었다고 생각이 되기도 한다. 그렇지만 그 변화는 분명 필요했고, 또 의미 있었다. 복지국가의 골격이 빠르게 세워진 만큼, 그 과정이 충분히 정제되지는 못했다는 점 역시 부인하기 어렵다. 보건복지부 내부에서도 이러한 급격한 변화에 적응하는 일은 결코 쉽지 않았다. 당시 공적부조를 담당하던 과장은 "국민기초생활보장제도가 도입되면 내 손에 장을 지지겠다"라는 말을 공공연히 하기도 하였다. 또 내가 요양제도 관련 부서로 가게 되면 "공무원으로서 제명에 못살 것"이라는 농담 섞인 우려를 듣기도 했다. 그만큼 기존 행정관행과는 전혀 다른 제도들이었기 때문이다.

노무현 정부 후반기는 우리나라 사회정책이 가장 역동적으로 발전하던 시기였다. 정부는 국정 이념을 대외적으로는 선진통상국가로, 대내적으로는 인적자원 개발에 투자하는 사회투자국가로 규정하고, 이에 걸맞은 여러 선진적인 정책들을 과감하게 도입하였다.

나는 당시 보건복지부 장관실 전략조정팀장으로 근무하며 사회투자 정책 개발을 담당했다. 희망스타트사업, 아동발달지원계좌Child Development Account, CDA지원사업, 사회서비스제도, 생애전환기 건강검진 사업 등은 모두 그 시기에 기획·도입된 정책들이다. 특히 희망스타트사업은 가정 해체와 소득불균형으로 빈곤아동이 늘어나고 있던 사회적 환경 속에서, 이들의 전인적 발달을 지원하기 위해 기획된 사업이었다. 빈곤아동과 그 가족을 대상으로 보건·복지·교육을 통합하여 맞춤형으로 제공하는 것이 핵심이었다.

아동발달지원계좌CDA지원사업도 역시 의미 있는 시도였다. 시설보호아동, 소년소녀가정아동 등 요보호아동 약 3만여 명을 대상으로, 보호자나 후원자가 매월 3만원을 적립하면 정부에서도 만17세까지 같은 금액을 매칭 적립해 주는 방식이었다. 이렇게 조성된 자금은 만 18세 이후 사회 진출 시, 학자금 · 기술습득 · 취업훈련 · 주거비용 등 자립을 위한 용도로 사용하도록 설계되었다.

노무현 정부 이후 출범한 이명박 정부는 새로운 복지제도를 도입하는데 별다른 관심이나 성과를 보이지 않았다. 그런 상황에서 인수위원회가 희망스타트 사업의 명칭을 '드림스타트'로 변경해 발표하는 것을 보고 실소를 금할 수 없었다. '드림'이라는 단어를 몰라서 '희망'을 쓴 것이 아니었기 때문이다. 미국의 헤드스타트Head Start에 걸맞은 명칭을 찾기 위해 저명한 교수들을 모시고 팔레스호텔에 모여서 여러 차례 논의한 끝에 탄생한 이름이 바로 '희망스타트'였다. 사업의 내실 강화나 확대 없이 이름만 바꾼 채 발표하는 모습은 당시 정부의 정책 인식 수준을 그대로 보여주는 장면이었다.

이후 출범한 박근혜 정부를 보며, 이명박 정부는 오히려 점잖은 편이었다는 생각마저 들었다. 박근혜 인수위원회가 행정안전부를 '안전행정부'로 개칭하며 '안전을 강조하는 정부'라고 설명하는 모습을 보면서, 이전 정부에서 보았던 기시감이 다시 떠올랐다.

박근혜 정부는 고용 · 복지 · 서민금융서비스를 한 곳에서 제공한다는 명분으로 고용복지플러스센터를 출범시켰다. 그러나 설계 과정에서 고용센터 중심 모델과 지자체 중심 모델이 병존했음에도, 지자체에 대한 불신을 이유로 고용센터 중심 모델만 채택되었다. 일자리와 복지의 상당부분은 지역실정에 맞게 지자체가 제공해야 함에도 불구하고, 지자체를 배제한 채, 고용노동부 중심으로 운영되다 보니 결과적으로 반쪽짜리 제도에 머물 수밖에 없었다. 실제로 고용복지플러스센터는 고용 중심의 통합사례관리 방식에 치우쳐, 지자체가 주체적으로 역할을 수행하지 못하는 한계가 분명히 드러났다.

박근혜 정부 인수위 시절의 일이다. 박근혜 당선자는 인수위원회 회의에서 부처 간 유사 · 중복 사업의 사례로 복지부의 희망리본사업과 노동부의 취업성공패키지를 언급했다. 나는 두 사업이 근로취약계층에게 일자리를 제공한다는 목표는 같지만, 방식과 철학은 근본적으로 다르다는 점을 설명했다.

희망리본사업은 민간기관에 사업을 위탁하고, 취약계층의 자활성과에 따라 성과금을 지급하는 방식이었다. 반면 취업성공패키지는 고용노동부 산하 고용센터 직원들이 인센티브 없이 수행하는 전형적인 관 주도 사업이었다. 사업 수행 주체와 동기 구조가 전혀 다른 두 제도를 단순히 '유사 · 중복'으로 판단하는 것은 정책에 대한 이해 부족에서 비롯된 오판이었다.

오히려 두 사업을 경쟁시켜 어떤 방식이 더 효과적인지 평가하는 것이 합리적이었을 것이다. 그러나 현실을 모르는 측근의 조언을 그대로 받아들인 지도자는 엉뚱한 결론을 내렸고, 그 결과 우리 사회보장정책에서 사실상 유일했던 성과 기반 민간 위탁 사업인 희망리본은 역사 속으로 사라졌다.

나는 이를 용산역 오전 8시 30분의 풍경에 비유하고 싶다. 민간이 운영하는 가게는 이미 불이 환하게 켜져 있는데, 공공기관이 운영하는 가게는 출근 시간이 아니라는 이유로 문이 닫혀 있다. 희망리본은 전자였고, 취업성공패키지는 후자였다. 그런데 한 나라의 최고 지도자가 "왜 민간가게가 이렇게 일찍 문을 여느냐"는 항의를 받아들여 민간가게의 문을 닫게 만들었다면, 그 결과가 어떠했을지는 불문가지다.

용산역 오전 8시 30분의 풍경

해외선진국을 둘러보아도 취약계층의 취업 지원은 공공 직접 수행보다는 성과급에 기반한 민간 위탁 방식이 대세다. 전문성 없는 정치 지도자와 현실을 모르는 학자들이 만들어낸, 우리나라 사회보장 정책 역사의 씁쓸한 해프닝이었다.

공직을 마치던 날

아침마다 '국가와 시민'을 먼저 떠올리며 문을 나섰고, 보상보다 사명이 중요하다고 믿으며 묵묵히 자리를 지켜왔다. 그 믿음이 흔들린 적은 거의 없었다.

내가 30년 공직생활을 마친 곳은 인천공항 국립검역소였다. 30년이라는 시간은 달력 속 숫자가 아니라, 하루하루 책임을 짊어지고 버텨온 삶의 무게였다. 그 시간은 쉽게 견뎌낼 수 있는 시간이 아니었다. 아침마다 '국가와 시민'을 먼저 떠올리며 문을 나섰고, 보상보다 사명이 중요하다고 믿으며 묵묵히 자리를 지켜왔다. 그 믿음이 흔들린 적은 거의 없었다.

보건복지부 약정국 약무정책과에서 주무서기관으로 근무하며 한약 분쟁, 약대 6년제 도입과 같은 민감한 현안들을 다뤘다. 새벽 퇴근이 일상이었고 주말에 제대로 쉬어 본 기억도 드물었다. 1998년 국민의 정부 출범 이후 기능별 조직 재편의 원칙에 따라 보건의료정책국이 신설되고, 의료 · 약무 · 식품정책을 총괄하는 정책총괄과가 만들어졌을 때에도 나는 이곳에서 보건산업진흥원 설립과 보건의료기본법 제정을 위해 밤낮을 가리지 않고 일했다.

나는 스물네 살의 나이에 보건복지부에 입사했다. 과천 청사로 출근하던 첫날의 기억이 아직도 어제 일처럼 생생하다. 부서에 가보니 직원들은 대부분 연배가 높았고, 나는 가장 어린 축에 속했다. 발령받자마자 의료보험제도과로 가서 의료보험 도시 지역 확대 업무를 맡게 되었다. 의료보험이 무엇인지도, 행정이 무엇인지도 모르는 상태에서 중간관리자 역할을 맡으려 하니 그야말로 죽을 맛이었다. 컴퓨터조차 도입되지 않았던 시절, 필경사가 손으로 보고서를 쓰고 여직원들이 기안문을 타이핑하던 때였다.

여드름 자국이 가득한 어리숙한 초임 사무관에게 기안하는 법을 차분히 가르쳐 주던 누님이 떠오른다. 집이 멀어 출퇴근이 힘들다던 그분은, 지금은 어디에서 어떤 하루를 보내고 계실까. 이제는 퇴직을 앞두었을 양혜주 씨, 의료보험연합회에서 파견 나와 함께 일했던 안진수 씨의 얼굴도 선명하다.

그렇게 어리버리한 초임 시절을 지나 미국 유학까지 마치고 돌아오자, 우리나라 복지제도의 방향에 대한 나름의 확신이 생겼다. 일이 두렵지 않았다. 오히려 점점 재미있어졌다. 나이가 어리다는 이유로 새로운 일이 자주 나에게 주어졌지만, 부담보다는 사명감이 앞섰다. 우리나라 복지제도를 새로 만든다는 자부심, 배운 지식을 현장에서 구현해간다는 보람 덕분에 힘든 줄도 몰랐다. 그렇게 청춘을 통째로 공직에 바쳤다.

그러나 30년 가까운 세월이 흐른 뒤, 삭막한 인천공항 검역소 사무실에 앉아 공직을 내려놓으려 하자 미래에 대한 두려움이 밀려왔다. 몸이 바들바들 떨렸고, 눈앞이 순간 캄캄해졌다. '내가 나가서 무엇을 할 수 있을까? 잘할 수 있을까? 나를 알고 아껴주던 사람과 헤어져, 누구와 다시 일하게 될까?' 수많은 걱정이 한꺼번에 나를 덮쳤다.

그렇다고 해서 결심이 흔들리지는 않았다. 이명박 · 박근혜 정부는 내가 있어야 할 정부가 아니다. 국민을 분열시키고 억누르는 정부를 위해 봉사할 이유는 없다. 독일군에 협력했던 프랑스 비시 정부와 같은 정권 아래에서 일했다는 불명예를 감수할 수 없었다.

공직을 떠나던 날 몇 가지 결심을 했다.

첫째, 이번 생에서는 더 이상 월급쟁이를 하지 않겠다고 마음먹었다. 100세 인생의 3분의 1을 월급에 기대어 살았는데 남은 삶까지 그러는 것은 의미가 없다고 느꼈다. 앞으로의 시간은 전적으로 내 선택과 책임 아래 두기로 마음먹었다. 상급자와의 식사를 위해 내 약속을 깨는 일은 다시는 하지 않겠다고 다짐을 했다.

둘째, 임명직은 맡지 않겠다고 결심했다. 잘못된 지시를 받는 일에 지쳤다. 그런 지시를 따르려고 해외에서 밤잠을 설쳐 가며 공부한 것도 아니었고, 크리스마스이브에 담요를 뒤집어쓰고 사무실에 남아 있던 것도 아니었다.

셋째, 후배들을 귀찮게 하지 않겠다고 다짐했다. 공무원 생활에서 가장 후회되는 일이 후배들을 밤새도록 일하게 몰아붙였던 기억이다. 신임사무관에게 "내일 아침 국 · 과장 회의에서 보고하라"고 지시하며 퇴근하던 내 모습은 돌이켜 보면 참으로 매정한 상관이었다. 다행히 후배들은 유능했고 묵묵히 그 요구를 감당해 주었다. 그 덕분에 훌륭한 인재로 성장했지만, 다시 그런 기회가 온다면, 절대 같은 방식을 선택하지 않을 것이다.

그럼에도 정부에서 일한 시간에 대해서는 감사함이 크다. 공직자가 아니었다면 결코 만나지 못했을 훌륭한 분들로부터 많은 것을 배웠다. 유시민 장관, 전재희 장관, 변재진 장관, 김근태 장관, 임채민 장관. 모두에게서 삶과 공직의 의미를 배웠다. 국가는 부족한 나에게 해외 유학의 기회를 주었고, 국제기구에서 일할 수 있도록 배려해 주었다. 그것만으로도 과분했다.

이제, 나의 길로 가자.
나는 오뚝이다.
쓰러뜨려도 끝내 쓰러지지 않는 오뚝이다.
Keep me down, if you can

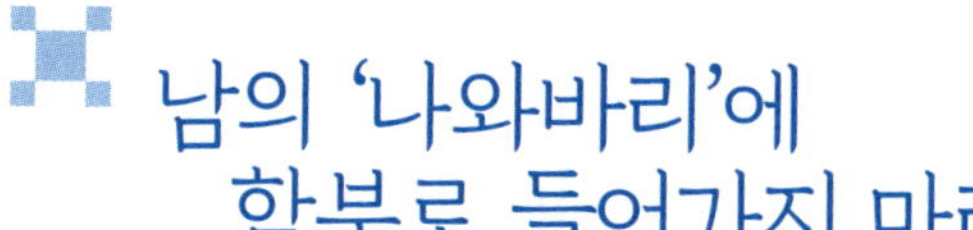

남의 '나와바리'에 함부로 들어가지 마라

민간에서는 옳은 말보다, 먼저 그 자리에 있었는지가 더 중요했다.

공직을 마치고 밖으로 나오자, 세상은 생각보다 조용하지만 단단하게 구획되어 있었다. 민간에는 민간의 질서가 있었고, 그 질서의 이름은 흔히 '나와바리'라고 불렸다. 공직에 있을 때 나는 제도와 법, 직제 속에서 움직였다. 누구의 영역인지 따질 필요가 없었다. 업무는 업무였고, 공익이라는 이름 아래 필요한 일에는 당연히 손을 뻗을 수 있었다. 때로는 조심스러울지언정, "그건 네 일이 아니다"라는 말을 정면으로 듣는 일은 드물었다. 오히려 공직의 할거주의에 대해 끊임없이 경고를 받았고, 업무의 경계를 넘어서 일을 하라는 지시를 귀에 따갑게 들었다.

그러나 민간은 달랐다. 민간에는 이미 오래전부터 자리를 잡은 사람들이 있었고, 각자의 영역은 보이지 않는 선으로 나뉘어 있었다. 그 선을 넘는 순간, 즉각 반응이 돌아온다. 이유를 설명하지도 않는다. 그냥 불편해지고 차가워지고, 문이 닫힌다.

'나와바리'는 실력의 문제가 아니었다. 옳고 그름의 문제도 아니었다. 먼저 들어와 자리를 잡았는지, 그 판에서 오래 숨 쉬었는지의 문제였다. 공직에서의 습관대로 "이건 이렇게 하는 게 맞지 않습니까"라고 묻는 순간, 그 질문은 개선 제안이 아니라 침범으로 받아들여지기 십상이었다. 선의의 전문성은 때로 가장 위험한 무기가 된다. 한 번은 내가 가진 경험과 지식이 분명히 도움이 될 수 있는 영역이라고 생각한 적이 있다. 공공의 영역에서는 충분히 환영받았을 이야기였다. 그러나 민간에서는 그 순간, 나는 외부인이었고, 더 나아가 '위험한 외부인'이 되었다.

나는 대한민국의 자활제도를 도입한 장본인이다. 은퇴한 후 어느 지역에서 자활사업을 직접 한번 해볼까 하는 생각을 한 적이 있다. 은연중에 자활사업에 내가 어느 정도 지분이 있다는 생각에서였을 것이다. 자활사업으로 이익을 보려는 의도는 아니었다. 다만 우리나라 자활사업에 비전을 보여 줄 수 있도록, 새로운 사업 유형을 만들어 보고 싶었다. 그러나 그건 어디까지나 내 생각이었다. 해당 지역에 계신 분들은 자칫 자신들의 사업 영역에 외부인이 들어올 수도 있다는 가능성만으로도 격렬한 반응을 보였다. 사업에 신청조차 하지 않았는데, 그럴 가능성이 있다는 심증만으로도 공격이 시작되었다. 어처구니없었지만, 그제야 깨달았다.

민간은 자유로운 공간이 아니라, 각자가 피와 시간으로 일군 작은 왕국들의 집합이라는 사실을. 나와바리를 존중하지 않으면 실력도, 명분도 소용이 없다. 허락 없이 발을 들이면 "큰 코 다친다"는 말은 과장이 아니었다. 다치고 나서야 그 선이 보이기 때문이다.

공직에서 배운 것이 '문제를 해결하는 방법'이었다면, 민간에서 처음 배운 것은 '먼저 물러서서 지켜보는 법'이었다. 누가 주인인지, 누가 오래 이 판을 지켜왔는지, 그 암묵적인 질서를 읽지 못하면 아무 일도 시작할 수 없다. 공직에서는 능력이 길을 열어 주었지만, 민간에서는 태도가 길을 연다는 사실을 뒤늦게 배웠다.

이 세계에는 나와바리가 있다. 그것을 인정하는 순간부터, 비로소 내가 설 자리가 조금씩 보이기 시작했다.

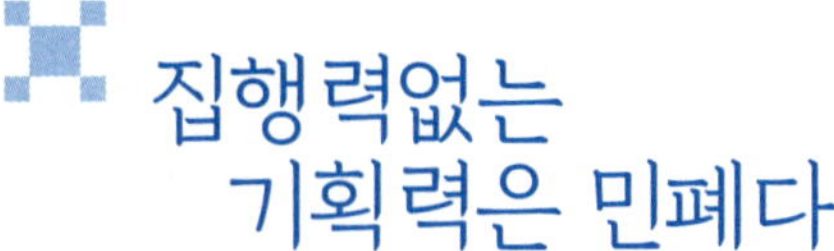

집행력없는 기획력은 민폐다

공직에서 통하던 기획력은, 민간에서도 집행 인프라를 갖출 때 비로소 힘을 발휘한다.

공직에 몸담으며 깨달은 중요한 사실 하나가 있다. 공무원 조직은 이미 집행을 위한 인프라가 갖추어진 조직이라는 점이다. 법과 제도, 예산, 인력, 절차가 체계적으로 준비되어 있어 기획만 제대로 되면 집행은 큰 무리 없이 따라온다. 그래서 공직사회에서는 무엇보다 기획의 방향성과 완성도가 중요하다. 기획이 반듯하면 조직은 움직이고, 정책은 현실이 된다.

그러나 민간은 전혀 다른 세계다. 민간 영역에는 기획을 실행으로 옮길 조직·자본·인력이라는 인프라가 갖추어져 있지 않은 경우가 대부분이다. 아무리 번뜩이는 아이디어와 훌륭한 기획이라 하더라도, 그것을 실제로 실행할 힘이 없으면 현실은 달라지지 않는다. 오히려 준비되지 않은 상태에서 제시된 기획은 현장을 혼란스럽게 만들고, 책임질 수 없는 약속이 되어 버리기도 한다.

그래서 나는 점점 이렇게 생각하게 되었다. 집행력을 동반하지 않은 기획력은 때로는 무능이 아니라, 민폐가 될 수 있다는 사실을. 실행을 고려하지 않은 기획은 사람들을 지치게 하고, 현장을 소모시키며, 결국 기획 그 자체에 대한 불신을 키운다.

고위 공무원으로 퇴직한 분들이 우스갯소리처럼 자주 하는 말이 있다. "사무관 좀 없나?"라는 말이다. 공직에 있을 때는 유능한 사무관들이 기획을 현실로 만들기 위해 대부분의 일을 해주었는데, 막상 조직을 떠나고 나면 모든 것을 스스로 해야 한다는 사실을 그제야 실감하게 되는 것이다. 이 말 속에는 공직의 기획력이 집행 인프라에 얼마나 크게 의존하고 있었는지에 대한 자조가 담겨 있다.

나 역시 집행력이 제대로 갖추어지지 않은 상태에서 의욕적으로 일을 추진했다가 낭패를 겪은 경험이 있다. 바로 '노인일자리사업'이었다. 노인인력개발원에서 새로운 유형의 노인 일자리 개발을 위한 시범사업을 추진한다는 이야기를 듣고, 나는 병·의원과 약국 등을 대상으로 한 「보건의료 특화형 시니어 지하철 택배단일명 '플라잉택배단'」을 제안했다.

의약품과 의료기기는 진단과 치료에 전문성을 가진 의료기관이 주요 수요처이며, 건강과 생명에 직결되는 만큼 안전하고 정확한 배송이 필수적인 분야다. 어르신들이 의료 전문 배송을 담당할 경우, 의료기관이 요구하는 정확성을 충족할 뿐만 아니라 보건의료업체의 과도한 포장 부담도 줄일 수 있어 경쟁력이 충분하다고 판단했다.

실제로 플라잉택배단은 세포치료제 제조업체인 테고사이언스, 바이오기업인 시니어과학생명 등과 협약을 맺고, 병원 수술 시간이나 수요자가 원하는 시간에 맞춰 제품을 배송하는 업무를 성공적으로 수행했다. 특히 유산균처럼 정기 배송이 필요한 업체의 경우, 전용 포장 가방을 제작해 플라잉택배단을 활용하면 포장 쓰레기를 줄일 수 있고, 어르신 일자리를 통한 사회공헌에도 기여할 수 있다는 장점이 있었다.

플라잉택배 발대식 장면

문제는 집행 단계에서 발생했다. 노인 일자리 업무 시스템을 실제로 운용할 인력이 회계와 행정 관리 역량을 충분히 갖추지 못해 회계 관리에 문제가 발생한 것이다. 이후 서울시 감사 과정에서 회계 관리의 적정성에 대한 지적을 받고 나서야 별도의 인력을 투입해 간신히 문제를 수습할 수 있었지만, 이미 기관의 집행 역량에 대한 신뢰는 크게 훼손된 뒤였다. 결국 사업은 더 이상 지속하기 어려운 상황에 이르렀다.

돌이켜보면 사업의 취지와 기획은 옳았고, 성과도 분명히 존재했다. 그러나 집행 능력을 냉정하게 점검하지 않은 채 사업을 추진한 것이 실책이었다. 이 경험은 나에게 뼈아픈 교훈을 남겼다. 그 이후 나는 어떤 사업이든 추진하기 전에 반드시 그 일을 수행할 기관과 사람의 역량부터 따져보는 습관을 갖게 되었다. 아무리 좋은 기획이라 한들, 그것을 실행할 힘이 없다면 무슨 소용이 있을까. 이것은 공직을 떠나는 모든 공무원들이 반드시 유념해야 할 교훈이기도 하다.

좋은 사람보다 유능한 사람을 만나라

좋은 의도보다 중요한 것은 실행할 수 있는 능력이다. 은퇴 후에는 사람의 '성품'보다 '역량'을 먼저 보아야 한다.

내가 현직에 있을 때는 잘 몰랐다. 내 곁에 있는 동료들이 얼마나 유능한 사람들이었는지를.

돌이켜 보면 당연한 일이다. 중앙부처 공직자들은 대부분 행정고시를 거쳐 선발된 인재들이다. 공직에 본격적으로 들어오기 전 1년 이상 집중적인 교육을 받았고, 이후에도 매년 국내 최고의 강사진으로부터 교육을 받는다. 국내외 유수의 대학과 연구기관에서 장기 연수를 다녀온 사람들도 많다. 미국과 영국의 최고 대학에서 세계 최고 수준의 인재들과 함께 공부한 경험을 가진 이들도 적지 않다.

중앙부처 공직자들의 가장 큰 강점은 통찰력이다. 복잡하게 얽힌 문제 속에서 핵심을 정확히 짚어내는 능력이다. 불필요한 말은 줄이고, 문제가 무엇인지 분명히 규정한다. 그리고 그 문제를 해결하기 위한 최선의 대안을 제시한다.

하나의 보고서는 문제 제기부터 해결책까지 물 흐르듯 이어지고, 논리가 옆으로 새는 일이 없다. 최상의 대안을 구현하기 위해 어떤 장애 요인이 있는지, 누구와 협업해야 하는지도 반드시 포함한다. 그렇게 훈련받아 왔다.

하지만 은퇴하는 순간, 이런 유능한 동료들과 함께 일할 수 있는 행운은 더 이상 주어지지 않는다. 현직에 있을 때는 너무도 당연하게 받아들였던 '아름다운 페이퍼'는 더 이상 누가 대신 써 주지 않는다. 보고서를 PPT로 만들어 주는 사람도 없다. 모든 것을 스스로 해야 한다. 그래서 현직에 있을 때 가능하면 PPT 정도는 직접 만들어 보는 연습을 해 두는 것이 좋다. 바쁘다는 이유로 사무관들에게 의존하다 보면, 은퇴 후 반드시 난관에 부딪히게 된다.

물론 모든 공무원의 역량이 동일한 것은 아니다. 차이는 있다. 그러나 그 차이는 대체로 크지 않고, 충분히 보완 가능한 수준이다.

반면 민간은 전혀 다르다. 민간인의 역량은 천차만별이다. 기대에 미치지 못하는 경우가 훨씬 더 많다. 따라서 함께 일할 민간인이 어떤 역량을 갖고 있는지는 반드시 따져 봐야 한다. 가장 확실한 방법은 그 사람이 이전에 해 온 실적을 눈으로 직접 확인하는 것이다.

"이 정도는 별것 아니니까 잘하겠지"라는 막연한 기대는 대부분 후회로 돌아온다.

은퇴하고 얼마 지나지 않아 장인어른께서 제안을 하셨다. 우리 아파트를 처분하고, 그 돈으로 오래된 처갓집을 헐고 새 집을 지어 함께 살자는 이야기였다. 집이 많이 낡았고, 장인·장모님도 연로하셔서 깊이 고민한 끝에 내린 결심 같았다. 결국 그 제안에 동의했고, 집을 짓기로 했다.

주변에 건축사와 시공사를 하는 친구들이 많았기에 큰 걱정은 하지 않았다. 그동안 보아 왔던 미국과 프랑스의 아름다운 집들을 떠올리며, 미국식으로 지을까 유럽식으로 지을까 상상하는 것만으로도 즐거웠다.

그러나 막상 건축사들을 만나 보니 누구에게 설계를 맡겨야 할지 판단이 서지 않았다. 실력이 뛰어나다고 느껴지는 건축사는 비용이 너무 높아 선뜻 결정하기 어려웠고, 건축 일을 하는 친구들은 하나같이 손사래를 치며 거절했다. “우리나라에서 친한 사람 집은 짓는 게 아니다”라는 말만 남겼다.

몇 달 동안 결정을 못 하자 장인이 나섰다. 동네에 집을 지은 건축사가 있으니 그 사람에게 맡기자고 하셨다. 인상도 좋고 성품도 좋아 보였다. 어르신의 뜻도 있었고 다른 대안도 마땅치 않아 그 건축사에게 설계를 의뢰했다.

그의 기존 작품을 제대로 확인하지 않은 대가는 혹독했다. 몇 달이 지나도 내가 꿈꾸던 집의 모습은 나오지 않았다. 다시 하고 또 다시 해도 마찬가지였다. 그가 가져오는 설계는 동네에서 흔히 볼 수 있는 평범한 다가구주택에 불과했다. 알고 보니 그는 다가구주택만 지어 온 사람이었고, 고급 주택을 설계해 본 경험은 한 번도 없었다.

이미 비용을 지급한 뒤라 바꾸기도 어려운 상황에서, 시행을 하는 고교 동창 이강호 회장이 내 사정을 듣고 다른 회사가 만든 설계도를 구해 주었다. 결국 그 설계도로 집을 짓기로 하고, 기존 건축사에게는 우리 집에 맞게 수정만 해 달라고 요청했다.

그는 자존심이 상했는지 일에 성의가 없었다. 하나하나 설득해야 했다. 어느 날 아내가 설계도를 보며 말했다.

"우리 집은 빨래 널 데가 없네?"

정말 그랬다. 건축사에게 공간을 만들어 달라고 하자, 그는 옥상에 올라가서 널면 되지 않겠느냐고 했다. 평생 계단을 오르내리며 빨래를 널라는 말에 울화가 치밀었지만, 다시 검토해 달라고 요청했고 결국 중간에 다용도 공간이 추가됐다.

또 설계도에는 이삿짐이 들어올 공간도 없었다. 이삿짐은 어디로 들어오느냐고 묻자 한참을 고민하더니 창문을 다시 만들어 주었다. 모든 일이 이런 식이었다. 현장에 나와 보지도 않았다. 웬만한 일은 현장에서 알아서 처리해야 했다.

지금 내가 살고 있는 집은 그렇게 만들어졌다. 건축사가 처음부터 끝까지 책임지고 만든 집이 아니다 보니, 여기저기 이상한 점이 남아 있다. 대문 공간도 나중에 추가했고, 그 결과 부엌 창문 위치 때문에 음식 냄새가 온 집에 퍼지기도 한다. 성격은 좋은, 그러나 유능하지 못한 건축사를 만난 결과다.

그때 깨달았다. 집을 짓는다는 것은 결국 '건축'이 전부라는 것을. 중간에 돈이 들더라도 바꿨어야 했다는 것을. 사람 좋은 것이 중요한 것이 아니라, 유능한 사람과 일해야 한다는 것을. 무능한 사람을 만나면 돈은 돈대로 들고, 고생은 고생대로 하게 된다.

집을 간신히 지었는데, 진짜 문제는 준공 허가였다. 나는 법대로 집을 지으면 구청이 당연히 준공을 내주는 줄 알았다. 아니었다. 준공 역시 역량 있는 건축사가 구청과 원활히 소통해야 가능한 일이었다. 우리 건축사는 그마저도 부족했다.

결국 내가 직접 구청을 찾아다니며 준공 허가를 요청해야 했다. 다락방 구조가 추후 불법 임대로 이어질 수 있다는 이유로 준공을 내줄 수 없다는 답이 돌아왔다. 임대할 계획이 전혀 없다고 아무리 설명해도 소용없었다. 결국 서울시에 있는 지인의 도움을 받아 간신히 절차를 진행할 수 있었다.

그때 서초구청 건축 담당 계장이 혼잣말처럼 내뱉은 말이 아직도 기억난다.

"다락방으로 가는 계단을 막고 준공 받고, 나중에 다시 헐든지 말든지 하세요."

그게 이 나라의 현실이었다. 결국 계단을 막아 준공을 받고, 나중에 다시 헐었다.

대한민국에서는 유능하지 못한 사람을 만나면, 내 땅에 내 돈으로 집을 지어도 그 집에 들어가지 못할 수도 있다. 다른 분들은 나처럼 어처구니없는 실수를 하지 않기를 바란다. 그래서 노파심에 다시 말한다.

공직자들이여,
은퇴하면,
좋은 사람보다 유능한 사람을 만나는 일이
생각보다 훨씬 어렵다는 점을 반드시 유념하자.

은퇴의 이유 _가족

여행지 곳곳에서 나는 자연스레 고향 남원을 떠올렸다. 요천 위에 프라하의 카를교와 같은 다리를 하나 놓아 보면 어떨까. 광한루를 잘츠부르크의 미라벨 정원처럼 가꿔 보면 어떨까 하는 상상을 해보았다.

30년의 공직 생활을 마치고 맞이한 은퇴는 끝이 아니라 새로운 시작이었다. 시간표에 쫓기지 않아도 되었고, 다음 결재를 걱정하지 않아도 되었다. 공직에 있는 동안 나라와 지역을 위해 일한다는 보람은 컸지만, 그만큼 가족과 함께 할 시간은 늘 부족했다.

오랜 세월이 흐른 뒤, 아들의 초등학교 시절 일기장을 우연히 펼쳐본 적이 있다. 거기에는 "오늘도 집에 오니 아무도 없다. 심심하다"라는 문장이 반복되어 적혀 있었다. 그 짧은 문장을 읽으며 미안함과 안쓰러움이 한꺼번에 밀려왔다. 그때 비로소, 그동안 놓치며 살아온 시간이 얼마나 많았는지를 실감했다.

은퇴 이후 가장 좋았던 변화는 아침 신문을 가슴 졸이며 볼 필요가 없어졌다는 점이다. 시간에 쫓기는 일에서도 어느 정도 벗어날 수 있었다. 시계를 보며 서둘러야 할 이유도, 휴대전화 알림에 신경을 곤두세울 필요도 사라졌다.

아내는 여전히 학교에 재직 중이었고, 나 역시 정규 은퇴 연령에 이르지는 않아 이런저런 일을 새롭게 추진하며 비교적 바쁘게 지내기는 했다. 그럼에도 방학이 되면 약속이나 한 듯 가까운 지방이나 해외로 짧은 여행을 다녀오곤 했다.

기차 창가에 앉아 흐르는 풍경을 함께 바라보고, 시골 마을의 골목길을 천천히 걸었다. 딸아이가 일본에서 유학을 하고 있어 일본은 여러 차례 다녀왔다. 사흘 남짓한 짧은 일정 동안 이름 없는 동네 식당을 찾아 스시를 먹고, 무한리필이 되는 고깃집에 들르기도 했으며, 온천을 찾아 몸을 담그기도 했다.

일본의 한적한 시골은 깨끗했고, 사람들도 친절했다. 주말을 이용한 짧은 여행지로는 더없이 괜찮았다. 엔화가 저렴했던 덕분에 부담도 크지 않았다. 오사카에 가보면 한국 여행객이 워낙 많아 여기가 한국인지 일본인지 헷갈릴 때도 있다. 그만큼 우리 국력이 커졌다는 사실을 실감하게 된다.

2024년에는 패키지 프로그램을 이용해 가족과 함께 뉴질랜드를 다녀왔다. 뉴질랜드는 여러모로 우리나라와 대조적인 나라였다. 남반구라는 지리적 차이뿐 아니라, 공업보다는 농업이 중심이었고, 개발보다는 보전에 더 무게를 두고 있었다. 무엇보다 가족과 여유를 즐기는 사람들의 모습이 인상적이었다. 그 풍경을 바라보며 내 마음도 한결 평온해졌다. 아내와 딸아이 역시 뉴질랜드가 무척 마음에 들었는지, 시간이 나면 다시 가 보자는 이야기를 종종 꺼내곤 한다.

2025년에는 동유럽을 다녀왔다. 뉴질랜드의 기억이 좋아 이번에도 패키지여행을 선택했지만, 기대에는 다소 미치지 못했다. 음식과 숙소에서는 아쉬움이 남았다. 그럼에도 영화 속에서 보던 동유럽의 풍경은 그림처럼 아름다웠다.

가족과 함께 떠난 여행

여행지 곳곳에서 나는 자연스레 고향 남원을 떠올렸다. 요천 위에 프라하의 카를교와 같은 다리를 하나 놓아 보면 어떨까. 광한루를 잘츠부르크의 미라벨 정원처럼 가꿔 보면 어떨까 하는 상상을 해보았다. 전 세계에서 관광객이 구름처럼 몰려드는 동유럽의 도시들이 부럽기만 했다. 우리는 과연 언제쯤 그런 풍경을 맞이할 수 있을까.

인생의 후반부에 들어서며 깨닫게 된 가장 값진 보상은 지위도 성과도 아니었다. 가족과 함께 같은 풍경을 보고, 같은 시간을 기억하는 일이었다. 그 기억들은 앞으로도 오래도록, 조용하지만 단단하게 내 삶을 지탱해 줄 버팀목이 될 것이다.

2. 몰랐어요. 난 내가 벌레라는 것을

_ 민간인이 바라본 정부

평지를 걷는 공무원, 절벽을 기어 올라가는 민간인

공직과 민간의 출발선은 다르다. 교차 경험과 책임이 늘어날 때, 그 간극은 비로소 좁혀진다.

내가 은퇴를 하고 나서야 비로소 알게 되었다. 공무원과 민간인은 출발선부터 다르다는 것을.

공무원이 평평한 평지를 걷거나 때로는 천천히 뛰는 사람이라면, 민간인은 절벽에 매달린 줄 하나를 붙잡고 기어오르는 사람이다. 멈추면 쉬는 게 아니라 떨어진다. 가만히 있는 순간이 곧 추락이다.

공무원은 일을 많이 하든 적게 하든 정해진 날짜가 되면 월급이 나온다. 그래서 급할 이유가 없다. 새로운 일이 생기면 먼저 드는 생각은 대개 이렇다.

"이거… 우리 과 일은 아닌데?"

"어떻게 하면 다른 과로 넘길 수 없을까?"

받지 않으려는 과와 떠넘기려는 과가 마주 앉으면 회의가 열린다. 서로 잘 아는 동료들끼리, 누가 더 교묘하게 빠져나가느냐를 두고 삿대질이 오간다. 신규 업무를 맡아 온 상관은 '일을 잘해 온 사람'이 아니라 '쓸데없는 일을 물고 온 사람'이 되어 직원들의 눈총을 받는다.

신설 과가 생기면 업무 분장을 작성한다. 경험 많은 고참들은 머리를 싸맨다.

"어떻게 하면 일을 최소한으로 써 놓을 것인가?"

두루뭉술하게 적어 두었다가 일이 많아지면 곤란하기 때문이다.

주무과 업무 분장에는 맨 끝에 '기타 타 과에 속하지 아니한 사항'이라는 문장이 들어가는데, 결국 어디에도 속하지 않는 애매한 일은 이 한 문장으로 주무과 일이 되는 경우가 왕왕 있다. 애매한 업무를 두고 관련 과 간 회의 끝에 싸움에 져서 일을 떠안은 상관은 미움을 사고, 그 일이 의욕적으로 추진될 리 만무하다.

민간인은 다르다. 민간인에게 하루하루는 죽느냐 사느냐의 문제다. 사무실을 구해야 하고, 직원을 뽑아야 하고, 홍보를 해야 하고, 영업을 해야 한다.

모두 비용이다. 수입은 들쭉날쭉한데 지출은 정확하다. 3월에는 법인세, 5월에는 종합소득세, 1년에 두 번 부가가치세, 하반기에는 재산세, 매달 사회보험료.

어느 순간 이런 생각이 든다.

"내가 돈을 벌려고 일을 하는 건지, 세금을 내려고 일을 하는 건지."

이런 상황에서 절박한 마음으로 관청에 민원을 넣으면, 공무원은 규정집부터 꺼낸다. 규정집에는 '되는 방법'보다 '안 되는 이유'가 훨씬 많다. "되는 것 같긴 한데요…"라고 말한 뒤, 반드시 따라붙는 말.

'다만,'

그 '다만' 뒤에는 거의 예외 없이 안 된다는 내용이 이어진다.

식품이나 의약품 업계 사람들 사이에는 '식약처 울렁증'이라는 말이 있다. 식약처 직원 한마디에 회사의 생사가 갈리는데, 그 직원이 무엇을 어떻게 말할지 알 수 없기 때문이다. 예전에는 웃고 넘겼다. 지금은 안다. 내가 그 자리에 서 있다면, 나 역시 울렁증이 생길 것 같다는 것을.

나는 2016년부터 사단법인을 운영했다. 정부가 하기 어려운 미래 복지 모델도 연구하고, 혁신적인 복지 사업을 해보고 싶어서였다. 정부 지원금은 단 한 푼도 받지 않았다. 회비와 기부금으로 운영비를 해결했다. 그럼에도 소관 부처의 지도·감독은 꽤 엄격했다.

국민 세금이 들어갔다면 그 쓰임을 따지는 것은 백번 옳다. 하지만 지원도 하지 않으면서 왜 목적 사업이 제대로 되었는지, 심지어 목적 외 사업은 왜 했는지를 설명해야 하는지는 지금도 잘 이해되지 않는다. 내가 월급 받는 공무원도 아니고, 운영비 지원을 받은 적도 없는데 왜 성과를 증명해야 했을까.

돌이켜보면 나 역시 다르지 않았다. 스물네 살에 공직에 들어왔다. 민간에 대해 아는 것은 거의 없었고, 괜히 내가 잘난 줄만 알았다. 아마 더하면 더했지 덜하지는 않았을 것이다. 뼈아프게 반성한다. 공무원과 민간의 간극은 말로는 줄어들지 않는다. 서로의 자리에 서 봐야만 줄어든다. 민간에서 일하다 공직에 들어오는 사람, 공직에서 일하다 민간으로 나가는 사람이 지금보다 훨씬 많아졌으면 좋겠다.

전문 계약직을 늘려 전문성을 가진 사람들이 일정 기간 책임지고 일할 수 있게 하고, 공직자들도 민간에서 일할 기회를 더 많이 가질 수 있으면 좋겠다. 신분이 평생 보장되는 자리는 줄이고, 계약과 책임이 따르는 자리는 늘리는 방향으로 조금씩 바뀌어야 한다. 물론 쉽지 않을 것이다. 이런 제도를 설계하는 사람들 역시 평생 공무원일 가능성이 높으니까. 그래도 말은 해야 하지 않을까.

평지를 걷는 사람과 절벽을 오르는 사람이 같은 세상을 살고 있다는 사실을.

답이 없는 문제는 문제가 아니다 _ 공급자 중심 사고의 민낯

답이 없어서가 아니라, 책임지기 싫어 외면해 온 문제가 있다. 사람보다 제도를 먼저 보는 행정의 관성이 해법을 가로막아 왔다.

정부에 있을 때 동료들과 종종 이런 말을 주고받곤 했다.

"답이 없는 문제는 문제가 아니다."

겉으로는 냉정한 행정의 지혜처럼 들리지만, 그 속뜻은 분명했다. 뾰족한 해법이 없는데 문제를 꺼내 봐야 결국 책임질 사람만 늘어난다는 뜻이었다. 대책을 내놓을 수 없다면, 차라리 문제를 보지 않는 편이 낫다는 자기방어의 논리였다.

오랫동안 반복해서 지적되어 왔지만 여전히 풀리지 않는 해묵은 과제들에는 늘 같은 꼬리표가 붙었다. 보건의료 분야의 의료전달체계 정립, 요양병원의 간병비 부담 문제, 복지 영역의 부양의무자 기준 같은 사안들이 그렇다. 모두가 문제라는 사실은 알고 있지만, 누구도 선뜻 손대지 않으려는 숙제들이다.

고령장애인, 늘 '사이'에 놓인 사람들.

오래전부터 제기되어 온 고령장애인의 급여 혜택 축소 문제 역시 이런 과제 중 하나였다. 그간 우리나라의 복지 · 주거 정책은 대상별 · 기능별로 쪼개진 방식으로 발전해 왔다. 노인은 노인대로, 장애인은 장애인대로, 소득은 소득대로, 주거는 주거대로 관리해 왔다. 그 결과 투입되는 예산과 제도는 계속 늘어났지만, 정작 한 사람의 삶 전체를 바꾸는 데에는 분명한 한계가 있었다.

노인복지의 핵심 목표는 'Aging in Place'다. 노인이 자신이 살던 지역사회에서 가능한 한 오래, 독립적으로 살아갈 수 있도록 돕는 것이다. 그래서 정부는 재가복지를 강조하고, 장애인 정책에서도 탈시설화를 핵심 가치로 내세운다. 그러나 아이러니하게도, 집에 머무는 것이 가장 어려운 사람들, 즉 고령장애인을 위한 통합적 지원체계는 존재하지 않는다.

이유는 단순하다.

우리 정부의 조직이 사람 중심이 아니라, 제도 중심으로 짜여 있기 때문이다. 노인과 장애인은 따로, 복지와 주거는 따로, 여가와 의료도 따로다. 노인 문제와 장애인 문제를 동시에 책임지는 부서는 없고, 주거·복지·돌봄을 함께 설계하는 조직도 없다. 제도는 나뉘고, 사람도 쪼개진다.

현행 제도에서 △ 장애인복지의 대상은 18세 이상 65세 미만 등록장애인, △ 노인복지의 대상은 65세 이상 노인이다. 그래서 65세 이상 고령장애인은 제도상으로는 중복 대상이지만, 현실에서는 양쪽 모두에서 밀려나 왔다.

장애인은 65세까지 장애인활동지원서비스를 받다가, 65세가 되는 순간 노인장기요양보험으로 자동 전환된다. 문제는 이 전환 이후 서비스 시간이 줄어들고, 돌봄의 질도 달라진다는 점이다. 그 부담은 고스란히 가족에게 돌아갔다. 다행히 2021년 법 개정으로 65세 이후에도 활동지원서비스를 계속 신청·이용할 수 있게 되었고, 헌법재판소 역시 노인성 질환이 있다는 이유로 활동지원을 제한하는 것은 평등권 침해라고 판단했다.

그러나 이것은 한 조각의 개선일 뿐이다. 여전히 제도의 많은 영역에서 노인과 장애인은 분리되어 있고, 고령장애인을 위한 종합적·전략적 대책은 없다.

왜 그럴까.

행정이 수요자가 아니라, 공급자의 시선으로 문제를 보기 때문이다. '답이 없는 문제'가 아니라, 사실은 '답을 만들 책임을 지고 싶지 않은 문제'에 가깝다.

해외 선진국들은 다른 접근을 시도해 왔다. 영국의 Sure Start Children's Center(SSCC)가 대표적인 사례다. 중앙정부의 지원 아래, 지역 최말단에서 원스톱 통합 서비스를 제공한다. 아동급여, 보육, 유아교육, 모성급여, 보건서비스 등을 하나로 묶어 "제도가 무엇을 할 수 있는가?"가 아니라 "이 가정에 지금 무엇이 필요한가?"를 묻는다.

기술은 이미 답을 준비하고 있다. 고령장애인의 독립적 재가 생활을 가능하게 하는 기술은 빠르게 발전하고 있다. 첨단 보조기기, 재활로봇, IoT 기반 돌봄 기술은 "어쩔 수 없다"는 체념에 이제는 현실적인 대안을 제시하고 있다.

[걷는 재활로봇 '엑소아틀레트EXOATLET']

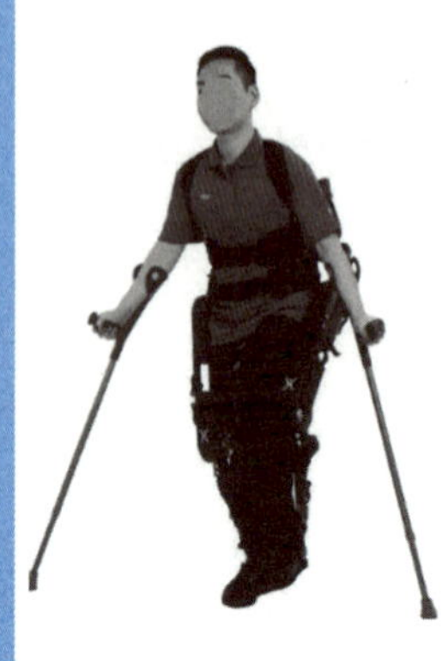

하반신 마비 환자를 위한 재활 로봇이다. '엑소아틀레트'라는 이름 그대로 환자들이 스스로의 힘으로 '일어서게' 하는 것이 목표다.
환자가 착용할 수 있는 외골격 몸체와 환자가 직접 기능을 제어할 수 있는 스마트 목발, 보조자가 제어하는 태블릿PC로 구성돼 있다. 계단 오르기 등 8가지 걷기 모드와 3가지 속도 모드를 통해 24가지 방식으로 훈련할 수 있으며 훈련 정보는 무선인터넷을 통해 PC로 전송·기록된다.

출처: 보건복지부 국립재활원 중앙보조기기센터 홈페이지
(http://knat.go.kr/knw/검색일2017.12월)

걷는 재활로봇 엑소아틀레트는 하반신 마비 환자가 다시 일어서는 경험을 하게 만든다. 외골격 로봇, 스마트 목발, 태블릿 제어 시스템이 결합되어 다양한 보행환경을 실제처럼 훈련할 수 있다.

[계단리프트 'Stair Lifts for Getting Seniors Upstairs']

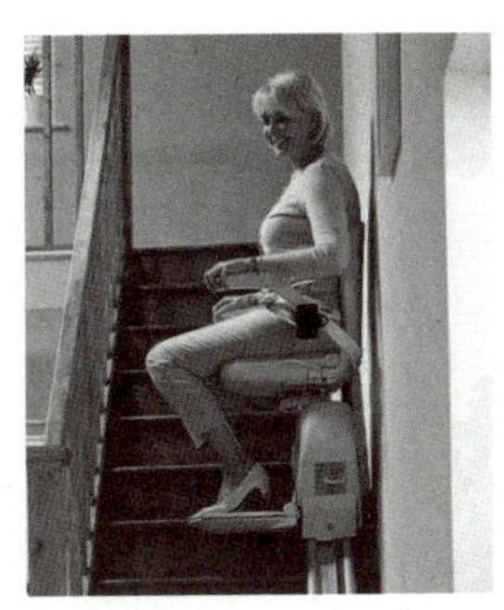

계단을 오르내리는 것은 고령자 주택 낙상의 주요 원인 중 하나이다. 휠체어에 있거나 쇠약한 상태의 사람들은 계단을 오르막 쉽게 오르락내리락 할 수 없다. 노화 된 근육, 뼈 또는 신경 때문이든, 계단을 올라가는 것은 매우 어려운 작업이 될 수 있다. 때문에 리프트를 이용하여 계단을 안전하게 이동할 수 있도록 한다.

계단리프트는 고령자의 주택내 낙상 위험을 획기적으로 줄인다. 노화된 근육과 신경으로 계단이 '장벽'이 된 사람들에게 집 안 이동의 자유를 돌려준다.

[침대 트랜스퍼 바 'Friendly Beds']

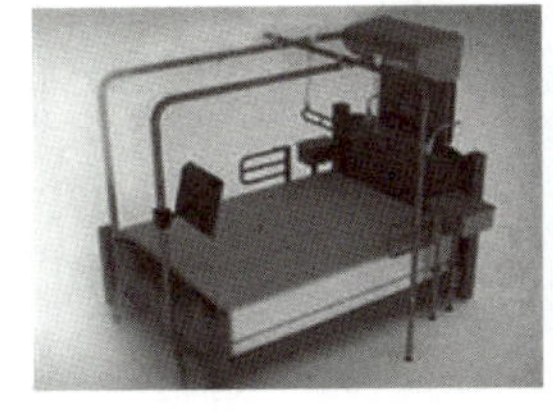

노인 및 장애인을 안전하고 독립적으로 유지하며 간병인의 상해의 위험을 줄이기 위한 이동성이 높은 침대이다. 기존의 침대 위에 공중 그네 바, 피봇 팅 어시스트 레일, 부착 된

밸런스 폴, 오버 헤드 조명 등을 포함하며 매트리스, 오버 나이트 스탠드, TV 마운트, 독서 등, 침대 쐐기가 설치되어 있다.

침대 트랜스퍼 시스템은 노인과 장애인의 독립성을 높이고 간병인의 신체적 부담과 사고 위험을 동시에 줄여준다.

이제 남은 것은 인식의 문제다

기술은 이미 답을 내놓고 있다.
문제는 제도와 인식이다.

답이 없는 문제가 아니라,
답을 찾지 않으려는 태도,
공급자 중심으로만 사고하는 행정의 관성이 문제다.

이제는 말해야 한다.
답이 없는 문제는 없다.
인식만 바꾸면 되는 시대가 되었다.

노인요양시설 위생원이 '초벌빨래'를 했다고 100억원을 물어내라니

규정은 재정을 지켰지만, 현장의 선의와 상식은 짓밟혔다. 이것은 관리가 아니라, 공룡 조직의 통제이자 갑질이다.

국민건강보험공단은 전국에 약 180여 개의 지사를 두고, 직원 수만 약 1만 5천 명에 이르는 거대한 조직이다. 명실상부한 공룡이다. 이 조직의 가장 중요한 임무는 단 하나다. 건강보험과 노인장기요양보험의 재정을 지키는 일이다. 문제는 그 과정에서 사람이 사라진다는 데 있다.

건강보험의 진료비는 건강보험심사평가원이 심사한다. 그러나 노인장기요양보험은 다르다. 급여비 평가와 환수, 제재를 국민건강보험공단이 전적으로 쥐고 있다. 견제 장치 없는 막강한 권한은 종종 상식과 현실을 벗어난 판단으로 이어진다.

제도가 막 시행되던 초창기, 포항 인근의 한 수녀원에서 노인요양시설을 운영하고 있었다. 수녀님들은 욕창으로 고통받는 어르신들에게 좋다 하여 민간요법으로 풀을 빻아 붙여 주었다. 선의였다. 그러나 결과는 '부당행위 적발'이었다. 급여비가 삭감됐다. 심지어 수녀님들이 피정을 다녀온 것까지 문제 삼아 추가 삭감이 이루어졌다. 결국 그 수녀원은 얼마 지나지 않아 요양시설 운영을 포기했다. 제도는 남았고, 사람은 떠났다.

언젠가 경기도에서 노인장기요양시설을 운영하는 분이 찾아왔다. 입소자 30명 이상 시설은 위생원을 필수 인력으로 두어야 한다. 다만 세탁물을 전부 외부에 위탁하면 예외가 인정된다. 이 시설은 규정을 지켰다. 세탁은 위탁했다.

문제는 '현실'이었다. 배설물이 묻은 세탁물을 그대로 외주 업체에 보낼 수 없어, 요양보호사들이 초벌빨래를 했다. 어르신을 돌보는 과정에서 생긴, 너무나 상식적인 조치였다.

그러나 공단의 판단은 달랐다. '요양보호사가 본연의 업무를 하지 않고 세탁 업무를 했다'는 이유로 제재가 내려졌다. 과징금 산식은 이랬다.

전체 요양급여 비용 × 일정 비율 × 위반 기간 × 일정 배율(2~5배)

결과는 믿기 힘든 숫자였다. 약 100억 원. 위생원을 두지 않고 '초벌빨래'를 했다는 이유로 100억 원이라니. 믿기지 않아 직접 국민건강보험공단에 문의했다. 돌아온 답변은 이랬다.

"과도하다는 건 우리도 안다. 하지만 보건복지부 규정이라 어쩔 수 없다."

책임지는 사람은 없었다. 결정은 있었고, 파산에 가까운 결과만 남았다.

2023년 11월, 한 언론은 「요양보호사가 밥 데웠다고 수억 원 환수」라는 제목의 기사를 내보냈다. 2018년부터 2022년까지 '급식 위탁 규정 위반'을 이유로 환수된 금액은 69억 7,100만 원. 요양보호사가 어르신에게 따뜻한 밥을 드리기 위해 다시 데웠다는 이유만으로 억 단위 환수가 이루어졌다. 업계 관계자의 말은 처절하다.

"어르신에게 따뜻한 밥 한 끼 드리려 했을 뿐인데, 그 댓가가 수억 원 환수라니 너무 비참하다."

나는 보건복지부에서 근무했고, 노인장기요양보험법 제정에 관여했던 사람이다. 그래서 지금도 많은 이들이 묻는다.

"요양병원이나 요양시설을 운영해 보는 건 어떻겠느냐?"

그럴 때마다 나는 단호하게 말한다.

"절대 하지 마라."

수익을 내기도 어렵지만, 그보다 더 큰 문제는 국민건강보험공단이라는 공룡 조직 앞에서 언제든 '위반자'가 될 수 있다는 사실이다. 선의는 규정 앞에서 무력하고, 현실은 문서 한 줄로 잘려 나간다. 그 구조 속에서 운영자는 늘 죄인의 자리에 서게 된다.

이건 관리가 아니다. 이건 통제이고, 갑질이다.

지역사회서비스투자사업 _ 담당자라면 한 번 직접 해봐라. 망하나 안 망하나

기적처럼 시작된 지역사회서비스투자사업은 수요자 중심 복지의 출발점이었다. 그러나 예산 없는 경쟁 속에서 철학을 잃고, 결국 현장을 소진시키는 제도로 변질되었다.

2007년, 지역사회서비스투자사업을 출범시킨 것은 지금 돌이켜보아도 기적에 가까운 일이었다. 노무현 정부의 사회서비스 확충 기조에 따라 2006년, 기획재정부와 실무 협의를 거쳐 사회서비스 예산을 어느 정도 늘려 다음 해 정부 예산안을 편성했다. 그런데 기획재정부가 청와대에 보고하던 자리에서, 당시 정책실장이던 변양균 실장이 불호령을 내렸다.

"사회서비스 예산, 1조 원을 추가로 편성하라."

국회 제출까지 얼마 남지 않은 시점이었다. 이미 짜여진 예산 틀에서 도대체 무슨 수로 1조 원을 더 만든다는 말인가. 실무자들은 밤을 새워 머리를 쥐어짰다.

결국 하나의 아이디어가 나왔다. '지역사회서비스투자

사업'이라는 이름으로, 미국의 사회서비스 포괄보조금Social Services Block Grant 방식을 차용하자는 것이었다. 규모는 약 1,200억 원. 솔직히 말해 받아들여질 거라 기대하지 않았다. 그런데 믿기 어렵게도 그 제안은 수용되었다.

국회 예산 심의 과정은 또 다른 난관이었다. "지역에서 사업을 올리면 중앙에서 심사해 채택한다"는 구조라 예산안에 구체적인 사업 내용이 없었다. 심의할 대상 자체가 없었던 것이다. 당시 야당이던 한나라당 의원들이 황당해하던 표정이 지금도 눈에 선하다. 그때 여당이었던 열린우리당의 백원우 의원 등이 강력히 밀어붙였다. 최종적으로 정부 예산에 반영되었을 때, 정말 춤이라도 출 것 같았다. 미국에서 부러워만 하던 포괄보조금 제도를 한국에 도입하다니. 그것은 분명 '공급자 중심 복지에서 수요자 중심 복지로 전환하는, 대한민국 사회서비스 정책의 진정한 출발점'이었다.

이후 지역에서는 놀라운 일들이 벌어졌다. 경기도의 '우리아이심리지원서비스'는 비장애 아동의 심리·발달을 조기에 지원하며 부모들의 숨통을 틔워주었다. 시흥시에서는 노인 맞춤형 운동처방 서비스, 정서지원 서비스, 장애인 맞춤형 운동 서비스 등 수요자 개인과 가족의 특성에 부합하는 세심한 프로그램들이 다수 개발되어 현장의 큰 호응을 얻었다.

2019년, 나는 가천대학교가 수행한 '아동예술멘토링 프로그램'을 자문할 기회를 가졌다. 성남시 관내 저소득 가정

아동 100명을 선발해 대학 졸업생들이 예술교육과 멘토링을 제공하는 사업이었다. 아이들의 표정이 달라졌고, 부모들의 만족도도 높았다. "우리 아이가 대학에서 수업을 듣는다"는 자부심은 숫자로 환산할 수 없는 효과였다.

그러나 문제는 곧 드러났다. 이 사업이 성과를 내자, 성남시 관내 기관들이 경쟁적으로 뛰어들었다. 예산은 그대로인데 공급기관만 늘어났다. 결국 한 기관이 확보할 수 있는 아동 수는 줄어들었고, 나중에는 운영자 인건비조차 주기 어려운 상황에 이르렀다. 이것이 구조적 실패였다.

참여정부 이후 이명박·박근혜 정부를 거치며 사회서비스 예산은 사실상 제자리걸음, 아니 후퇴했다. 예산은 늘리지 않으면서 '경쟁 촉진'이라는 말만 앞세워 공급기관 숫자만 늘렸다. 결과는 불을 보듯 뻔했다. 대학이나 전문기관처럼 질 높은 서비스를 제공하던 곳은 하나둘 시장에서 밀려났고, 동네 피아노학원·미술학원 같은 소규모 기관들이 그 자리를 채웠다. 나쁘다고 말하는 게 아니다. 다만 구조상, 서비스의 질이 떨어질 수밖에 없는 방향이었다.

경쟁은 좋은 말이다. 그러나 예산은 고정한 채 경쟁만 강요하면, 그 끝은 질 하락과 종사자 소진뿐이다. 이 단순한 사실을 정책 결정자들은 끝내 외면했다. 2007년 기적처럼 시작된 지역사회서비스투자사업은 정권이 바뀌고, 담당자가 바뀌면서 당초의 철학을 잃고 값싼 서비스 묶음으로 전락해 갔다. 아무리 취지가 좋아도 공공 프로그램은 정치적 환경과 담당자의 인식에 따라 얼마든지 왜곡되고 소모된다.

공공 영역에서 질 높은 서비스를 꿈꾸는 것은 정말 무리한 일일까? 2020년, 코로나 팬데믹 확산을 계기로 아동예술 멘토링 사업은 명분 있게 철수했다. 그리고 나는 마지막으로 이렇게 중얼거렸다.

"담당자들아, 말로만 하지 말고 한 번 직접 해봐라.
망하나 안 망하나."

아동예술멘토링 프로그램 참여

진짜 필요한 일은 안하고? _자활대상자에게 가장 절실한 것은 '치아 치료'였다

자활정책은 '일'과 '의욕'을 요구했지만, 현장이 보여준 현실은 달랐다. 자활대상자에게 가장 시급한 것은 일자리가 아니라, 제대로 씹을 수 있는 치아였다.

2000년, 국민기초생활보장법이 제정되었다. 그 이전의 생활보호법이 주로 근로능력이 없는 노인과 장애인에게 생계비를 지원하는 제도였다면, 국민기초생활보장법은 한 걸음 더 나아갔다. 근로능력 유무와 관계없이 최저생계 수준 이하의 모든 국민에게 생계비를 보장하되, 근로능력이 있는 사람에게는 '일을 하는 것'을 조건으로 제도 안에 머물게 했다. 이 법을 근거로 자활사업이 시작되었고, 나는 초대 자활지원단장으로 임명되어 제도의 기초를 닦는 일을 맡았다.

자활능력 배양, 기능습득 지원, 근로기회 제공…. 온갖 그럴듯한 목표들이 쏟아졌고, 전국에 자활후견기관을 지정했다. 보건복지부 안에는 자활지원과도 새로 만들었다. 지금은 상상하기 어렵지만, 당시 중앙부처에 '과' 하나를 신설하는 일은 하늘의 별 따기였다. 행정자치부와의 협의가 좀처럼 풀리지 않자, 전국의 자활후견기관에서 일하던 스님·신부님·수녀님들이 서울로 올라와 광화문 정부청사 앞에서 목탁을 두드리며 시위를 벌였다. 그 광경을 본 행정자치부 장관이 놀라 서둘러 과 신설을 승인했던 장면이 아직도 생생하다. 그때 서울까지 올라와 몸으로 호소해 주신 분들께 지금도 마음 깊이 감사드린다.

자활사업은 미국의 TANF Temporary Assistance for Needy Families 제도를 벤치마킹했다. 그러나 제도가 아무리 그럴듯해도 현실은 미국과 천지 차이였다. 이 사실은 너무 늦게, 그리고 너무 뼈아프게 깨달았다.

제도 도입 20년이 지난 2020년, 한국자활복지개발원의 의뢰로 자활사업 참여자의 건강 수준을 조사하게 되었다. 결과는 충격적이었다. 근로능력이 있다고 판정된 수급자들 상당수가 근골격계, 내분비계, 심혈관계 질환을 앓고 있었다. 현장 인터뷰에서는 소아마비로 인한 편마비를 가진 분, 양발의 발가락이 모두 없는 분도 만났다.

통계보다 현장은 훨씬 더 처참했다. 몸이 성한 사람이 드물었고, 정신적으로도 온전하지 않은 분들이 적지 않았다.

〈질병유형별 근로능력 판정현황〉

분야	인원수	분야	인원수
근골격계	6,983(46.6)	소화기계	891(5.9)
중추(뇌, 척수) 신경기능계	653(4.4)	비뇨생식계	194(1.3)
정신신경계	912(6.1)	내분비계	1,405(9.4)
감각기능계	213(1.4)	혈액질환계	75(0.5)
심혈관계	1,127(7.5)	피부질환계	82(0.5)
호흡기계	331(2.2)	무응답	2,115(14.1)
총계	14,981(100.0)		

그때 문득 이런 생각이 들었다.

'이분들을 직장에 취업시키겠다는 게 과연 맞는 목표일까?'

차라리 자활센터에 나와 사람들과 어울리고, 몸을 움직이고, 술을 끊게 하는 것이 더 현실적인 목표가 아닐까.

정신질환 치료 여부를 살펴보니 상황은 더 분명해졌다. 남녀를 가리지 않고 거의 모든 연령대에서 치료 경험이 있는 비율이 70~80%에 달했다. 이분들에게 '근로의욕 고취'니 '근로역량 강화'니 하는 말이 얼마나 공허한지, 현장에 서 보니 단번에 알 수 있었다.

〈자활사업 참여자의 '정신질환 치료유무의 성별, 연령별 분포〉

정신질환 치료유무	남자		여자	
	치료 없음	치료 있음	치료 없음	치료 있음
10~19세	1(33.3)	2(66.7)	1(25.0)	3(75.0)
20~29세	32(23.4)	105(76.6)	18(20.0)	71(79.8)
30~39세	18(13.7)	113(86.3)	32(19.9)	129(80.1)
40~49세	49(20.3)	193(79.8)	65(24.0)	206(76.0)
50~59세	91(25.9)	261(74.2)	74(22.6)	254(77.4)
60~69세	39(28.5)	98(71.5)	38(26.8)	104(73.2)
70세 이상	0(0.0)	0(0.0)	0(0.0)	0(0.0)
계	230(23.0)	772(77.1)	228(22.9)	767(77.1)

무엇보다 나를 가장 충격에 빠뜨린 것은 구강 상태였다. 대부분의 참여자들이 임플란트나 틀니 없이는 제대로 식사조차 하기 어려운 상태였다. 씹을 수 없으니 영양 상태는 말할 것도 없었다. 그 순간 이런 말이 튀어나왔다.

"밥도 제대로 못 먹는 사람들에게 자활은 무슨 얼어 죽을 자활이냐."

초창기 제도를 설계할 때 우리가 얼마나 현장을 보지 못했는지 절감했다. 책상머리에 앉아 통계와 이론만 붙잡고, 현실과 한참 동떨어진 정책을 만들었던 것이다.

자활 성공률을 높이려면 무엇부터 해야 하는지 이제야 분명해졌다. 이분들에게는 일자리 이전에 '치아'가 필요했다. 그래서 보건복지부에 건의했다. 일정 기간 이상 자활사업에 성실히 참여한 대상자들에게는 노인 임플란트처럼 건강보험에서 치과 치료를 지원하자고. 그러나 그 제안은 받아들여지지 않았다.

결국 비영리단체 '리듬오브호프'와 함께 모금에 나섰다. 몇 분에게나마 임플란트와 틀니 치료를 해드릴 수 있었다. 치과 원장님들도 사정을 듣고 기꺼이 진료비를 낮춰주었다. 치료 후 환하게 웃으며 "이제 고기도 씹을 수 있다"고 말하던 얼굴이 아직도 잊히지 않는다.

우리는 그동안 자활사업을 의욕·역량·프로그램 같은 기능적 요소에만 매달려 왔다. 그러나 현실에서 가장 시급한 것은 기초적인 건강, 그중에서도 구강 건강이었다. 제대로 먹을 수 있어야 생각도 하고, 집중도 하고, 움직일 수 있다. 그런데 매년 발간되는 자활사업 지침서를 보면 대부분이 회계관리와 정산 절차 이야기뿐이다. 정작 자활대상자의 건강과 기초생활 능력에 대해서는 한 줄도 없다. 법적 근거도 불투명한 중앙자산키움펀드에 거액을 쌓아두고 있으니, 차라리 그 돈으로 이빨 치료나 먼저 해 주면 좋겠다는 생각이 든다.

책상에만 앉아 있지 말고 현장에 나가 보라.

논리와 형식에 집착하지 말고, 한 가지라도 진짜 필요한 일을 하라.

현직에 있을 때는 보지 못했고, 조직을 나와서야 보이는 현실이 있다는 사실이 참으로 안타깝다.

다시 돌아갈 수도 없고….

불필요한 일은 안하느니만 못하다. _ 첨단재생의료법 제정을 보며

첨단재생의료법은 안전을 명분으로 현장을 묶어 두었고, 기술과 산업의 시간을 지연시켰다. 불신에 기반한 과도한 규제는 안전도 혁신도 지키지 못한 채, 안 하느니만 못한 행정이 되었다.

재생의료는 항노화와 난치성 질환 치료의 새로운 대안으로 주목받아 온 지 오래다. 전 세계적으로 기술은 빠르게 진화하고 있고, 실제 임상 현장에서도 의미 있는 성과들이 축적되고 있다. 그런데 유독 우리나라에서는 재생의료의 도입이 더디다. 이유는 단순하다. 규제가 지나치게 많기 때문이다.

일본과 비교해 보면 차이는 분명해진다. 일본은 재생의료에 대해 안전성 확보를 전제로 하되, 의사의 재량과 책임을 존중한다. 위험도에 따라 재생의료를 1·2·3종으로 구분하고, 고위험인 1종만 정부 승인을 받도록 한다. 중·저위험인 2·3종은 병원위원회 승인만으로 진료가 가능하다. 신속한 임상 적용과 산업화를 동시에 염두에 둔 설계다.

반면 우리나라는 2019년 「첨단재생의료 및 바이오의약품 안전 및 지원에 관한 법률」을 처음 도입하면서, 대체로 일본법을 베꼈지만 정작 핵심은 비켜갔다. 위험도 구분은 흉내만 냈고, 치료는 전면 금지한 채 임상연구만 허용하는 법을 만들어 버렸다. 이 법을 처음 봤을 때 솔직히 이런 생각이 들었다.

"쓸데없는 일 하느라 밤을 새웠겠군."

재생의료의 핵심은 안정성이 어느 정도 확보된 자가 줄기세포 치료 등을 의료기관의 책임 아래 허용해 주는 것이다. 그런데 비용도 받을 수 없는 임상만 허용하니, 사실상 현장에는 족쇄를 채운 셈이었다. 형식은 법이었지만, 내용은 '하지 말라'는 선언에 가까웠다.

예상은 빗나가지 않았다. 결국 이 법은 2025년, 임상과 치료를 함께 허용하는 방향으로 개정되었다. 하지만 개정법 역시 희귀·난치성 질환자에 한정하고, 국가의 엄격한 사전·사후 관리 체계를 전제로 하고 있다. 일본과 비교하면 통제 수준은 여전히 훨씬 강하다.

재생의료를 국가가 관리하겠다는 발상도 곱씹어 볼 필요가 있다. 국가가 더 전문적인가? 그렇지 않다. 실제 위원회에 참여하는 사람들은 기존 재생의료 학자들이다. 이들이 신규 기술의 진입을 적극적으로 열어 줄 가능성은 높지 않다. 오히려 자신들이 익숙한 기술과 영역을 중심으로 철벽을 세울 개연성이 더 크다.

재생의료 분야에서도 새로운 기술은 쉴 새 없이 쏟아지고 있다. 미용, 노화 방지, 경증 질환과 같은 중·저위험 시술은 위험성이 크지 않다는 사실이 이미 수많은 사례로 입증되었다. 그런데도 국가는 '혹시 모를 위험'을 이유로 모든 것을 움켜쥐고 놓지 않는다. 그 결과는 무엇인가. 과도한 규제는 안전을 담보하지 못하고, 오히려 불법적이고 고가의 음성 시술을 키운다. 합법의 문이 닫히면 시장은 음지로 이동할 뿐이다. 의사면허가 가진 전문성과 재량권을 존중하고 규제를 완화해야 환자들이 더 빠르게, 더 안전하게 재생의료의 혜택을 누릴 수 있다.

이 문제는 재생의료에만 국한되지 않는다. 우리나라는 거의 모든 분야에서 과도한 규제로 산업 발전의 발목을 잡고 있다. 미국·일본·대만 등 어느 나라에도 식품 허가 제도는 없다. 식품 허가 번호도 없다. 인체에 유해한 원료만 목록으로 정해 두고, 그 원료만 쓰지 않으면 자유롭게 제조·판매할 수 있다. 문제가 생기면 회사가 책임진다. 단순하고 명료하다.

그러나 우리는 다르다. 식품 하나를 팔기 위해 일일이 허가를 받아야 하고, 해외 원료를 쓰려면 원료집 등재부터 해야 한다. 새로운 제품을 신속히 도입하는 것이 구조적으로 불가능하다. 건강기능식품 규제는 더 기묘하다. 안전성만 확보하면 될 일을, 작용 기제까지 제출하라고 요구한다. 이럴 바엔 차라리 의약품을 개발하고 말지, 건강기능식품 제도를 따로 둘 이유가 무엇인지 이해하기 어렵다.

모든 제도의 밑바탕에는 하나의 정서가 깔려 있다. 불신이다. 서로를 믿지 못하니 정부가 허용한 것만 할 수 있는 포지티브 규제 방식을 고집한다. 세계 10위권의 경제 대국이 되었지만, 신뢰 수준은 아직 그 자리에 이르지 못했다.

이런 불신 사회에서는 새로운 기술도, 새로운 산업도, 새로운 서비스도 뿌리내리기 어렵다. 결국 쓸데없는 행정은, 안 하느니만 못한 결과를 낳는다.

하지 말아야 할 일은 분명하다.

현장을 막고, 시간을 늦추고, 가능성을 질식시키는 일이다.

이제는 정말 불필요한 일에 매달리는 것부터 멈춰야 한다.

정부의 과도한 가부장주의 _ 국가는 언제부터 부모가 되었나

정부의 가부장주의는 보호를 명분으로 국민의 선택을 대신해 왔다. 그 결과는 신뢰의 붕괴, 비대한 국가, 그리고 위축된 민간이었다.

정부의 가부장주의paternalism란, 국가가 개인의 자유를 일정 부분 제한하더라도 '개인의 이익·안전·복지'를 위해 개입하는 것이 정당하다는 관점이다. 쉽게 말해, 국민은 잘 모르니 국가가 대신 판단해 주겠다는 태도다. 이 논리는 대체로 세 가지 전제에서 출발한다. 첫째, 정보의 비대칭이다. 의료·금융·복지처럼 전문성이 높은 영역에서는 개인이 위험을 정확히 판단하기 어렵다는 주장이다. 둘째, 합리성의 한계다. 인간은 언제나 이성적으로 행동하지 않고, 단기 이익과 충동에 흔들린다는 전제다. 셋째, 외부효과다. 개인의 선택이 타인이나 사회 전체에 피해를 줄 수 있다는 논리다.

이 전제들은 그 자체로 틀린 말은 아니다. 문제는 이 논리가 언제나 국가 권한 확대의 면죄부로 사용된다는 데 있다. 정부의 가부장주의는 사회적 약자를 보호하는 장점이 있는 반면, 개인의 자기결정권을 침해하고 국가 권한의 과도한 팽창을 불러올 수 있다는 치명적인 단점도 함께 지닌다.

2018년 정부는 아동복지법에 근거해 '아동권리보장원'을 설립했다. 중앙입양원, 실종아동전문기관, 중앙아동보호전문기관, 아동자립지원단 등을 편입시켰고, 원장 아래 5개 본부, 직원 수 약 190명에 이르는 꽤 큰 조직이 되었다. 통합을 통해 행정 효율이 높아졌고, 아동권리 보호가 강화된 측면도 분명히 있다. 그러나 그 이면에서는 오랜 기간 민간에서 아동복지를 위해 헌신해 온 활동가들이 하나둘 현장을 떠나야 했다. 민간의 자발성과 실험 정신, 창의성은 설 자리를 잃었다. 해외 입양인들이 귀국해 가족처럼 편하게 이야기하던 작은 공간들도 점점 사라졌다. 모든 것이 '국가가 관리하는 체계' 안으로 흡수되었다.

비슷한 장면은 또 있다. 복지 사각지대를 막고 유사·중복 사업을 정리한다는 명분으로 사회보장정보원이 만들어졌다. 복지 대상자의 소득·재산 정보가 대규모로 수집되었고, 직원 수는 약 800명에 이른다. 그러나 현장은 과연 달라졌는가? 사회보장정보원이 관리하는 개별 사회복지기관들은 여전히 영세하고, 송파 세 모녀 사건과 유사한 비극은 이후에도 반복되고 있다. 거대한 정보 시스템이 사람의 삶을 구석구석 살펴줄 것이라는 기대는 착각에 가까웠다.

차라리 이런 상상을 해본다. 송파 세 모녀 같은 사건을 막기 위해 ‘민간 복지탐정’ 제도를 만들면 어떨까? 위기에 처한 가구를 발굴하면 성과급을 주는 방식이다. 어려움에 빠진 가구의 입장에서 정부는 너무 멀고, 너무 딱딱하다. 오히려 이웃과 주변 사람들의 손길이 훨씬 빠르고 따뜻하다. 필요한 도움을 대신 알아봐 주고, 대신 문을 두드려 주는 것이 사각지대를 해소하는 지름길일 수 있다.

2020년 코로나19 사태 당시의 재난지원금 지급 방식은 정부의 가부장주의를 가장 적나라하게 보여준 사례다. 당시 기획재정부는 전국민 지급을 끝까지 반대하다가 정치권의 압박에 밀려 지급을 결정했다. 대신 고소득자에게 ‘기부’를 권유했다. 문제는 그 다음이었다. 당시 홍남기 장관은 재난지원금을 기부하면 고용보험기금에 넣어 고용 유지와 실직자 지원에 쓰겠다고 밝혔다. 기부는 본래 자발적인 선택이다. 그런데 기부처까지 국가가 지정하겠다는 발상은, 국민을 성숙한 시민이 아니라 훈육의 대상인 아이로 보지 않고서는 나오기 어렵다.

이 모든 사례의 공통점은 하나다. 정부가 국민을 믿지 못하겠다는 것이다. 국민이 스스로 판단하고 선택할 능력이 없다고 전제하니, 국가는 부모처럼 나서서 일일이 간섭하고 통제하려 든다. 그 결과는 비대한 조직, 경직된 제도, 그리고 위축된 민간이다.

국가는 보호자가 될 수는 있어도, 영원한 부모가 되어서는 안 된다. 국민을 과잉보호하겠다는 명분 아래 자유와 자율을 잠식하는 순간, 국가는 보호자가 아니라 후견인이 된다. 이제는 물어야 한다.

정말 국민이 미숙해서 국가가 대신 판단해야 하는 것인지.

아니면 국가가 국민을 믿을 용기가 없는 것인지.

2장

그래도
괜찮아.
난
눈부시니까

—

대한민국복지
제대로 바꿔보자

우리나라 복지를 다시 묻다

한국 복지는 압축 성장 속에서 빠르게 확장됐지만, 원칙보다 정치적 타협이 앞섰다. 지금 필요한 것은 더 많은 제도가 아니라, 처음부터 다시 세우는 분명한 복지의 원칙이다.

1998년 국민의 정부가 출범한 이후, 보건복지부와 노동부 사이에는 팽팽한 긴장감이 흘렀다. 우리나라 공적부조제도를 어떤 방향으로 재편할 것인가를 두고 치열한 논쟁이 벌어졌기 때문이다. 국가가 근로능력이 없는 사람에게 최소한의 생계를 보장해야 한다는 점에는 이견이 없었다. 문제는 근로능력이 있는 사람이었다. 복지학자들은 "모든 국민은 인간다운 생활을 할 권리가 있다"는 헌법 정신을 근거로, 근로능력 여부와 무관하게 최저생활을 보장하는 국민기초생활보장제도를 주장했다. 반면 노동부는 근로능력이 있는 사람이 실업 상태가 되어 소득이 끊겼을 경우에는 실업부조 형태로 대응하는 것이 바람직하다는 입장이었다.

토론회가 열리고 실무 협의가 수차례 이어졌지만, 간극

은 쉽게 좁혀지지 않았다. 그러던 어느 날, 김대중 대통령이 울산의 한 행사장에서 국민기초생활보장제도 도입을 공식 선언했다. 그 한마디로 오랜 논쟁은 종지부를 찍었다. 이후 복지 전문가들은 이 역사적 순간을 '울산 선언'이라 불렀다. 우리나라 사회복지 현대화의 실질적인 출발점이었다.

2000년을 전후해 사회보장제도는 숨 가쁘게 정비되었다. 1995년 고용보험제도가 도입되었고, 2000년에는 지역과 직장으로 나뉘어 있던 의료보험이 완전히 통합되었다. 2006년에는 긴급복지지원법이 제정되었고, 2008년에는 노인장기요양보험제도와 기초연금제도가 도입되었다. 짧은 기간 동안 우리 사회는 압축 성장 못지않은 '압축복지국가'의 길을 걸었다.

한국사회복지시스템의전망

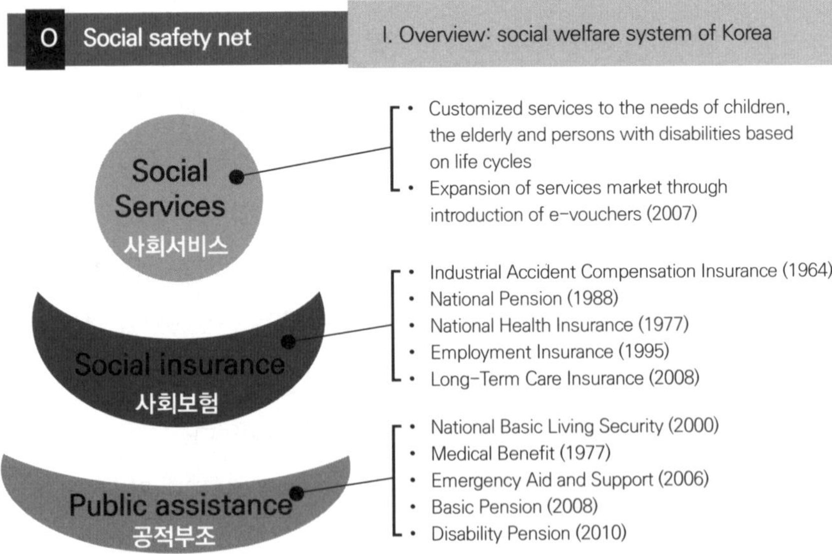

그러나 새로운 제도를 만든다는 일은 결코 순탄하지 않았다. 심지어 주무 부처인 보건복지부 내부에서도 의견은 갈렸다. 재정 당국은 새로운 복지제도가 등장할 때마다 알레르기 반응에 가까운 경계심을 보였다. "지금은 어렵다", "재정이 감당되지 않는다"는 말이 반복되었다. 그럴 때마다 나는 원칙을 포기해서는 안 된다는 입장을 고수했다. 당장은 힘들어 보이더라도 편법이나 우회로를 택하면, 그 대가는 반드시 미래 세대에게 돌아오기 때문이다. 제도는 한 번 잘못 설계되면 고치는 데 몇 배의 비용과 갈등이 든다.

노인장기요양보험제도에서 현물급여와 현금급여를 어떻게 설계할 것인가는 단순한 지급 방식의 문제가 아니었다. 그것은 국가의 복지 철학, 책임 범위, 시장과 가족을 바라보는 관점이 모두 응축된 주제였다. 현물급여는 국가가 공인된 기관과 인력을 통해 서비스를 제공하고, 서비스의 질을 관리하겠다는 의미다. 반면 현금급여는 국가가 현금이나 바우처를 제공하고, 이용자나 가족이 서비스 선택과 제공 방식을 스스로 결정하도록 하는 방식이다. 가족이나 친지 같은 비공식 수발자informal carer에게 보상을 할 것인지는 각 나라에서 가장 첨예한 쟁점이었다. 현금급여 찬성론자들은 소비자 선택권을 존중해야 한다고 주장했다. 반면 반대론자들은 여성의 경제활동 참여가 위축되고, 요양서비스의 질이 떨어질 수 있다는 점을 우려했다. 독일은 현물과 현금급여 중 선택할 수 있도록 했고, 일본은 현금급여를 도입하지 않았다. 각 나라는 저마다의 전통과 사회적 여건에 따라 다른 선택을 했다.

우리나라는 2007년 장기요양보험제도 도입 당시 긴 논의 끝에 현물급여 원칙을 세웠다. 요양서비스 인프라가 충분히 성숙하지 않은 상황에서 현금급여를 허용할 경우 질 낮은 서비스가 확산될 우려가 컸기 때문이다. 또한 요양서비스를 다양화하고, 서비스의 수준을 국가가 관리할 필요가 무엇보다 중요하다고 생각했기 때문이다. 다만 도서·벽지 거주로 장기요양기관 이용이 사실상 불가능한 경우나, 중증 치매 등으로 외부 요양이 곤란한 경우에 한해 예외적으로 가족요양을 허용했다. 이는 현실을 고려한 최소한의 예외였다.

그러나 시행령을 만드는 과정에서 상황은 달라졌다. 현금급여의 한 형태로 가족요양비가 포함되었고, 가족요양보호가 가능한 범위도 크게 확대되었다. 현재 가족요양보호사는 전체 요양보호사의 약 30%에 달한다고 한다. 현물급여를 원칙으로 하면서도 사실상 현금급여에 가까운 제도를 운영하다 보니 이상한 상황이 생겨났다. 가족인 요양보호사가 자기 가족을 돌보면서도 장기요양기관에 본인부담금 15%를 납부해야 하고, 관내에 기관이 없어도 형식적인 계약을 맺어야 하는 일이 발생했다.

나는 효 문화 전통이 강한 우리 사회에서 가족요양 자

체를 부정해서는 안 된다고 생각한다. 다만 허용할 것이라면 지금처럼 애매하게 둘 것이 아니라, 독일처럼 현물과 현금을 명확히 선택하도록 해야 한다. 원칙은 현물인데 뒤로는 현금을 인정하다 보니, 제도의 예측 가능성과 투명성이 무너진 것이다.

국민연금제도에 대해서도 나는 종종 깊은 생각에 잠긴다. 과연 부분적립 방식이 최선이었을까. 1988년에 도입된 국민연금제도는 일본이 1942년 직장인을 대상으로 공적연금제도를 시작하고, 1961년에 자영업자까지 확대한 것과 비교하면 출발이 너무 늦었다. 도입 당시 국민을 설득하기 위해 "보험료 3%만 내면 소득의 70%를 돌려받는다"고 홍보했다. 사회보험에 대한 낮은 이해 수준을 고려하면 불가피한 선택이었을 것이다.

그러나 세계 최저 수준의 출산율과 초고속 고령화 속에서 국민연금 기금 고갈 논란은 반복되고 있다. 국민연금은 세대 간 연대를 강화하기보다는 오히려 세대 갈등의 상징이 되어버렸다. 노인장기요양보험의 재원 조달 방식 역시 같은 교훈을 준다. 보험 방식이냐, 재정 방식이냐를 두고 격렬한 논쟁이 있었지만, 제도 도입의 편의성 때문에 보험 방식이 선택되었다. 그 결과 장기요양과 지역사회서비스는 분절되었고, 결국 통합돌봄체계를 만들자는 논의가 뒤늦게 등장했다. 처음부터 재정 방식으로 설계했다면 피할 수 있었던 논쟁이다.

우리나라는 서구 국가들에 비해 사회보장체계 구축이 늦어 투자 수준이 상대적으로 낮았지만, 저출산·고령화의 심화, 다양한 사회보장제도의 신규 도입과 제도 성숙화에 힘입어 사회보장 투자 규모가 빠르게 증가하고 있다. 그러나 사회보장제도를 도입하는 과정에서 일관된 원칙에 입각하기보다, 그때그때의 정치적 상황에 대응하다 보니 모순이 누적되었다. 사회경제적 위험에 대비하기 위해 도입된 제도임에도, 정작 그 위험에 가장 취약한 비정규직 노동자·실업자·빈곤층이 사회보험 혜택에서 배제되는 상황이 반복되고 있다. 우리나라의 상대적 빈곤율은 약 15~16%로 OECD 평균(약 11%)보다 높고, 65세 이상 노인의 상대적 빈곤율은 약 38~40%로 OECD 평균(약 13~15%)에 비해 압도적으로 높아 '노후 빈곤 공화국'이라는 평가를 받고 있다.

우리나라 사회보장시스템은 비용을 내는 사람, 관리하는 사람, 서비스를 제공하는 사람 사이의 이해가 충돌하는 구조다. 젊은 세대와 고령 세대 간 갈등도 점점 깊어지고 있다. 집은 새로 짓는 것보다 고치는 것이 훨씬 어렵다. 제도도 마찬가지다. 처음부터 원칙을 세우지 않으면 그 부담은 미래 세대의 몫이 된다. 지금이라도 원칙을 다시 세우고 국민을 설득하며 조금씩 고쳐 나가야 한다. 그래야 대한민국의 사회보장제도가 나라의 짐이 아니라, 다음 세대를 지탱하는 든든한 버팀목이 될 수 있다.

[언론인터뷰_박근혜 정부 복지의 성과와 실패]

박근혜 정부는 복지우선, 민생안정, 경제민주화를 주창하며 출범하였다. 이 정부의 정책적인 목표와 실천적인 드라이브에서는 사회복지가 중추적인 역할을 담당하고 있다는 점은 주지의 사실이다. 이 때문에 사회복지 정책의 성과는 하나의 정책적 성과이면서 동시의 정부의 정당성의 기준이 된다.

하지만 "한국형 복지국가"는 박근혜 정부의 복지정책 공약을 요약한 정책적 번들이자 타이틀을 제대로 지키지 않았다. 박근혜 정부의 복지정책은 한마디로 복지공약의 과도한 목표 기대치 설정과 출범 이후 기준과 합의 없는 하향조정, 정치·경제를 비롯한 외부적인 여건의 악화, 세월호, 메르스와 같은 재난이나 비예측성 변수에 대한 국정관리에 실패하면서 복지정책의 성과에 대한 의심과 비판을 받아들여야만 한다.

우선 이 정부가 출범하고 정해진 시간의 반이 지난 지금 과연 처음의 약속을 얼마나 이행하였는지, 그리고 앞으로 남은 기간에 어느 정도가 완결될 수 있는지에 대한 평가와 전망이 필요한 시점이다.

1. 박근혜표 "한국형 복지"의 이념과 목표

우리나라는 복지 예산 규모나 정책적 성숙도가 OECD 국가의 수준에 미치지 않은 상황에서 복지국가의 이념을 주창하기에 아직 미진한 점이 있다. 설사 OECD 국가들과의 역사나 사회·경제적 여건 차이를 감안한다 하더라도, 경제 외적인 지표를 통해 OECD 평균 수준의 복지 수준을 달성한다는 것은 쉽지 않다. 일례로, 우리나라 공공 영역의 사회복지 지출은 OECD 국가 중 최하위 수준이지만 증세를 통한 국민 부담의 증가나 추가적인 재원 확보를 통한 지출수준 증가는 현재의 사회경제적인 여건상 매우 어려운 상황이다. 이는 복지재원 확보를 위해 증세와 같은 조세정책을 동원하게 되면 국민 부담이 증가하고 산업과 노동의 기반이 흔들려버리는 우를 범할 수 있기 때문이다. 그렇다면 예산증액을 하기에 어려운 현실적 상황에서 "한국적" 맥락을 고려한 새로운 형태의 복지국가를 구축하겠다는 의지를 기반으로 출범한 박근혜 정부의 한국형 복지국가는 과연 정책적 목적은 달성할 수 있는지, 환경적인 여건 상 애초부터 어려운 상황에서 지나치게 기대수준이 높은, 무리한 공약이 아니었나? 하는 질문을 가질 수 있다.

박근혜 정부의 한국형 복지국가의 핵심은 '생애주기별 맞춤식 생활보장형 복지국가'이다. 이념적으로 살펴보면, 생활보장형 복지국가란 사회보험과 공공부조를 중심으로 소득보장형 복지국가 패러다임에 대한 대안적인 접근이다. 이념적인 측면에서 지향하는 가치를 중심으로 살펴보면, "박근혜"표 복지의 패러다임은 전통적인 사회적 약자인 빈곤층, 장애인, 노인, 유아를 포함해서 중산층과 청년층, 나아가 모든 국민들까지 생애주기별로 겪게 되는 위험요소를 예측하고 고용과 소득보장, 그리고 사회서비스를 제공하여 Safety Net(안전망)을 구축하여 제도적인 보장을 완성하는 복지국가를 지향한다는 것이 주요 골자이다.

2. 박근혜 복지의 정책적 성과

박근혜 정부가 복지이념을 달성하기 위해 제시한 정책을 크게 무상보육의 전면적 실시, 기초연금제도 도입, 4대 중증 질환의 무상화, 기초생활보장 급여체계를 사례로 살펴보기로 한다.

참고자료

우선 무상보육의 경우 2012년 도입되어 소득규모에 상관없이 1차적으로 0세부터 2세까지 보육비의 전액을 정부가 부담하고 단계적으로 3~5세의 아이를 둔 모든 가정을 상대로 어린이집 · 유치원에 보내지 않을 경우에는 양육수당 10만원~20만원을 지급하고, 어린이집 등에 보낼 때에는 보육료 22만원~39만원을 지원한다는 것이다. 이 정책은 저출산·고령화에 대비한 새로마지플랜 2015의 일환으로 현재 시행하고 있다.

문제는 2016년 새해부터 서민들과 맞벌이 가구에 떨어진 날벼락이 무상보육 못하겠다는 것이다. 새누리당도, 더불어 민주당도 보육정책과 예산의 확보 및 배분에 대한 시의성과 적절성을 확보하는데 실패하였고 복지의 중단이라는 있을 수 없는 사태를 초래하였다. 앞으로 국민들은 어떠한 선심적인 복지공약으로도 국민의 신뢰를 얻을 수 없을 것이다

두 번째, 기초연금은 기존의 국민연금제도 아래서 혜택을 받지 못하는 노인인구를 대상으로 2014년부터 65세 이상 모든 노인에게 월 20만원 지급한다는 것이 골자이다. 비록 애초에 의도한 지원대상이나 규모에 있어서 논란의 여지가 있는 상태에서 야당이나 관련시민 단체와의 추가적인 조정이나 개선노력이 필요하다는 의미에서 완성된 수준은 아니지만 우여곡절 끝에 2015년부터 시행하고 있다.

세 번째, 암, 심장병, 뇌질환, 희귀난치성질환과 같은 4대 중증질환에 대해 2013년부터 2016년까지 순차적으로 보장률비급여 포함 100%로 확대하고 고가 항암제나 치료법, 첨단 검사의 경우에도 단계적으로 이용자의 부담을 낮추어가고 있다.

마지막으로, 기초생활보장급여 체계는 현행 통합급여를 생계 · 의료 · 주거 · 교육 등 개별급여로 전환하면서 맞춤형 급여체

계를 도입하였다. 이외 노인의 생계지원을 위한 일환으로 노인일자리를 확대하고자 취로사업에 참여하는 노인에 대해 수당 월 40만원으로 상향하여 확대하고 있다.

2-1. 체감적 사회복지

박근혜 정부는 사회복지에 대한 약속을 지키지 않았다. 법령의 제정이나 개정을 통한 제도적인 기반을 마련하려고 했다지만, 예산과 행정을 통한 복지실천의 구체적으로 가시적인 성과를 보여주는데 실패하였다. 세부적으로 어느 부분에서 감점요인이 발생하는지 알아보자.

애초에 출범 초기부터 주창한 복지지향에는 정책을 한데 묶어 놓은 번들일 뿐 한국형복지이라는 거창한 타이틀을 내세울 만큼 새로운 이념적인 지향이나 가치가 정책프로그램의 성과로 나타났다고 보기에는 논리적인 무리가 있다. 오히려 기존에 점진적으로 운영하거나 추진하던 정책이 시간이 지나서 나타나는 효과도 감안해야만 한다. 이러한 점에서 이전 정부와 차별성을 내세울 만한 새로운 정책을 기획하고 추진하기 보다는 약간의 수정이나 현상적인 관점의 차이에 착안한 제목 바꾸기에 급급했다는 비판이 제기된다. 예를 들면, 4대 중증질환으로 고통받는 180여만 명의 환자를 위해 고가의 진료비가 검진비를 정부가 부담하겠다는 공약은 어느 정도 지켜지고 있다. 하지만. 실제 실직이나 생활고로 인해 건강보험료를 체납하여 보험혜택을 아예 받지 못하는 인구가 200만 명 가량 된다. 복지국가의 이념을 거창하게 들지 않더라도, 이들 생계형 체납자들에게 보험료 체납액을 탕감해주거나 일시적으로 면제시키는 것이 현실적으로 타당하다.

2-2. 빈곤정책의 실패

모든 정권이 복지정책이 가장 관심을 갖는 문제가 빈곤이다. 우리나라의 빈곤률은 절대적인 빈곤을 기준으로 2009년 7%에서 2012년 6% 2013년 5.9%로 하락하거나 안정적인 추세를 보이고 있다. 상대적 빈곤률을 기준으로 보면 같은 기간$_{2009\sim2013}$ 13%에서 11.7%로 하락 내지는 안정화의 기저를 나타내고 있다$_{Firue1}$.

연령대별 소득추이를 시계열로 살펴보면, IMF 사태 전후인 2007년을 기점으로 30대$_B$와 40대$_D$의 소득은 다소 늘어나고 은퇴 시점인 50대$_D$와 노년기에 접어든 60대 이상$_E$ 연령집단의 소득이 정체된 반면, 20대의 소득이 감소하고 있음을 알 수 있다$_{Figure2}$.

소득추이에 대한 연령별 변화를 나타내는 것으로서 전체 소득수준보다 상대적인 소득분포를 보여주고 있다. 빈곤층에 대한 차별적인 선택적 복지를 도입하면서 기초생활지원이나 고용지원과 같은 정책적인 효과가 어느 가시적인 성과를 거두었다고 할 수 있을 것이다. 일단, 그 동안 우리나라의 빈곤문제가 어느 정도 완화된 것으로 보이자만 빈곤에 관련된 현상이나 지표는 실제 매우 복합적인 현상을 매우 간략하게 기술한 것으로 빈곤문제가 완화되었다고 단정하기에는 성급한 결론의 오류를 범하기 십상이다. 빈곤정책의 성과를 평가하기 위한 사회지표는 언제나 제한적일 수밖에 없다. 무엇보다도 상대적 빈곤이 중요해지는 현대 사회에서 지니계수의 측정이 과소 추정되고 있다는 의견이 학계에 우세한 점을 감안하면 단순 지표로 빈곤의 문제가 개선되었다는 판단은 성급한 결론이 될 가능성이 높다.

한편으로는 빈곤이 복지의 목적이 될 수는 있지만 성과가 되기에는 거시경제나 환경적인 이유가 크다는 의미에서 성과에서 제외시키거나 전체 경제, 산업, 고용정책의 평가 안에서 다루어야 할 주제이기도 하다. 빈곤의 정책적인 기여는 논외로 하더라도, 이 정부가 출범하면서 송파세모녀 사건과 같은 사건으로 인해 복지의 사각제도나 전달체계에 있어서의 허점이 드러났다. 이 때문에 긴급구호제도나 기초생활보장제도 상의 복지사각지대에 대한 제도적인 보완이 시급해졌다. 이에 보건복지부는 복지위원회와 지역복지추진체를 통해서 복지급여사정 단계를 최소화하고 사후 인가하는 형태의 복지전달체계를 개편하였다. 아울러 체감 있는 복지지표를 만들어서 정책적인 기반자료로 사용하기 위해 최소생계비빈곤선의 측정을 생활보장위원회에서 보다 심층적으로 연구하도록 하였고 실제 국민이 납득할 만한 체감형 지표를 만들기 위해 노력하는 것은 고무적인 일이다. 하지만 앞서 언급한 바와 같이 현재의 지표를 토대로 복지정책이 전반적으로 성공적인 기저에 놓여있다고 판단하는 것은 자기교만일 수 있다는 사실을 유념하여야 한다.

우리나라의 복지제도는 기본적으로 건강보험이나 국민연금 등 사회보험 중심으로 이루어져 왔다. 현 정부의 복지정책 역시 기존의 기저에서 사회적 취약계층 위주의 복지수혜를 차상위와 중산층으로 확대하면서 상대적으로 우선적으로 고려해야 할 최하위층에 대한 관심이 줄어들었다.

건강보험이나 국민연금의 경우 고용상태를 기준으로 가입과 급여 대상을 제한하기 때문에 직장에서 안정적인 급여를 받고 있는 대기업 사무직 근로자나 공무원의 혜택이 우선적으로 주어지고 있다. 반면, 기초생활제도의 개선으로 인해 하위 소득계층에 대한 지원이 다소 늘기는 했지만 여전히 10%에 달하는 최저생계비 미만의 빈곤층과 40%에 달하는 소득계층은 복지혜택을 받지 못하는 사각지대에 놓여있다.

국민연금의 경우 경제생활참여에서 제외된 천만 명에 달하는 사람들과 기타 가입에서 제외되거나 탈락한 51.4%의 비급여 대상 국민에 대한 노후 소득보장 대책이 심도 있게 논의되어야 한다. 이들 사회복지 사각지대에 놓인 집단을 위해서는 우선적으로 사회복지의 예산 확대가 필요한데, 조세정책에 있어서 차제에 부자 감세에 대한 비판적인 논의와 함께 빈곤층 복지의 확대에 주력해야 한다는 의견이 제기되고 있다. 적어도 이 정부에서 국민이 체감하는 수준에서의 소득보장이나 소득의 균형적인 분배, 노인 빈곤의 근본적인 해결과 같은 복지 현안적인 문제가 어느 정도 완화되거나 해결되었다고 평가하기에는 아직 시기상조임이 분명하다.

2-3. 저출산·고령화 정책

기본적으로 인구학적 계산의 관련성을 제외하고는 저출산과 고령화 문제는 별개의 사안이다. 그럼에도 우리나라는 저출산과 고령화문제가 동시에 부각됨으로 인하여 2006년부터 저출산·고령화 Task Force를 청와대 산하 직속기구로 제정하고 정책적인 대안을 위한 심도 있는 논의를 진행하였다. 출산률이 지속적으로 하락하고 2004년에는 1.4FTR수준으로 급락하면서 정부는 그간의 출산억제 인구정책을 포기하고 2006년부터 출산장려정책Pro-Natalistic Approach으로 정책적인 방향을 전환하였다.

특히 "새로 태어나는 아이부터 노후의 마지막 생애까지 희망차고 행복하게"라는 캐치프레이즈를 내걸은 새로마지플랜은 2006년부터 전개된 새로마지플랜2010을 계승·확대하여 2011년부터 새로마지플랜 2015을 전개하였다. 이 프로그램의 기본적인 정책적 목표는 우선, 기존의 저소득층 위주의 출산장려 보육지원에서 맞벌이부부와 중산층을 포함한 전체 소득집단으로 확대하였으

참고자료

며 정부 주도의 예산지원 위주의 정책에서 사회서비스 기반으로 기업과 국민이 참여할 수 있는 정책을 마련하는 것이 주요 골자이다. 그 내용은 맞벌이 가정의 보육지원, 결혼·출산지원, 다자녀가정 지원, 베이비붐 세대 은퇴지원, 현재의 노인에 대한 지원을 포함하고 있다.

이 중 보육의 지원에 있어서 획기적으로 0세부터 5세의 아동이 있는 가구에 대해 소득수준에 상관없이 보편복지에 입각한 보육지원을 전개하였다. 하지만 최근 잠시 상승하던 출산율이 다시 하락하여 1.20(2014)대에 머물면서 막대한 예산의 지출에 비한 정책적인 효과에 대한 회의가 제기되고 있다. 사실 인구정책은 난임 부부 체외수정시술비와 같은 임신출산 지원비 이외 딱히 미시적인 인과성을 기대할 수 있는 정책은 극히 제한적이다. 따라서 출산과 관련된 인구정책은 직장에서의 양성평등, 맞벌이지원 및 보육지원 정책과 같은 출산친화정책과 함께 인권과 생명존중의 사회적 분위기를 만들어나가는 것이 중요하다. 보육지원의 경우 시설이용 아동만을 대상으로 지원하던 초기 제도에서 가정에서 아이를 돌보는 경우 보육수당을 지급하고 아이돌보미파견(육아도우미)을 지원하고 있다. 하지만 이는 지난 정부에서 제공하던 정책적 기저에서 약간의 추가적인 변경을 한 것일 뿐 이 정부 단독의 성과로 보기는 어려움이 있다.

사회보장 제도의 사각지대를 해소하기 위해 이 정부에서는 그간 기초노령연금제도의 도입과 국민연금의 제도적인 개선과 보장성의 확대를 모색하였다. 이 같은 노력의 정책적 성과는 결국 저소득 계층과 은퇴 후 노인의 소득보장과 생활안정과 같은 성과와 직결되어야만 한다.

하지만 현재 노인빈곤만 하더라고 절반 수준에서 이르는 노인

참고자료

빈곤인구를 획기적인 수준으로 줄이는 정책적인 대안은 찾아보기 어렵다. 부연하자면, 우리나라는 전체 인구의 13%을 넘어선 65세 이상 노인인구 중 가처분소득을 기준으로 중위소득의 50% 미만에 해당하는 빈곤층은 48%를 차지하고 있다.

아울러 노인 빈곤층 중 독거노인의 빈곤상황이 특별히 심각한데 2013년을 기준으로 1인 가구 노인의 빈곤률은 74%에 달한다. 인구의 고령화 속도가 이스라엘, 미국과 함께 가장 빠른 상황에서 전체 인구의 14%에 이르는 베이비붐 세대가 고령화되면 노인 빈곤문제는 앞으로 더욱 악화될 수밖에 없다. 하지만 현재의 국민연금의 소득대체율은 45% 수준에 머물러 있어서 국제권고 수준 70~80%나 OECD 평균65.9%이 한참 미치지 못하고 있는 실정이어서 노인의 빈곤에 대한 연금의 역할이 대폭 강화되고 연금혜택을 받지 못하는 공적 부조로서의 기초노령연금이 보다 확대되어야 한다.

2-4. 복지재원의 확보와 재정지출의 균형적 확대

증세하냐, 마냐를 놓고 이번 정부에서는 말들이 많다. 국민이 조세 부담을 수용할 수 있고 수요가 있으면 늘리는 것이고 그렇지 않으면 마는 것인데 왜 이렇게 말들이 많을까?

공약사업은 해야 하겠고, 애초 실현가능성을 생각하지 않고 무리하게 늘어놓은 사업 때문에 재원은 부족하고 이 때문에 솔직하게 말도 못하고 이리저리 꼼수를 부리고 정직하지 않기 때문에 말들이 많아지는 것이다.

복지서비스와 수혜계층은 확대해야 하고 경기 성장이나 고용 여건은 악화되고 있는 상황에서 재정지출은 현실적으로 쉽지 않은 결정이다. 공공복지지출 수준을 현재의 10.4%2014년 기준, OECD 평균 21.6%에서 대폭 증액하여 저부담-저복지의 기조를 바꾸는 것이 시

참고자료

급하다.

복지지출의 확대에 대해 찬반의 의견이 첨예하게 될 수밖에 없는 이유는 두 가지의 상반된 공익이 충돌하기 때문이다. 즉, 사회복지 정책의 확대를 통해 빈곤이나 질병과 같은 사회적 위험으로부터의 국민의 기초생활을 보장하는 것과 재정건전성 확보를 통한 노동과 생산과 같은 국가 경제 발전을 지원하는 두 가지의 공공의 이익은 서로 상충된다는 의미이다.

굳이 행간을 읽자면, "한국형 복지"가 출현한 시대적인 배경에는 이 같이 상충되는 두 개의 가치의 충돌을 완화시키고 중간의 타협점을 찾겠다는 의미이다. 부연하자면, 저부담-저혜택에서 고부담을 목표로 하기에는 조세부담과 같은 현실적인 한계가 있기 때문에 중간인 중부담-중혜택의 수준으로 올리는 것이 실천 가능한 대안으로 보았다.

이 점이 바로 박근혜 정부가 복지 패러다임이 부재하다는 비판에서 자유롭지 못한 이유이다. 국민들을 사회적 위험으로부터 효과적으로 보호하기 위해서는 일차적으로 복지수준을 향상시키기 위한 최소 수준의 지출 수준이 전제되어야 한다.

다만, 그 속도를 급격한 조세부담의 증가를 피하면서 장기적이고 합리적 수준에서 조정할 필요가 있다. 이를 위해 우선적으로 현재의 제한된 정부세입 수준에서 지출구조를 복지국가의 이념에 맞게 합리적으로 조정하여야 한다.

이와 함께 청년층을 비롯한 국민들이 추가적인 조세부담에 저항하거나 근로의욕이 상실되지 않도록 장기적인 플랜을 제시하여야 한다. 이 같은 문제는 복지정책에 국한된 것이 아니라 정부와 국민간의 신뢰를 높이기 위한 제반 정책이 통합적이고 전략적인 유기적인 관계 속에서 가능한 것이다.

3. 종합평가

복지국가란 사회전체의 복지를 증진시키기 위한 정책적인 어젠다 설정에 있어서 최우선으로 두는 국가의 체계이자 이념을 의미한다.

우리 사회는 논의의 여지는 있지만 80년대 초반부터 복지 관련 제도를 정비하면서 복지가 정책의 주요 어젠더로 설정되었다. 그런 맥락에서 우리나라는 남은 예산을 마지못해 처리하는 잔여적인 복지에서 예산과 정책적인 자원의 안배에 있어서 취약계층을 우선 배려하는 제도적인 복지패러다임에 대한 합의는 이미 마친 것으로 본다.

왜냐면 복지를 통한 국가의 정책적인 목표가 경제성장, 소득증진, 고용과 같은 경제적인 정책이 우선시 되는 사회에서 궁극적인 정책적 지향을 국민 개개인의 복지증진을 목표로 설정하는 것이 복지국가의 기본이기 때문이다. 하지만 과거에는 법령이나 전달체계와 같은 제도적 기반을 구축하는데 급급했을 뿐 실제 국가가 국민에게 최소 수준의 생활수준과 인권을 보장하는 선진국 형태의 복지국가의 출현에 접근하는 데는 많은 노력과 시간이 소요된다.

복지국가라는 목표를 달성하기 위해서는 자본의 축적수준이 높아야 하며, 경제성장과 함께 평등, 사회통합과 같은 기본 여건이 충족되어야 한다. 국민소득이 6천불 수준에 이르렀을 때 복지국가의 기틀이 완비된 것으로 보는 서구의 시각은 바로 이 같은 사회적 여건의 성숙이 기본적인 바탕이 되기 때문이다.

한국형 복지국가가 지향하는 복지정책의 특징은 새로운 복지국가로의 패러다임의 전환을 위하여 우선 소득보장 중심에서 생활보장 중심으로 복지 목표를 수정하고 시장의 효율적인 체계를 도입하여 고용과 투자를 확대하는 사회서비스를 그 수단으로 정하면서 복지전달체계와 거버넌스에 있어서 중앙정부와 지방정부, 관과 민간, 공공의 영역과 기업과 지역의 역할 분담이 주요 내용이다허용훈, 2013. 결국 복지의 주체와 수혜층의 다원화를 모색하는 것이 전략적인 기본 틀이다.

이처럼 복지국가를 완성하기 위해서는 기본적인 수준의 소득, 자본의 축적과 함께 사회이념적인 여건과 국민의 복지국가에 대한 성숙적인 자세와 합의가 필수 요소이다. 재정확대의 한계를 극복하기 위한 대안으로 복지예산의 효율적인 집행이 중요한데, 이를 위해서는 그간 전개하고 있는 선별적인 복지를 더욱 강조하여, 빈곤층 뿐 아니라 잠재적인 취약계층이 빈곤층으로 떨어지지 않게 하기 위해 노력해야 한다. 이러한 맥락에서 보자면 한국형 복지국가가 지향하는 이념이 국가의 책임을 경제적 자유방임주의나 야경국가의 한계를 탈피하여 적극적으로 포괄적이며 총체적인 복지를 구현하기 위한 의지의 천명이라는 점에서 일면 시의적절하고 타당한 전략적 지향으로 볼 수 있다.

4. 향후 과제

우리나라는 비록의 정부의 사회복지지출 비율이 낮기는 하지만 제도적인 측면의 복지체계가 대부분의 복지 선진국으로 구성된 OECD 회원국에 비해 크게 뒤떨어지지 않다고 보는 시각은 어느 정도 일리 있는 주장이다. 중앙정부나 국가 주도의 사회복지를 시작한 선진국의 경우 복지제도가 성숙하고 복지 여건이 사회전반에 뿌리 깊은 복지선진국의 경우와 비교해도 우리나라의 국민연금, 건강보험과 같은 사회보험이나 기초생활지원과 같은 공적부조와 같은 정책프로그램이 시대와 복지욕구에 뒤떨어지거나 효율성이 결여되어있지는 않다는 의미이다.

박근혜 정부의 복지정책 역시 제도적인 부족함을 메우고 개선하는데 어느 정도 노력을 하였고 입법이나 복지시스템을 정비하여 성과를 이룬 것은 사실이다. 하지만 제도적인 기반으로서의 복지는 반드시 국민이 체감할 수 있는 수준에서의 생활보장이 전제되어야만 한다. 정부의 경제정책이나 고용정책은 해당 정부의 정책적인 어젠더에 상관없이 거시적인 경제지표인 GDP, GNI, 물가상승률이나 고용·실업률로 평가된다. 복지의 경우 궁극적으로 정책적인 지향이 개개의 국민이 스스로의 행복을 증진시키고 삶의 질을 보장하는 목적 지표와 인과적인 연결이 있어야 의미가 있다. 이 같은 시각에서 살펴보면, 현재의 상황에서 한국형 복지국가가를 달성했다거나 점진적으로 이를 달성하는 방향으로 진화되고 있다는 근거는 아직 명확하지 않다.

급속한 인구의 고령화와 저출산의 문제, 그리고 청년실업과 베이비붐 세대의 은퇴와 이들에 대한 복지부담의 증가, 그로 인한 재정의 건전성 악화와 같은 문제는 기존의 사회적 문제와 구별되는 신사회적 위험으로 인식된다. 이 같은 복지현안에 대한 정부의 역할은 그 중요성을 아무리 강조해도 지나치다 할 수 없다. 하지만 현재와 같은 복지 패러다임 아래서는 기존의 전통적인 사회문제를 해결할 수 없을 뿐 아니라 신사회적인 위험에서 국민을 보호한다는 것은 기대하기 힘든 일이다. 하나의 예를 들자면, 급속한 인구고령화와 저출산 문제로 인한 빠른 인구구조의 변화 등을 감안하면, 향후 우리나라의 복지지출 수준은 크게 높아질 것으로 예상된다. 하지만 재정건전성을 유지하는 범위 내에서 복지서비스 효과를 극대화 할 수 있는 새로운 복지국가 모형은 제시되고 있지 않고 있다.

새로운 복지패러다임을 주창하며 내놓은 박근혜 정부의 한국형 복지는 그 이념과 가치에 있어서 반빈곤 우선 정책의 탈피, 복지 욕구와 서비스 유형의 다원화, 복지전달과 책임의 시장메커니즘 의존, 중산층 중심의 수혜확대 위주의 전환을 통해 기존 복지국가의 전통적인 모형에서 상당히 떨어져 나와 있다. 무엇보다도 전통적인 복지 표적 계층인 최저소득층에 대한 관심이 상대적으로 줄어들면서 복지국가의 이념과 복지정책의 중심을 잃어버렸다는 우려가 제기되고 있다.

국민의 선거를 통해 선출된 민주국가의 정부라면 선거에서 제시된 정책적 공약을 우선적으로 이행하는 것이 타당하다. 박근혜 정부의 한국형 복지는 각론에 있어서 적어도 표면적으로 약속한 바를 이행하였을는지 모르겠다. 하지만 총론에 입각해서 정책적 성과를 면밀하게 따져보면 그동안 제도만 열심히 만들었을 뿐 실제 도움이 되는 수준의 혜택이 보장되지 않고 있다는 인상을 떨쳐버릴 수 없다. 과연 지난 2년 반 동안 "저부담-저복지"의 후진적인 복지상황이 얼마나 개선되고 있는가?

남은 기간 동안의 과제는 우선적으로 그간 정책적으로 추진해온 복지에 대한 가시성과를 확보하면서 동시에 복지정책 전반의 방향성에 대한 획기적인 전환을 생각해 보아야 한다. 이를 위해, 국민 전체의 사회적 합의를 기초로 복지 분야뿐만 아니라 경제 · 산업 · 고용 · 교육 등 전 분야의 통합적인 복지국가의 모형이 제시되고 큰 틀에서의 가시적인 성과를 이루어야만 한다.

예산만 하더라도 소수의 정책전문가에 의해서 논의될 것이 아니라 보다 큰 틀에서 국민적인 쟁점과 논의의 장을 열고, 합의를 이룰 수 있는 여러 가지 정책 준거모형이 제시되어야만 한다. 다시 말해, 복지패러다임에 대한 전면적인 재검토와 함께 국민이 납득할 수 있는 수준의 기초적인 사회보장을 위해 재정지출과 복지전달체계를 정비, 이를 위한 재정운용과 복지지출의 균형을 맞춘 중·장기적인 복지전략과 함께 실천 가능한 예산 계획을 마련해야만 한다. 그러기 위해서 이 정부에게 주어진 남은 시간을 그리 많지 않다.

[김원종 더불어민주당 공관위 질의응답]

국민의 정부와 참여정부 10년은 우리나라 복지제도가 명실공히 현대화된 시기였습니다. 김대중 대통령의 생산적 복지, 노무현 대통령의 사회투자 국정이념 아래 건강보험제도, 국민연금제도, 고용보험제도, 산재보험제도, 노인장기요양보험제도 등 5대 사회보험이 완비되었습니다.

이에 따라 국민이 질병, 노후빈곤, 실업 등 각종 사회적 위험에서 벗어나 안정된 생활을 누리게 되었습니다. 2000년에는 국민기초생활보장제도가 실시되어, 근로능력이 있건 없건 관계없이 누구나 최소한의 인간다운 생활을 할 권리를 보장받게 되었습니다. 또한 희망스타트, 노인독감백신, 장애인활동보조와 같은 다양한 보건복지서비스가 활성화되어 이 분야에 종사하는 분들이 대폭 늘어나고 모두가 동등하게 사회생활에 참여하고 자기 능력을 개발하게 됨으로써 시민권이 실질적으로 확장되었습니다.

2008년에 도입된 지역사회서비스투자사업은 우리나라 사회복지의 패러다임을 중앙에서 지역으로, 공급자 중심에서 수요자 중심으로 근본적으로 전환시킨 사업이었습니다. 구체적인 서비스 내용을 중앙이 제시하지 않고 지역에서 수요자가 제시토록 하였

참고자료

기 때문입니다. 이러한 획기적인 변화는 사회서비스에 대한 이해가 넓고 진보적인 노무현 대통령 같은 탁월한 지도자가 있었기 때문에 가능한 일이었습니다.

저는 우리나라 국민의정부와 참여정부 10년을 미국의 민주당 린든 존슨 정부와 비교하곤 합니다. 린든 존슨 대통령은 빈곤과의 전쟁을 선포하고 메디케이드, 메디케어, 헤드스타트와 같은 다양한 복지제도를 도입하였기 때문입니다.

더불어민주당은 미국의 민주당처럼 복지제도를 도입하고 현대화시킨 전통과 실력이 있는 정당입니다. 민주당은 앞으로도 이러한 전통을 계승하고 발전시켜 나갈 것입니다.

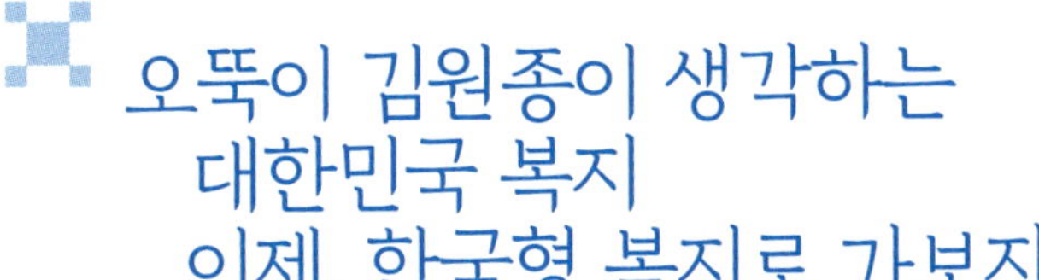

오뚝이 김원종이 생각하는 대한민국 복지 _ 이제, 한국형 복지로 가보자

의료와 복지는 더 이상 관료의 계산이 아니라 국민의 삶에서 다시 설계되어야 한다. 지금이야말로 대한민국에 맞는, 책임 있고 지속 가능한 한국형 복지로 나아갈 때다.

대한민국 복지는 열악한 여건 속에서도 수많은 분들의 헌신과 노력 덕분에 비약적으로 발전해 왔다. 우리보다 약 30년 먼저 고령화를 경험한 일본의 사례는 늘 중요한 참고서였다. 1980년대 후반, 전국민 의료보험 도입을 준비하던 시절 일본어에 능통했던 김일천 국장이 일본 자료를 펼쳐 들고 제도를 비교·검토하던 모습이 아직도 눈에 선하다. 그때 우리는 단순히 제도를 '베끼는' 것이 아니라, 시행착오까지 함께 배우고 있었다.

나는 지금도 대한민국의 건강보험제도는 세계 최고 수준이라고 생각한다. 해외로 이민 간 이들에게 가장 큰 걱정이 무엇이냐고 물으면 십중팔구 '의료 문제'다. 그런 점에서 대한민국 국민으로서 우리 의료체계와 건강보험은 충분히 자랑할 만하다.

미국 뉴욕에서 유학 중이던 시절의 일이다. 집에서 뛰놀던 아이가 넘어져 눈 바로 위가 찢어졌다. 놀란 마음에 인근 병원 응급실로 데려갔더니 치료비가 수십만 원이라는 말을 들었다. 결국 병원을 나와 약국에서 연고를 사 발라주며 버텼다. 그날 이후 나는 '의료비 걱정 없는 사회'가 얼마나 소중한 가치인지 몸으로 깨달았다. 지금도 그날을 떠올리면 아이에게 미안한 마음이 남아 있다.

우리 건강보험제도의 성공 뒤에는 세계 최고 수준의 의료진의 헌신이 있었다. 새벽부터 밤늦게까지 사명감 하나로 환자를 돌본 의료인들이 있었기에, 국민들은 비교적 낮은 보험료로 보편적 의료서비스를 누릴 수 있었다. 나는 늘 생각해 왔다. 국민의 생명과 건강을 지켜온 의료인들은 국가가 마땅히 예우해야 한다고.

연평도 해전 당시 가장 먼저 출동한 의료진은 길병원 사람들이었다. 우리나라는 의료인들을 전쟁이나 국가 비상사태가 발생하면 강제로 동원하거나 배치할 수 있다. 이를 위해 의료 인력은 평소 별도의 데이터베이스로 관리하고, 민간 의료기관 조차도 전시 의료기관으로 지정할 수 있다.

의료는 전시에는 공공재를 넘어 전쟁 수행을 위한 전략 자원이다. 그렇다면 의무만큼 명예도 보장되어야 한다. 나는 의료인들에게 출국 시 우선 탑승 기회를 부여하고, 평생 국민의 생명을 지키다 세상을 떠난 의료인에게는 국가가 조성한 묘지에 안장할 기회를 드리는 방안을 진지하게 검토할 필요가 있다고 생각한다. 이것은 특혜가 아니라 국가가 지켜야 할 최소한의 예우라고 생각한다.

그러나 우리는 규제에는 민감하면서도 보상과 존중에는 인색했다. 의료기관을 국민건강보험의 '요양기관'으로 자동 지정해 보험 진료를 의무화하면서도, 의료인의 전문성과 헌신에 대해서는 충분히 존중하지 않았다. 최근 의료인들이 정부를 불신하게 된 배경에는 오랜 시간 누적된 이런 불균형이 작지 않게 작용했을 것이다.

1977년 도입된 건강보험제도 역시 변곡점에 서 있다. 2000년 통합 이후 제도는 지나치게 중앙집권적이고 관료화되었다. 시대 변화에 맞는 유연한 혁신을 만들어내는 데 분명한 한계가 있다.

미국은 2010년 오바마케어를 계기로 CMS(Centers for Medicare and Medicaid services)를 중심으로 의료혁신 프로그램을 도입해 의료의 질은 높이고 비용은 낮추는 실험을 지속해 왔다. 이에 비해 우리 건강보험공단은 제도 혁신에 소극적이었다고 해도 과언이 아니다.

박근혜 정부와 문재인 정부 시절, 인구 구조와 질병 구조 변화에 대비한 구조 개혁이 이루어졌어야 했다. 그러나 실제로는 급여 확대에만 집중했고, 그 결과 건강보험은 지속 가능성 논란과 함께 의료공급자와 재정관리자 간의 긴장을 키워 왔다.

윤석열 정부의 보건의료 정책은 더욱 문제였다. 일방적 발표와 윽박지르기식 정책 추진은 의료처럼 복잡한 영역에서 가장 피해야 할 방식이다.

나는 이 모습을 보며 고위공무원 역량평가 당시의 한 장면이 떠올랐다. 부처별 승진후보자들이 모여 토론과 소통능력을 평가받는 자리에서, 교도소장 출신 후보들이 "평생 지시만 해봤지 토론은 해본 적이 없다"고 하소연하던 모습이었다. 토론과 합의가 익숙하지 않은 리더십은 결국 사회적 갈등을 키운다.

2024년 2월, 의대정원 2,000명 증원 발표를 들었을 때, 나는 직감했다.

"이 정부, 이 싸움에서 진다."

결론은 이미 정해져 있었고, 현장의 의견 수렴이나 사회적 토론은 없었다. 전공의들이 반발하면 피해는 결국 환자에게 돌아간다. 정부가 의료진을 두려워해서가 아니라, 환자와 가족의 불만을 감당할 수 없게 되기 때문이다.

나는 즉시 페이스북에 이렇게 썼다.

"의사인력 증원규모가 발표될 예정이고 의정 간에 갈등이 우려된다. 결론적으로 전망하면 정부 패이다. 전공의 파업에 지금까지 이겨본 적이 없는 싸움이다. 문재인정부에서도 기세등등하게 의대정원 4,000명 늘리겠다고 했다가 의대학생들까지 들고 일어나면서 볼썽사납게 지고 말았다. 지금 의료문제는 필수의료와 지역의료이다. 의사가 늘어도 필수의료와 지역의료 해결에 바로 연결되지 않는다. 혼합진료 금지나 의료사고 처리 특례는 진즉에 했어야 하는 문제이다. 건강보험 개혁을 말하면서 국민건강을 어떻게 증진시킬 것인가 하는 애기는 없고 돈을 어떻게 나눌 것인가만 잔뜩 늘어놓았다. 의료는 지역의 문제이다. 중앙이 못하겠다면 지역이 나서자. 미국도 책임의료조직ACOs 같은 혁신적인 제도는 주정부가 먼저 나서서 시행하였다. 의료, 남의 문제가 아니다. 지역에 사는 우리들의 문제이다."

나는 건강보험 재정 관리 방식을 전환할 때가 되었다고 생각하며 수년전부터 한국형 ACOs Accountable Care Organizations 제도 도입을 주장해왔다. 사회서비스 역시 공급자 중심에서 소비자 직접 지불방식으로 점진적으로 옮겨가야 한다고 믿는다.

이러한 문제의식 속에서 2007년, 세계 최초로 사회서비스 전자바우처 제도를 도입했다. 사회서비스 전자바우처 제도를 도입한 이후, 개별보조금Individual Grant 방식의 사회서비스를 단계적으로 포괄보조금Block Grant 방식으로 전환해 나가는 것이 정책목표였다. 그러나 부처 간 할거주의와 철학적 이해 부족으로 20년이 지난 지금도 제도는 여전히 제자리걸음이다.

선진국들은 오래전부터 치열한 논쟁을 거쳐 사회서비스 제공방식을 소비자 중심으로 전환해 왔다. 싱가포르와 홍콩도 자국의 역사와 문화에 맞는 모델을 찾기 위해 오랜 논쟁을 거쳤다. 싱가포르는 국민적립기금제도(Central Provident Fund)를, 홍콩은 의무적퇴직금제도(Mandatory Provident Fund)를 통해 노후를 강제저축 방식으로 대비하고 있다.

우리는 외국 제도 도입에는 빠르지만, 한국형 모델을 끝까지 고민하는 데에는 인내가 부족했다. 단임제의 한계인지 아니면 대증적 접근에만 익숙한 탓인지 모르겠다.

장기적 관점에서의 복지 확충 모형이나 원칙이 없이 그때그때 필요에 따라 복지제도를 도입하거나 확대하다보니 복지재정은 빠르게 늘어나는데 국민의 체감 만족도는 높지 않다. 복지수혜자 간 형평성 논란도 끊이지 않는다.

이제는 진영을 떠나 계급장을 내려놓고 한국 실정에 맞는 복지모형을 다시 그려야 한다. 중장기 비전을 갖고 사회적 타협을 이끌 수 있는 정치세력이 있다면 불가능한 일도 아니다.

어렵다고 포기할 수 없다.
나는 여전히 믿는다.
Keep-me-down, if you can.

[주요 선진국의 최근 복지개혁 동향]

1. 근로연계복지 강화 사례(독일의 하르쯔 개혁)

□ 2000년 초반 독일에 밀어닥친 대량실업과 복지국가 위기 타파를 위해 사회민주당 슈뢰더 정부가 신중도Die Neue Mitte 노선 맥락에서 추진

□ 하르쯔 개혁을 통해 실업급여와 사회부조 수급자의 근로동기 강화와 재취업구조 개선, 저임금 부분의 새로운 일자리 영역화 시도

2. 보편적 재원체계 도입 사례(프랑스의 일반사회보장기금제도)

□ 1991년 사회당 로카르 정부는 근로소득 외에 모든 소득에 대해 부과하는 일반사회보장기금제도를 도입하였으며, 근로소득에 대한 보험료 부과를 축소하는 개혁작업을 병행 추진

* 91년: 1.1%→94년: 2.4%→97년: 3.4%→98년 7.5%→마크롱 정부 9.2%로 인상

3. 제도 통합을 통한 성과 제고 사례(영국의 Universal Credit)

□ 2012년 영국의 캐머런 정부는 근로연령층(16~64세)을 대상으로 하는 소득보장제도들을 통합하여 실업자들의 신속한 일자리 복귀 및 근로소득 증가 유도

4. 공급자에 대한 성과 인센티브 강화 사례(미국의 ACO)

□ 미국은 2010년 '환자보호와 책임진료에 대한 법Patients Protection and Affordable Care Act: PPACA'을 통해 ACOAccountable Care Organization 제도를 공식화. ACO는 복수의 의사, 병원, 헬스케어 제공자 등으로

구성되며, 메디케어 가입자에게 통합진료 제공 및 불필요한 의료서비스 감소를 통해 비용절감 및 질 향상 활동이 가능

5. 개인책임 강화 사례(싱가폴의 Central Provident Fund: CPF)

□ 싱가폴은 1955년 노령연금을 대신하여 근로자의 퇴직후 생활지원 목적으로 강제저축제도 형태의 국민적립기금제도$_{\text{CPF}}$를 도입하였으며, 1968년 주택자금, 1984년 의료비 지출 목적으로 사용범위를 확대

〈 블레어-쉬뢰더의 제3의 길 선언문, 1998 〉

국민소득 대비 공공지출은 어느 정도 한계치에 도달했다. 이러한 세금 및 지출의 한계라는 제약 속에서 정부는 효율성을 제고하기 위하여 공공부문을 현대화하고 공공서비스를 혁신해야만 한다. 정부는 노를 젓기 보다는 방향을 잡아야 한다. 도전하되 통제해서는 안 된다.

[전라일보 칼럼]

문재인 정부! 임기 내에 자활복지 패러다임을 구축해야 한다.

우리나라는 유례없는 인구절벽, 성장절벽, 재정절벽이라는 국가적 위기 상황에 봉착해 있다. 그간 보수정권 기간 동안 부자감세 등 경제우선 정책을 펼쳤다. 그러나 경제발전을 통한 낙수효과는커녕 '헬조선'이라는 용어가 사용될 만큼 국민 생활은 도탄에 빠져 있고 미래에 대한 희망도 없는 상황이 되었다.

우리나라의 현재와 미래 위기를 극복하고 늘어나는 복지수요에 제대로 대응하기 위해서는 기존의 현상 대응식 복지 확대가 아닌 과감하고 혁신적인 패러다임 전환이 필요하다. 이러한 복지패러다임 전환은 문재인 정부 임기 내에 반드시 이루어져야 한다. 베이비부머 세대가 노인인구로 편입되는 2020년부터 고령화의 효과가 가속화될 것이기 때문이다.

우리나라 복지는 낮은 사회보장지출에도 불구하고 급격한 고령화로 사회보장 지출이 가파르게 상승하고 있다. GDP 대비 사회보장지출이 2011년 9.0%에서 2050년에는 26.6%로 추계되고 있다. 2050년 경제활동인구가 약 1,900만 명으로 전체 인구의 1/2 수준에 불과하다는 점을 감안하면, 소득의 절반 이상을 복지비로 써야 하는 암담한 미래가 우리 앞에 놓여있는 것이다.

경제사회 구조의 변화도 우리나라 복지에 대한 수요를 크게 증가시킬 전망이다. 근로빈곤, 소득양극화, 저출산 문제 등은 우리사회의 유지와 통합을 위해 한시도 방치할 수 없는 문제가 아닐 수 없다.

우리나라 복지는 약 50년간 세계에서 가장 빠른 속도로 인구

참고자료

구조와 경제사회 구조가 변화하는 대격변기를 맞이하여 기존의 틀에서 벗어나 독창적이고 담대한 개혁이 필요하다.

복지개혁을 추진하는 데 있어서 부담계층과 수혜계층을 모두 만족시키기는 어렵다. 따라서 우리나라가 나아가야할 비전에 부합하는 방향으로 설정하고 이해와 합의를 구해야 한다. 무엇보다 근로능력이 있는데 세금을 보조해 주는 방식은 광범위한 지지 획득이 어려울 뿐만 아니라 개인의 발전을 위해서도 좋지 않다. 따라서 복지개혁의 큰 방향은 가급적 일을 통해 본인과 가족의 생계를 유지하도록 하는 것이 되어야 한다. 제조업 일자리가 줄어들 수 있는 4차 산업 혁명 시대에 쉬운 애기는 아니지만 그렇다고 포기해서는 안 된다.

일을 통한 소득 창출을 위해서는 최대한 많은 분들이 최대한 오랜 기간 동안 근로에 종사할 수 있도록 해야 한다. 이를 위해 최우선적으로 추진해야 하는 과제가 바로 건강노화Healthy Ageing이다. 몸이 건강해야 일을 할 수 있기 때문이다. 모든 국민들의 건강노화를 달성하기 위해서는 현재 질병 치료중심의 건강보험을 예방과 건강증진 중심으로 전환해야 한다. 술, 담배를 끊고 운동을 꾸준히 하는 분들을 위해 건강보험료를 인하해 준다던지 운동바우처를 제공하는 등의 과감한 인센티브가 도입될 필요가 있다. 의사가 환자에게 약을 처방하는 경우는 물론, 건강한 분들의 건강을 돕는 활동에 대해서도 충분한 보상이 이루어져야 한다. 건강노화 관련된 앱을 개발하여 모든 국민들이 충분하고 올바른 정보에 입각하여 건강생활을 실천할 수 있도록 도와주어야 한다. 미래 우리나라 복지재정을 위협하는 가장 큰 위험이 의료비라는 점을 감안한다면 제대로 된 건강노화 정책은 한시라도 빨리 서둘러야 할 국가적 과제이다.

우리나라 복지개혁은 새로운 제도의 도입보다는 기존 제도의 효과성을 높이는 방향으로 추진될 필요가 있다. 각종 복지제도가 달성하고자 하는 목표를 분명히 설정하고 이 목표를 가장 효과적으로 달성하는 방향으로 추진되고 있는지를 면밀히 살펴보아야 한다. 겉으로는 복지를 내세우면서도 실제로는 기관이나 직원들을 위해서 존재하는 프로그램은 과감히 없애야 한다. 그래야 납세자들의 신뢰를 확보할 수 있다.

일반인에게는 생소하겠지만 취약계층의 자활을 지원하는 희망리본사업은 우리나라 사회정책 가운데 드문 성과중심사업이었다. 취약계층을 자활시키면 시킨 만큼 지원액이 결정되는 방식이었다. 그런데 동 방식은 기존에 안정적으로 지원을 받는 민관기관들에 의해 집중적으로 공격을 받았고 급기야 박근혜 정부 때 폐지되고 말았다. 애써 도입한 성과방식의 사업을 보조기관이나 공공기관으로 대체하는 자세로는 복지에 대한 납세자 신뢰 확보가 어렵다.

끝으로, 복지정책의 패러다임 전환을 위해서는 국가 차원의 체계적인 DB 구축이 필요하다. 복지패러다임을 이전소득 중심에서 근로소득중심으로 바꾸려면 저소득취약계층의 소득과 자산의 흐름에 대한 데이터베이스가 있어야 한다. 이를 통해 지역별, 성별, 계층별로 이전소득과 근로소득의 동향이 파악되어야 한다. 아울러 근로소득 창출을 저해하는 원인이 무엇인지를 공유하고 지역사회의 구체적인 행동요령을 개발하여야 한다.

문재인정부가 추진하고 있는 공공인력 증대방안은 당장 효과는 있을 것이다. 하지만 지속가능성이 높지 않은 우리나라 재정에 부담을 안기는 결과가 우려된다. 어렵더라도 모든 국민이 가급적 일을 해서 소득을 창출하고 자신의 역량을 발휘할 수 있는 자활복지로의 근본적 패러다임 전환을 서둘러야 하는 시점이다.

건강보험, 돈주는 사람과 쓰는 사람을 단일화하자 _ ACOs 제도

건강보험의 갈등은 사람의 문제가 아니라, 돈을 내는 주체·관리하는 주체·쓰는 주체가 분리된 구조에서 비롯된다. 한국형 ACO처럼 지불과 책임을 묶는 제도로 전환해야 의료비는 줄고, 예방과 성과 중심의 의료가 가능해진다.

내가 초등학교에 다니던 1970년대, 우리나라는 정말 가난했다. 1인당 소득이 300달러 안팎이던 시절이었다. 도시락을 못 싸 오는 아이도 많았고, 짚신을 신고 학교에 오는 아이도 있었다. 고아원 아이들은 도시락 대신 옥수수 빵을 가져오곤 했다. 나는 그 빵이 맛있어서 내 도시락과 바꿔 먹기도 했다. 우리 집은 남원에서 제법 큰 과자가게를 했기에 형편이 아주 나쁘지는 않았다. 그럼에도 용돈이 넉넉했던 적은 거의 없었다. 어린 마음에는 늘 용돈을 쪼들리게 주는 아버지가 원망스러울 때도 있었다. 학교의 준비물인 학용품 하나 제대로 못 살 때면, 괜히 더 창피한 마음이 들었다.

시간이 흘러 내가 아이를 키워보니, 그때 아버지 마음을 조금은 알 것 같다. 살림이란 것은 단순히 '돈이 없어서'만 어려운 게 아니다. 돈이 있어도 아껴 써야 하는 것이 살림이다. 써버리면 끝이지만, 꼭 필요할 때를 대비하지 않으면 더 큰 낭패를 본다.

건강보험도 결국 같은 구조다. 돈을 내는 사람은 늘 '아껴야 한다'고 생각하고, 돈을 쓰는 사람은 늘 '제대로 대우받지 못한다'고 느낀다. 갈등은 개인의 태도가 아니라, 구조에서 생긴다.

만약 착실히 공부하는 학생은 용돈이 줄고, 딴 짓만 하는 아이는 더 많은 몫을 받게 된다면 어떤 일이 일어날까. 불만은 폭발할 것이다. 환자 치료보다 미용·성형에 치중하는 의사들에게 더 많은 보상이 돌아가는 현재의 구조도 이와 다르지 않다.

우리나라 건강보험은 보험료를 내는 주체(국민·기업), 관리하는 주체(정부·건강보험공단), 서비스를 제공하고 비용을 받는 주체(의료공급자)가 서로 분리돼 있다. 이 구조 속에서 불신의 삼각관계가 만들어진다. 더 큰 문제는 지불 기준이 성과(outcome)가 아니라 투입(input)과 과정(process)에 치우쳐 있다는 점이다. 그 결과 중복진료와 과잉진료가 구조적으로 발생한다.

노인과 만성질환자가 늘어나는 구조적 변화 앞에서도, 이해관계자들의 시선은 서로 다른 방향을 향한다. 건강보험은 1977년 도입 이후 반세기에 가까운 시간이 흘렀고, 이제는 어느 한 부분만 손보기 어려운 거대 시스템이 되었다. 그 사이 국민의료비는 빠르게 증가하지만, 국민이 체감하는 건강 수준은 그만큼 따라오지 못한다. 만성질환은 고령화와 생활습관 변화와 고령화 속에서 계속 늘고 있다. 이 문제는 결코 우리만의 고민이 아니다.

국민의료비가 천정부지로 치솟은 미국은, 비용을 낮추면서도 성과를 높이기 위해 오래전부터 다양한 실험을 해왔다. 그 핵심 중 하나가 책임의료조직, 즉 ACOs다. ACOs는 여러 의사, 병원, 헬스케어 제공자가 네트워크를 구성해 환자의 건강 결과에 대해 공동 책임을 지는 조직이다. 목표는 단순하다. 적시에 올바른 진료를 제공하고, 불필요한 중복 서비스와 의료적 과실을 줄이는 것이다.

ACOs의 핵심은 지불 방식에 있다. 미국 정부는 ACOs에 일정한 재정을 먼저 배분하고, 의료비를 절감하면서도 질 지표를 개선한 경우 그 절감분의 일부를 성과급으로 보상한다. "많이 하면 많이 받는 구조"에서 "잘하면 더 받는 구조"로의 전환이다.

미국 건강보험을 관리하는 CMS Centers for Medicare & Medicaid Services는 다양한 ACOs 프로그램을 운영해 왔다. AIM ACO Investment Model은 ACOs가 부족한 지역의 설립을 촉진하기 위한 모델이고, Advanced Payment ACOs Model은 농촌 지역 공급자들에게 선지급 방식으로 참여를 유도하는 제도다. 왜

ACOs가 예방으로 움직이는가? ACOs의 가장 큰 장점은 네트워크에 있다. 지역 내 의료기관들이 진료 기록을 공유하며 예방부터 치료, 사후 관리까지 공동으로 책임진다. 그 결과 중복 검사와 불필요한 처방이 줄고, 응급 상황에도 더 빠르게 대응할 수 있다. ACOs는 병원뿐 아니라 장기요양기관, 약사까지 포괄하는 유연한 구조를 가질 수 있다. 환자에게 필요한 서비스가 '따로따로'가 아니라 '하나의 흐름'으로 연결된다.

환자는 특정 네트워크를 선택해 진료를 받고, 네트워크에는 과거 의료비 사용량 등을 기준으로 총액 예산이 배분된다. 그 결과 공급자는 '아플 때 치료하는 조직'이 아니라 '아프지 않게 만드는 조직'이 될수록 유리해진다. 예방과 관리가 곧 성과가 되고, 성과가 곧 보상이 된다.

한국형 ACOs가 주치의보다 더 현실적인 이유. 이재명 정부가 주치의 제도를 추진한다 해도, 개인 단일 주치의 중심 모델은 가입 유인을 만들기가 쉽지 않다. 실제로 우리나라는 여러 차례 유사한 시도를 했지만, 구조적 한계에 부딪쳐 크게 성공하지 못했다.

반면 한국형 ACOs는 책임을 의료인 개인에게 몰아주지 않는다. 지역 내 의료기관들이 함께 책임지고, 함께 성과를 공유한다. "누구 책임이냐"가 아니라 "우리의 책임"으로 바꾸는 방식이다. 내가 한국형 ACOs가 주치의 제도보다 더 현실적이고 효율적이라고 보는 이유가 여기에 있다.

공급자냐, 소비자냐? _사회서비스 전자바우처제도의 도입

그러나 남원을 보며 생각이 바뀌었다. 기업이 거의 없고, 청년들이 일자리를 찾을 수 없는 소멸지역에서는 시장의 수요와 공급이라는 말 자체가 공허했다. 이런 곳에 완전고용을 전제로 한 사회보험 논리를 그대로 적용하는 것은 현실을 외면하는 일이었다.
"존재가 인식을 결정한다."

2007년 사회서비스 전자바우처제도를 도입하겠다고 했을 때, 사회복지계의 반발은 거셌다. 주류 사회복지학과 교수들 상당수가 소비자 직접지불방식에 반대했다. 복지의 대상이 되는 노인과 장애인은 정보가 부족하고 의사결정 역량이 취약하므로, 전문가의 개입이 필수적이라는 이유였다.

또 다른 반대 논리는 이랬다. 기존 공급자들은 열악한 여건 속에서도 공공성을 지키며 서비스를 제공해 왔는데, 소비자 직접지불방식은 그 기반을 흔들 수 있으며 시기상조라는 주장이었다. 이러한 반발은 충분히 예상된 일이었다. 사실 서구 국가들에서도 이미 거쳐 온 논쟁이었다.

장애인과 노인을 의학적 모델, 혹은 공급자 중심 모델로 바라보면 이들은 스스로에게 필요한 서비스를 합리적으로 판단할 수 없는 존재가 된다. 그렇게 보면 복지급여를 소비자에게 직접 맡기는 것은 위험한 선택처럼 보일 수 있다. 현금 오·남용의 가능성, 서비스 제공기관의 반발, 장애인 당사자의 수용성, 서구와 다른 문화적 맥락 등 수많은 반대 논거가 쏟아졌다.

요지는 하나였다. 사회서비스는 정보 비대칭이 크고, 이용자가 합리적 선택을 하도록 지원하는 체계를 만들기 어렵다. 그러니 소비자에게 돈을 쥐여주는 것은 무책임하다는 것이었다.

그럼에도 불구하고 나는 소비자 직접지불방식을 강하게 밀어붙였다. 노인이든, 장애인이든, 아동이든 자신의 삶은 당사자가 결정하는 것이 원칙이라고 믿었기 때문이다. 공급자의 역할은 대신 결정해 주는 것이 아니라, 당사자가 가장 합리적인 선택을 할 수 있도록 정보를 제공하고 조언하는 데까지여야 한다고 생각했다.

자기결정권이란 단순한 선택권이 아니다. 자신의 삶에 중대한 영향을 미치는 문제에 대해 주도적으로 판단하고, 그 결과에 책임지는 권리다. 특히 장애인과 노인의 자기결정권은 자신의 삶의 방식을 스스로 정하고, 사회구성원으로서 적극적으로 참여할 권리를 의미한다.

이것은 내가 살아온 오뚝이 철학과 정확히 맞닿아 있다. 넘어져도 스스로 일어나는 힘, 그 힘을 제도가 빼앗아서는 안 된다. 영국의 사회정책학자 줄리아 윈터Julia Winter는 개인예산제도의 의미를 이렇게 비유했다.

> "사회서비스 현금 지급제도는 사춘기 청소년처럼 느껴졌다. 돈을 갖고 가게에 갈 수는 있지만, 목록에 적힌 품목만 구입해야 하고 영수증과 거스름돈을 다시 제출해야 했기 때문이다. 반면 개인예산을 받는 것은 어렵기는 하지만, 성인이 된 듯한 느낌이다."

이 문장을 읽으며 나는 고개를 끄덕였다. 복지는 보호만으로 완성되지 않는다. 신뢰와 책임이 함께 갈 때 비로소 성숙해진다.

우리나라는 단기간에 사회보장의 틀을 갖추었고 복지 지출도 빠르게 늘었다. 그러나 국민체감도는 여전히 낮다. 이유는 분명하다. 공급자 중심 제도는 개인과 가족의 다양한 욕구에 탄력적으로 대응하기 어렵고, 서비스의 질과 다양성에도 구조적 한계가 있기 때문이다.

이미 많은 나라들이 다른 길을 선택했다. 영국은 1997년 「지역사회돌봄법」에 따라 서비스 현금지급제도를 도입했고, 2003년에는 개인예산제도로 발전시켰다. 벨기에, 네덜란드, 오스트리아, 체코, 스웨덴 등도 유사한 제도를 운영하고 있으며, 독일은 현금과 현물 중 선택할 수 있도록 했다.

우리나라도 2007년 사회서비스 전자바우처 제도를 도입한 이후 바우처 방식은 빠르게 확산되었고, 다양한 사회서비스가 개발되었다. 이제는 여기서 한 걸음 더 나아갈 시점이다.

나는 장애인 분야에 개인예산제도를 도입해야 한다고 생각한다. 여러 장애인지원사업을 묶어 그룹별 이용 한도를 설정하고, 그 범위 안에서 당사자가 자유롭게 선택하도록 해야 한다. 이를 지원하기 위해 지역별 개인지원계획을 수립해 주는 전문 센터도 필요하다.

아울러 취학 전 아동에 대해서는 '통합발달바우처제도'를 도입해 아동양육수당, 보육료, 유아학비 지원을 하나의 제도로 통합하는 것이 바람직하다. 부모와 아이의 입장에서 보면 지금의 제도는 지나치게 쪼개져 있다.

복지의 발전 경로를 보면 대체로 공급자 지원 → 바우처 → 개인예산의 방향으로 진화해 왔다. 그런데 최근 기본소득 논의가 급부상하고 있다. AI와 자동화로 노동시장이 급변하면서, 전통적인 사회보험 방식의 지속가능성이 흔들리고 있다는 문제의식에서 출발한 논의다.

솔직히 말하면, 나는 오랫동안 기본소득에 부정적이었다. 일과 사회참여를 통해 개인의 잠재력이 확장되는 것이 바람직하다고 믿었기 때문이다. 근로 의욕을 약화시킬 수 있는 제도에는 쉽게 동의할 수 없었다.

그러나 남원을 보며 생각이 바뀌었다. 기업이 거의 없고, 청년들이 일자리를 찾을 수 없는 소멸지역에서는 시장의 수요와 공급이라는 말 자체가 공허했다. 이런 곳에 완전고용을 전제로 한 사회보험 논리를 그대로 적용하는 것은 현실을 외면하는 일이었다.

"존재가 인식을 결정한다."

소멸지역의 절박한 현실을 마주하고 나서야, 기본소득이라도 도입해 숨통을 틔워야 한다는 결론에 이르렀다. 원칙은 중요하다. 그러나 원칙은 현실을 살리기 위해 존재해야 한다는 사실을, 나는 다시 한 번 깨달았다.

저출산 대책, 시늉만 하지말고 제대로 하자 _ 엄마예산제도 도입

그래서 나는 이렇게 제안한다. 차라리 엄마에게 예산 편성권을 주자. 출산과 육아와 관련된 각종 현금, 바우처, 현물 서비스를 하나로 묶어 '엄마예산제도'로 전환하자는 것이다. 엄마가 아이를 위해 언제, 어디에, 어떤 방식으로 쓸지를 직접 결정하도록 하자는 발상이다.

우리 집안은 대체로 잠이 많다. 그중에서도 막내 동생은 유난했다. 어릴 적 골목에서 놀다가 그대로 길바닥에서 잠이 들곤 했다. 그래서 어머니는 가게 점원들을 볼 때마다 "막내 치지 않게 조심해 달라"는 말을 귀에 못이 박히도록 하셨다. 아이를 키워보니 그때 어머니 마음을 조금은 알 것 같다. 밤중에 칭얼대는 아이에게 몇 번씩 젖병을 물리고, 열이 오르면 새벽에도 병원으로 달려가는 일은 부모가 아니면 할 수 없다. 특히 엄마가 아니면 더더욱 그렇다.

그렇다. 아이를 키우는 데 가장 관심이 많은 사람은 엄마다. 저출산 대책은 반드시 엄마의 눈높이, 엄마의 판단, 엄마의 선택에서 출발해야 한다.

프랑스에 있을 때 들은 이야기가 있다. 엄마가 임신을 하면 온 동네가 자기 일처럼 축하하고, 가는 곳마다 배려와 존중을 받는다. 마치 왕비가 된 것 같은 느낌을 받는다는 말이었다. 맞다. 왕비처럼 모셔야 한다. 이것이 저출산 대책의 핵심이다.

한국의 합계출산율은 2023년 기준 0.72명으로, 세계 최저 수준이다. 이제는 '저출산'이라는 표현조차 무색할 정도로 사실상 출산 파업에 가깝다. 정부는 「제4차 저출산·고령사회 기본계획」을 통해 5년간 총 383조 원, 연간 70~80조 원에 달하는 막대한 재원을 투입하고 있다. 그런데도 출산율은 반등하지 않는다. 왜일까. 답은 분명하다. 대부분의 정책이 공급자 중심이기 때문이다.

공급자 지원 방식에서는 지원 여부와 방식이 공급자의 손에 달려 있다. 엄마는 누가 지원 주체인지도 알기 어렵고, 결정권이 없으니 눈치를 볼 수밖에 없다. 정책은 많지만, 정작 출산 가정이 체감하는 변화는 미미하다.

그래서 나는 이렇게 제안한다. 차라리 엄마에게 예산 편성권을 주자. 출산과 육아와 관련된 각종 현금, 바우처, 현물 서비스를 하나로 묶어 '엄마예산제도'로 전환하자는 것이다. 엄마가 아이를 위해 언제, 어디에, 어떤 방식으로 쓸지를 직접 결정하도록 하자는 발상이다.

현재 저출산 관련 예산은 연간 약 25조 원 수준이다. 이 예산을 '엄마예산제도'로 전환한다고 가정하면, 출산 가정당 연간 약 1억 2천만 원, 월로 환산하면 약 1천만 원의 지원도 이론적으로 가능하다. 물론 모든 지원을 현금으로 할 필요는 없다. 엄마가 원하면 현물 지원도 기존처럼 선택할 수 있도록 하고, 현금과 현물 사이의 선택권을 엄마에게 주면 된다.

이미 영국은 개인예산제도를 통해 비슷한 길을 걷고 있다. 중요한 것은 단순한 지원금 정책이 아니다. 국가가 '어떻게 쓰라'고 지시하는 방식에서 벗어나, 엄마를 정책의 객체가 아니라 주체로 인정하느냐의 문제다. 왕비는 보호의 대상이 아니라 결정권을 가진 존재다. 눈치를 보지 않는다.

엄마예산제도는 엄마에게 강력한 출산 인센티브를 제공할 뿐 아니라, 같은 예산으로도 체감도를 획기적으로 높일 수 있는 방식이다.

저출산 대책은 더 이상 보고서용 숫자나 부처 실적용 사업으로 해결되지 않는다.

엄마를 믿고, 엄마에게 맡겨야 한다.

그때 비로소 출산은 '희생'이 아니라 '선택'이 된다.

인구소멸지역인 남원에서 해외입양아를 키우자

인구소멸 위기의 남원에서 해외입양 대신 지역사회가 아이들을 함께 키우는 새로운 해법이 필요하다. 아이 한 명을 키우는 일은 복지가 아니라, 한 지역의 미래를 살리는 선택이다.

우리나라는 세계 최고 수준의 저출산 국가다. 그럼에도 불구하고 매년 약 150명의 아동이 여전히 해외로 입양되고 있다. 이 숫자를 처음 접했을 때 쉽게 납득이 되지 않았다. 인구가 줄어 지역이 사라질 위기에 놓여 있는데, 아이들은 국경을 넘어 떠나고 있기 때문이다.

언젠가 한 입양전문가가 이런 말을 했다.

“반려동물 문화가 확산되면서 국내입양 문화도 조금씩 바뀌지 않겠느냐.”

그 말을 들으며 나는 솔직히 고개를 갸웃했다. 아이를 키우는 일은 반려동물을 돌보는 일과는 전혀 다른 차원의 책임이기 때문이다. 문화의 변화만으로 이 문제를 해결할 수 있을까 하는 의문이 들었다.

지금 비수도권 대부분의 지역은 인구소멸이라는 절박한 위기에 직면해 있다. 그럼에도 해외입양이 계속되고 있다는 사실은 분명한 모순이다. 「헤이그 국제아동입양협약」은 아동 중심 입양과 국제입양의 최소화를 원칙으로 하고 있고, 우리나라도 공적 입양체계를 강화하며 국내입양 활성화를 위해 여러 조치를 취해 왔다. 그러나 현실은 크게 달라지지 않았다.

나는 다른 접근이 필요하다고 생각한다. 정부와 소멸위기 지방자치단체가 손을 잡고, 해외로 입양되는 아동을 소멸지역에서 함께 키우는 방식은 어떨까? 예를 들어 남원과 같은 지역에 「아동발달지원재단가칭 '헤이그재단'」을 설립해, 해외입양 대상 아동을 지역사회가 책임지고 양육하는 것이다. 이 재단은 소규모 아동 그룹홈의 설립과 운영을 지원하고, 아이들에게 안정적인 주거 환경과 돌봄을 제공한다. 단순한 보호에 그치지 않고, 대학까지의 학자금과 자립을 위한 충분한 지원을 제도적으로 보장하는 방식이다.

스위스의 '페스탈로치촌'은 이와 유사한 모델로 알려져 있다. 이러한 형태의 국내 양육·입양 체계가 자리 잡는다면 해외입양 규모를 줄일 수 있을 뿐 아니라, 우리 아이들이 자신의 언어와 문화 속에서 건강하게 성장할 수 있다. 동시에 아이들이 자라나는 과정에서 지역에 생기가 돌고, 지역소멸을 늦추는 효과도 기대할 수 있다.

만약 남원에서 이런 시범사업을 추진할 기회가 주어진다면, 나는 지역의 종교단체들과 협력해 지리산 자락의 산내면이나 운봉면 같은 청정한 공간에 아이들을 위한 공동체를 만들고 싶다. 자연 속에서 자라며 지역 어른들의 보살핌을 받는 아이들, 그리고 아이들의 웃음소리가 다시 마을에 울려 퍼지는 모습을 상상해 본다.

아이 한 명을 키우는 일은 단순한 복지가 아니다.
한 지역의 미래를 키우는 일이다.
해외로 보내는 대신, 우리가 함께 키울 수는 없을까.
인구소멸의 위기에 놓인 남원에서 그 해답을 찾고 싶다.

보도자료	배포일시 : 2023년 9월 1일 (금) 오전	대표 김원종(010-5000-6431) 담당 우택엽(010-3680-5659) 이메일 woo3986@naver.com

[연속토론회 3]

“아동복지투자를 통한 남원소멸위기 극복 토론회” 개최

서울대 이봉주 교수,
‘인적자본 개발을 위한 예방적 접근의 필요성’ 제시
김원종 대표,
‘엄마아빠 개인예산제도 도입’, ‘해외입양인 남원 책임양육 운동(헤이그 이니셔티브)’ 도입 제안

남원복지경제연대(대표 김원종)은 서울대학교 이봉주 교수를 초청하여 「아동복지투자를 통한 지역소멸위기 극복」을 주제로 하는 정책토론회를 9월 1일(금) 오전 10시 30분부터 남원 소재 지리산소극장에서 개최하였다.

이번 토론회는 「남원인구소멸위기 토론회」, 「소멸도시 남원, 첨단반도체 산업 유치 토론회」에 이어 남원복지경제연대가 주최하는 세 번째 토론회이다.

이봉주 교수는 발제에서 한국의 합계출산율이 2022년 0.78로 전 세계에서 가장 낮은 수준에 있는 등 저출산 고령화 문제가 심각하다고 하면서 저출산 사회에 필요한 새로운 사회복지 패러다임이 필요하다는 점을 강조하였다. 즉 종래의 수동적 복지체제를 통하여 위험에 빠진 사람들의 보호와 구원을 기본으로 하되, 보다 예방적이고 투자적인 접근이 강조될 필요가 있다는 것이다.

이교수는 적극적 복지체제의 핵심은 예방적이고 접근을 통하여 시민들의 인적역량을 증진시키는 것이라고 하면서, 사회적 차

참고자료

원에서 인적자본에 적극적 투자를 통해 기회의 평등을 제고할 필요가 있다고 하였다.

그는 한국은 아동에 대한 투자가 상대적으로 취약하므로 저출산 시대에 대응하는 한국 사회복지 정책에서는 아동투자를 획기적으로 늘릴 필요가 있다고 보았다. 아동투자 확대 전략으로 생애주기별 인적자본 기본선national minimum을 설정하여 출생, 진학, 취업 시점에서 모든 시민이 건강하게 성장할 수 있는 기회를 보장할 필요가 있다는 것이다.

아동투자 전략의 사례로 생애 초기에 보다 예방적인 건강서비스의 강화정책으로 영유아를 대상으로 한 가정방문건강지원 프로그램인 헬스스타트Health Start 프로그램_서울시 '생애초기 가정방문사업'을 들었다. 임신, 출산 직후를 포함한 영유아기의 건강이 아동의 인지, 정서, 사회적 발달에 중요한 기반이므로 가족이 도움을 받기 위해 찾아오기를 기대하기 보다는 직접 그들이 사는 곳으로 찾아가 서비스를 제공하는 것이 가장 효과적이라는 것이다.

이교수는 저소득층 아동들이 성장했을 때 활용할 수 있는 자산을 형성하는 아동발달계좌Child Development Account의 확대도 적극적으로 검토될 필요가 있다고 하였다. 아동발달계좌는 아동의 보호자나 후견인이 아동 명의로 일정액을 저축하면 정부가 같은 금액을 매칭해서 적금해주는 프로그램인데 현재 시설보호아동, 저소득층 아동 일부만을 대상으로 실시하고 있으나 이런 제도를 일반 저소득층 아동을 가진 가구까지 대폭 확대할 필요가 있다는 것이다.

이어서 남원 YMCA 장선화 이사장, 남원 학부모연합회 이미숙 회장, 남원 어린이집연합회 유영미 회장, 남원시 한명숙 의원, 남원복지경제연대 김원종 대표가 토론자로 남원이 처한 문제점과 대안에 관하여 활발한 의견을 제시하였다.

참고자료

특히 남원복지경제연대 김원종 대표는 정부가 제4차 저출산 고령사회 기본계획을 수립하면서 5년간 총 383조원, 연간 7~80조원에 달하는 막대한 재원을 투입하였음에도 세계 최고수준의 저출산이 지속되고 있는 것은 대부분이 공급자 지원 위주이고 최종 소비자에게 전달되는 사업은 극히 일부인 것에 그 원인이 있다고 하면서 공급자 위주의 접근에서 벗어나 수요자 중심의 창의적이고 근본적인 대책이 필요하다고 강조하였다.

그는 지역소멸 위기 극복을 위한 근본적 저출산 대책의 하나로 '엄마·아빠 개인예산제도' 도입을 제안하였다. '엄마·아빠 개인예산제도'는 출산 및 육아와 관련된 모든 현금, 바우처, 현물서비스를 필요한 곳에 필요한 때에 사용할 수 있도록 엄아아빠에게 예산편성권을 부여하고 정부가 이를 심사하여 합의가 되면 그대로 집행할 수 있도록 하자는 것이다. 현금, 바우처, 현물서비스 가운데 선택할 수 있도록 하고 다만, 현금 선택시에는 술, 담배 등의 구입을 막을 수 있도록 그린카드로 지급하도록 하는 방안이다.

현재의 '저출산 고령사회 기본계획' 예산의 50%를 개인예산으로 전환한다고 가정하면, 출생아 1명당 연간 약 1억 4천만원 지원이 가능한 수준이다. 김대표는 개인예산제도는 동일한 예산으로 소비자의 체감도를 획기적으로 높일 수 있는 비용 효과적인 사회보장모델로서, 사회서비스를 받을 자격이 있는 대상자들에게 더욱 유연하게 서비스를 제공하는 효과가 기대된다고 보았다. 현금을 지급함으로써 서비스 대상자인 소비자들이 자신들의 삶을 스스로 관리하고, 더 많은 선택의 기회를 가지며, 자신들에게 제공되는 보호의 방식도 스스로 결정할 수 있도록 하자는 것이다.

이 사업은 한국 사회복지 전달체계의 근본적 전환이 필요하므로 일정기간 시범사업과 법제정을 거쳐 단계적으로 시행하는 방안을 제시하였다.

또한 김원종 대표는 '해외입양아 국내소멸지역 책임양육운동 가칭, 헤이그 이니셔티브'을 제안하였다. 남원시의 경우 일 년에 태어나는 신생아 수가 270명에 불과한 반면, 해외입양아는 여전히 일 년에 약 140명에 달하는 실정이다. 헤이그국제아동입양협약은 아동 중심 입양과 국제입양 최소화 원칙을 선언하고 있고 우리나라도 국내입양 활성화 계획을 2026년에 수립할 계획으로 있는 만큼, 소멸위기에 처한 남원에서 해외로 입양되는 아동을 적극적으로 양육하는 운동을 벌이는 것을 검토할 시점이 되었다고 주장하였다.

'헤이그 이티셔티브'는 경제적으로 여유가 있는 가정에 대해서는 국내입양을 권유하고 소멸지역에 아동그룹홈 사업을 확대하는 것을 주요 내용으로 한다. 참고로 스위스 페스탈로치촌과 같이 고아를 대상으로 그룹홈을 운영하는 사례도 있다.

김대표는 토론에서 부 또는 모가 양육의지가 있는 경우에는 주택, 일자리 제공을 통해 양육환경을 조성해 주는 방안, 이 지역에서 성장하는 아동에 대해서는 대학까지 학자금을 지원하는 등 차별화된 지원책의 필요성을 강조하였다. 아울러 동 사업에 관한 시민들의 합의를 유도하고 안정적인 사업기반을 마련하기 위해 '(가칭)남원헤이그재단'을 설립하는 방안도 제안하였다.

김원종 대표는 '오늘 토론회에서 지역소멸위기를 극복할 구체적인 대안이 다수 제시되었다고 평가하면서 동 대안들이 실제로 정책에 반영되어 소멸위기에 처한 지역에 희망을 주길 바란다'고 밝혔다.

복지와 예술을 결합해 보자 _ SISO 프로젝트

해외입양인 예술가와 국내 작가를 잇는 SISO 프로젝트는 복지와 예술의 결합이 개인의 정체성 회복과 국제적 교류를 동시에 가능하게 함을 보여주었다. 복지는 보호를 넘어, 사람의 재능과 자원을 연결할 때 가장 큰 사회적 가치를 만들어낸다.

우리나라의 해외입양은 1950년대부터 시작되었다. 지금까지 약 16만여 명에 이르는 한국 아이들이 국경을 넘어 새로운 삶을 시작했다. 1960년대까지만 해도 연간 수백 명 수준이었던 해외입양은 1970년대 들어 연간 5,000명을 넘었고, 1985년에는 약 9,000명으로 정점을 찍었다. 숫자만 보아도 이 역사가 개인의 삶과 사회에 남긴 흔적이 얼마나 깊은지 짐작할 수 있다.

해외입양인과 한국 사회를 잇는 다리 역할을 해 온 곳이 국제한국입양인봉사회InKAS다. 이 단체의 정애리 회장은 오랫동안 해외입양인들의 권익과 정체성 회복을 위해 헌신해 왔고, 해외입양 사회와 한국 사회를 연결하는 국제 교류의 장을 꾸준히 열어왔다. 매년 해외에 입양된 한인들을 모국으로 초대해 한국 문화를 체험하도록 지원하는 활동도 그 연장선에 있다.

정 회장과 함께 일하면서 나는 많은 해외입양인들을 만날 기회를 얻었다. 그중 특히 기억에 남는 사람이 덴마크로 입양된 화가 준 진June Jin이다. 그는 현지에서 활발히 활동하는 예술가였는데, 어느 날 나에게 이런 제안을 했다.

"매년 코펜하겐에서 열리는 국제미술전시회에 한국의 입양 작가들과 한국 작가들이 함께 참여해 보면 어떨까요?"

그 말은 내게 큰 울림을 주었다. 해외입양인들 가운데에는 자신의 재능을 살려 전문직으로 성장한 이들이 많았고, 예술 분야도 예외가 아니었다.

해외입양인 예술가들과 국내 작가들이 함께 전시회를 연다는 것은 단순한 이벤트가 아니라, 뿌리와 현재, 개인과 사회를 잇는 상징적인 행위가 될 수 있다고 생각했다. 해외입양인들이 한국을 찾아 자신의 뿌리를 확인하는 것도 중요하다. 그러나 같은 분야에서 활동하는 한국 작가들과 함께 작업하고, 함께 전시하고, 서로를 북돋우는 경험은 또 다른 차원의 의미를 가진다. 그것은 도움을 받는 관계가 아니라, 서로 성장하는 관계이기 때문이다.

당시 나는 또 하나의 가능성을 보았다. 우리나라 화가들은 실력이 뛰어나지만 국제무대에 진출할 수 있는 네트워크가 부족해 상대적으로 저평가되어 있다는 점이다. 반면 해외입양 화가들은 각국의 문화권 안에서 활동하며 국제적 네트워크를 갖추고 있었다. 이 둘이 만나면 서로의 약점을 보완하고 강점을 키울 수 있을 것이라 판단했다.

이른바 '오뚝이 정신'이 발동했다. 가장 큰 과제는 역시 재원 마련이었다. 행사 기획서를 만들어 기업들을 찾아다녔다. 다행히 일동제약, SK증권, 위즈여행사 등이 행사 취지에 공감하며 후원을 약속해 주었다. 코펜하겐 전시 주최측과의 협의와 해외입양 미술가 섭외는 준 진June Jin이 맡아 주었고, 나는 국내 작가들을 모집했다. 예상보다 반응은 뜨거웠다.

그렇게 해서 2015년 9월 18일, 코펜하겐에서 해외입양 미술작가 20명과 국내 유명 작가 8명이 함께하는 전시회가 열렸다. 현지의 반응은 매우 호의적이었고, 전시는 "서로 다른 공간에서 자라난 사람들이 예술로 다시 만났다"라는 평가를 받았다. 우리는 이 프로젝트에 'SISOSpace In & Space Out'라는 이름을 붙였다.

이 전시는 복지와 예술이 결합할 때 어떤 시너지가 가능한지를 보여준 작은 증명이었다. 이런 시도가 이어졌다면 해외입양인의 정체성 회복을 넘어 한국 미술의 국제화에도 의미 있는 전기가 되었을 것이다. 그러나 아쉽게도 정부의 관심과 제도적 뒷받침은 없었고, SISO 전시회는 한 차례로 멈추고 말았다.

지금 생각해도 참 아쉽다. 그리고 기회가 다시 주어진다면 꼭 다시 해보고 싶은 프로젝트다. 이 경험은 복지가 단순히 보호와 지원에 머무르지 않고, 당사자가 가진 강점을 끌어내 다른 분야와 연결할 때 훨씬 큰 가치를 만들어낼 수 있다는 사실을 분명히 보여주었다.

나는 이 일을 통해 사회복지사의 전문성이 어디에 있는지도 다시 생각하게 되었다. 사회복지사의 전문성은 의사나 약사처럼 특정 기술을 독점하는 데 있지 않다. 오히려 다양한 전문 분야를 연결하고, 흩어진 자원을 엮어 시너지를 만들어내는 데 있다.

오늘날 우리나라는 경제·사회·문화·예술 전반에서 세계적 수준에 도달했다. 사회복지도 이제는 각 영역을 따로 떼어 바라볼 것이 아니라, 네트워킹과 융합을 통해 새로운 해법을 찾는 단계로 나아가야 한다. SISO 프로젝트는 그 가능성을 잠시나마 보여준, 작지만 의미 있는 실험이었다.

SISO SPACE IN & SPACE OUT
Korean Adoptee Art Festival,
Premiere Initiative for
Korean Art Globalization
SPACE IN &
SPACE OUT
SISO
PAINTING
DRAWING
MEET-AND-GREET EVENT FOR
INTERNATIONAL KOREAN ADOPTEE ARTISTS
AND KOREAN ARTISTS
2014. 10. 1 WED - 10. 7 TUE
Recruitment Information
Application Dates : June 9th ~ July 4th
Participants : 30 Korean Adoptee Artistis & 30 Korean Artists
Medium : Drawing, Painting, Photography, Digital Art
Reference : www.inkas.org
E-mail : siso@inkas.org

SISO 전시회 포스터

국외입양 미술작가과 함께하는 2014 SISO展 개최

국제한국입양인봉사회(InKAS)		**보도자료**	
배포일	9월 22일	담당부서	사무국
담당자	이성봉국장	전화	02-3148-0259

- 국외입양 미술작가와 국내작가가 함께 참여한 최초의 국제전-

- 한국 미술 세계시장 진출 방안 모색 -

□ 국제한국입양인봉사회InKAS, 회장 정애리가 주최하고 보건복지부장관 문형표와 중앙입양원원장, 신언항이 후원하는 '국외입양 미술작가와 국내중견작가와의 합동전시회2014 SISO展: Space In & Space Out展'가 2014년 10월 1일에서 10월 7일까지 인사동 미술세계 갤러리에서 개최될 예정이다.

□ 2014 SISO展은 본인의 의도와 달리 태어나자마자 국외로 입양된 분들과 국내환경에서 성장한 작가들의 작품을 동시에 전시함으로서, 현대인이라면 누구나 직면하는 공간과 자아정체성의 관계가 예술 안에서 발현되고 표현되는 양상을 명시적으로 제시하기 위한 것이다.

□ 아울러 한국 출신 국외입양 미술작가들에게 있어서 예술이 갖는 의미를 해석하고 보여줌으로써 현대 미술이 지향해야 할 기능과 역할을 모색해 보고자 하는 목적도 갖고 있다.

□ 2014 SISO展에 참여하는 작가는 총 67명해외입양 작가 36명, 한국 작가 31명이다. 이 가운데 국외입양 작가를 국적별로 보면 미국 12명, 네덜란드 8명, 벨기에 4명, 독일 3명, 덴마크 3명, 프랑스 2명 그리고 호주와 노르웨이 각 1명 등이다.

○ 국내 작가들은 곽남신한국예술종합학교, 권기동 · 권여현 · 신장식국민대, 김병종서울대, 김종학 · 이강화세종대, 박인우가천대, 이계원인천대, 지석철홍익대 등 미술대학 교수들과 김지훈, 이세현, 제정자, 정강자, 한효석 등 작품 활동이 활발한 중견작가들로 구성되었으며, 앞으로 국외입양 미술작가들을 국내에 소개하고 이들의 작품 활동을 측면에서 지원하는 역할 등을 수행할 예정이다.

□ 국제한국입양인봉사회 정애리 회장은 금번 행사가 국외입양인들을 단순히 지원 대상에서 보던 기존의 시각에서 벗어나 이들이 국내 전문가들과 당당하게 비즈니스 네트워크를 구성하고 파트너쉽을 형성하는 좋은 성공사례로 남게 되기를 바란다고 밝혔다.

□ 또한 2014 SISO展 기획위원장 이금희가천대 초빙교수는 "자신의 의지와 무관하게 자신이 태어난 공간과 격리되어 타지에서 성장하면서 끊임없이 자신의 정체성을 고민해야 하는 운영을 안고 있는 국외입양 아티스트들의 예술 작품은 모든 현대인들에게 자기정체성 문제를 성찰하는 소중한 루트를 제시해 줄 것"이라고 기획의도를 설명하면서,

○ 금번 전시회를 계기로 각국의 입양미술인들과 협력하여 상대적으로 덜 알려진 한국미술을 세계화할 수 있는 가능성을 추가적으로 모색해 나갈 계획이라고 밝혔다.

붙임) SISO전 카탈로그 1부. 끝.

눈에 띄지 않는 구석구석을 챙겨야 선진국이다 _ 뇌전증환자를 지원하다

뇌전증은 '눈에 잘 띄지 않는 고통'을 대표하는 질환으로, 사회가 얼마나 약자를 세심하게 돌보는지를 가늠하게 한다. 진정한 선진국은 이런 보이지 않는 고통을 외면하지 않고 제도의 빈틈을 메우는 나라다.

우리나라는 이미 세계 11위권의 경제대국이다. 국민소득은 일본을 넘어섰고, K-팝은 전 세계의 문화가 되었다. 올림픽에서도 메달 순위 10위권 밖으로 밀려난 적이 드물다. 겉으로 보면 우리는 이미 충분히 잘사는 나라다.

그러나 사회의 진짜 수준은 가장 약한 사람을 어떻게 대하느냐에서 드러난다. 경제와 문화가 아무리 발전해도, 눈에 잘 띄지 않는 고통을 외면한다면 선진국이라 말하기 어렵다. 뇌전증은 그런 '눈에 잘 띄지 않는 고통'을 대표하는 질환 가운데 하나다.

삼성서울병원의 홍승봉 교수로부터 뇌전증의 실태를 처음 들었을 때, 나는 적잖이 충격을 받았다. 솔직히 말해 예전에는 '간질'이라고 불리던 이 질환이 이제는 거의 사라진 줄 알았다. 하지만 현실은 전혀 달랐다. 우리나라 뇌전증 환자는 약 36만 명에 이르며, 매년 신규 환자만 2만 명에 달한다. 치매 · 뇌졸중과 함께 3대 신경계 질환 중 하나이고, 발생률은 10세 이하와 65세 이상에서 특히 높다.

더 심각한 문제는 중증도다. 중증 뇌전증 환자는 한 달에 한 번 이상 경련 발작이 발생해 신체 손상과 사망 위험이 매우 높다. 이런 환자가 약 3만 6천 명에 이른다. 평균 사망 연령은 49세로 암 환자보다도 빠르며, 돌연사 위험은 일반인 대비 20~40배에 달한다. 화상 · 골절 · 낙상 · 익사 같은 사고도 빈번하다. 운전은 물론 직장생활과 일상생활이 사실상 불가능한 경우도 많다.

중증 난치성 뇌전증에 대한 유일한 근본 치료는 뇌전증 수술이다. 그러나 우리나라에서 이 수술이 가능한 병원은 고작 6곳뿐이다. 그것마저 수술 병원 수와 수술 건수는 오히려 줄어드는 추세다. 뇌전증 수술은 신경과 · 소아신경과 · 신경외과·신경영상의학과 등 다학제 협력이 필수이며, 신경심리사 · 전문간호사 · 사회복지사까지 포함한 팀 접근이 필요하다. 수술 전 검사 과정도 복잡하고 난이도 역시 매우 높다.

그래서 나온 대안이 「중증 뇌전증 집중치료센터」였다. 수술이 가능한 6개 병원을 거점센터로 지정하고, 뇌파 기사 같은 전문 인력과 수술 로봇을 지원해 수술 역량을 체계적으로 키우자는 제안이었다. 실제로 일본은 28개, 미국은 250개의 거점 뇌전증 센터를 운영하고 있다.

하지만 현실의 벽은 높았다. 보건복지부 담당 부서는 기존에 구입한 장비를 충분히 활용해 임상 데이터를 축적한 뒤 추가 예산을 논의하자는 입장이었다. 행정적으로는 이해할 수 있는 논리였지만, 중증 환자에게 '기다림'은 곧 위험이었다. 하루하루가 생존의 문제였기 때문이다.

결국 나는 설득에 나섰다. 담당 부서를 찾아다니며 상황의 절박성을 호소했고, 국회 보건복지위원회와 예산결산특별위원회 소속 의원들을 일일이 만나 뇌전증 진단·치료 장비의 필요성을 설명했다. 솔직히 말해 지역구 예산이 급한 의원들에게 뇌전증 환자 예산은 쉽게 관심을 끌기 어려운 항목이었다. 그럼에도 포기하지 않고 반복해서 설명한 끝에, 우여곡절 끝에 관련 예산을 반영할 수 있었다.

이 과정에서 절실히 느낀 점이 있다. 현장 전문가의 전문성과 헌신만으로는 제도가 움직이지 않는다는 사실이다. 예산 편성 구조에 대한 이해, 행정부와 국회를 잇는 네트워크, 그리고 끈질김이 함께 작동해야 변화가 가능하다.

뇌전증 환자 문제를 다루며 나는 다시 깨달았다. 우리나라 복지는 아직 해야 할 일이 너무 많다는 것이다. 우리 주변에는 이름조차 낯선 질병과 장애로 고통 받는 사람들이 여전히 존재한다. 소수의 고통을 드러내고, 그들의 목소리를 대신 전달하는 일은 지금도 국가의 중요한 역할이다.

치매, 자폐, 발달장애도 마찬가지다. 눈에 잘 띄지 않기 때문에 쉽게 밀린다. 중앙집권적이고 획일적인 공급 체계를 유지하는 우리 복지 시스템은 수요자의 다양한 삶의 조건과 욕구를 따라가지 못하는 경우가 많다.

한 후배의 사례가 이를 잘 보여준다. 그는 치매를 앓는 어머니를 집에서 모시기 위해 낮 시간에는 주간보호 서비스를 이용했다. 그런데 간혹 집중적인 업무로 며칠간 집을 비워야 할 상황이 생기면 단기보호가 필요했다. 하지만 현행 제도에서는 주간보호와 단기보호를 동시에 이용하기 어렵다. 급여 유형이 다르다는 이유 때문이다.

부모 중 한 분만 건강이 나빠진 경우에도 선택지는 제한적이다. 노인주택은 연령 기준 때문에 이용이 어렵고, 노인요양시설은 건강한 배우자의 입소가 사실상 불가능하다. 제도는 깔끔하지만, 삶은 그렇게 단순하지 않다.

2023년 기준 국내 등록 발달장애인은 약 26만 명이다. 자폐 스펙트럼 장애는 아동 100명 중 2.5명꼴로 발생하며, 그 비율은 계속 증가하고 있다. 그러나 우리의 제도는 여전히 '평균적인 수요'를 기준으로 설계돼 있다.

우리나라가 진정한 선진국이 되려면, 이제는 크고 눈에 띄는 정책보다 작고 보이지 않는 틈을 메우는 일에 더 많은 노력을 기울여야 한다. 소수의 고통을 외면하지 않는 사회,

제도의 사각지대를 끈질기게 메워가는 나라. 그것이 내가 생각하는 선진국의 모습이다.

뇌전증 집중지원체계 구축방안 회의

엄마 잔소리도 복지다 _자립준비청년을 지원하다

자립준비청년에게 필요한 것은 단순한 돈이 아니라, 평생을 버틸 기술·관계·생활태도를 길러주는 지속적인 동행이다. 엄마의 잔소리처럼 반복되고 사소해 보이는 가르침이야말로 자립의 가장 기초적인 복지다.

어릴 때 아동복지시설에 들어가 학창 시절을 시설에서 보낸 아이가, 퇴소 후 곧바로 사회에 나가 자립하기란 참으로 어려운 일이다. 온 가족이 나서도 대학 진학이나 취업이 될까 말까 한 세상이다. 그런 현실에서 이제 막 시설을 나온 청년에게 "알아서 직장 잡고 독립하라"고 말한다면, 그 막막함이 어떠할지는 쉽게 짐작할 수 있다.

아동복지시설 등에서 생활하는 보호아동은 약 2만 5천 명에 이른다. 이들이 만 18세가 되어 보호가 종료되면, 약 40%는 기초생활수급자로 극빈층에 머물고, 62% 이상이 고졸 이하의 학력 상태에 놓인다. 출발선부터가 이미 다르다.

더 큰 문제는 눈에 잘 드러나지 않는 짐이다. 자립준비청년들 가운데 상당수는 경계선 지능, ADHD, 자립기술 부족, 자기관리 미숙, 우울 · 불안 증세, 대인기피나 사회기피 같은 문제를 개인별로 안고 있다. "열심히 하면 된다"는 말이 이들에게 얼마나 공허하게 들릴지 생각해 보게 된다.

이들이 보호 종료 이후 가장 크게 겪는 어려움은 실업과 경제적 불안이다. 그렇다면 답은 분명하다. 단순한 생계 보조가 아니라, 평생 스스로 먹고살 수 있는 기술과 직업을 갖게 하는 것이다. 본인이 좋아하고, 잘할 수 있으며, 일정한 소득을 만들어낼 수 있는 분야를 찾도록 돕는 일이 무엇보다 중요하다.

이런 문제의식에서 2021년, 나는 '보호종료아동 자립지원사업'을 시작했다. 목표는 명확했다. 한 번의 지원으로 끝나는 사업이 아니라, 빈곤의 고리를 끊고 평생 자립으로 이어지는 구조를 만드는 것이었다.

사업의 핵심은 세 가지였다.

첫째, 개인별 맞춤형 '평생 생업' 자립기술을 취득하도록 지원한다.

둘째, 자립 전문가가 직접 찾아가 1:1로 상담하며 계획을 세우는 맞춤형 통합사례관리를 제공한다.

셋째, 아이 곁에서 함께 고민하고 응원해 줄 자립 멘토와 서포터즈를 연결한다.

이 계획을 담아 현대아산재단에 제안서를 제출했고, 다행히 재단이 취지에 공감해 재원을 지원해 주었다. 그렇게 총 60명의 자립준비청년을 선발해 사업을 시작할 수 있었다.

아이들이 선택한 진로는 생각보다 다양했다. 웹툰 작가, 웹드라마 작가, 자동차 정비기술자, 애견미용사 등. 각자의 관심과 재능이 고스란히 드러났다. 우리는 먼저 이들이 현대 사회에서 직업과 생활의 기본 도구인 노트북을 갖추도록 지원했다. 정보에 접근할 수 있어야 자립도 가능하다고 생각했기 때문이다.

그다음은 멘토였다. 나는 내가 가진 인맥을 총동원했다. 공무원이 되고 싶다는 아이에게는 행정고시를 합격한 후배를, 은행원을 꿈꾸는 아이에게는 국민은행과 신한은행의 인사 책임자를 연결해 주었다. 아이들이 "나도 저 사람처럼 될 수 있을까?"하고 상상할 수 있도록 돕고 싶었다.

경험의 폭을 넓히는 일도 중요했다. 의정부 현대병원이 매년 중앙아시아 카자흐스탄에서 해외 의료봉사활동을 진행한다는 이야기를 듣고, 김부섭 원장에게 부탁해 자립준비청년 한 명을 봉사팀에 합류시켰다. 그 아이에게는 첫 해외 경험이었을 것이다. 의료진과 함께 봉사하며 자신의 진로를 다시 생각해 보는 계기가 되었으리라 믿는다.

많은 분들이 기꺼이 손을 내밀어 주었다. 어떤 한의사는 귀한 보약을 보내주었고, 어떤 치과의사는 치과 치료를 무상으로 지원해 주었다. 이 아이들에게 세상은 아직 완전히 차갑지만은 않다는 메시지를 전하고 싶었다.

물론 정부와 공공기관도 다양한 자립지원 정책을 내놓고 있다. 그러나 현장에서 보면 청년들이 정말 필요로 하는 지원은 턱없이 부족하다. 여자아이의 경우, 거처가 없어 어쩔 수 없이 남자친구 집에 머무는 사례도 있었다. 퇴소 시 지급되는 자립지원금을 노리고, 오랫동안 연락조차 없던 친척이 갑자기 나타나는 경우도 있었다.

나는 2007년 아동발달계좌제도를 도입해, 자립준비청년들이 퇴소 시 수천만 원의 자금을 가지고 출발할 수 있도록 한 바 있다. 그러나 막상 아이들을 가까이에서 만나 보니, 돈을 쓰는 법을 배운 적이 없다는 사실을 알게 되었다. 계획 없이 돈을 써버리거나, 어디에 투자해야 할지 전혀 감을 잡지 못하는 경우가 적지 않았다.

그때 문득 깨달았다. 엄마의 잔소리가 얼마나 중요한지.

"감사하다는 말은 꼭 해라."

"남에게 폐 끼치지 말아라."

"돈은 아껴 써라."

자립준비청년들은 어릴 때부터 이런 말을 귀에 못이 박히도록 들을 기회가 거의 없었다. 그래서 누군가 도와줘도 어떻게 반응해야 하는지, 관계를 어떻게 이어가야 하는지조차 배울 기회가 없었던 것이다. 아이들과 이야기를 나누다 보면 대화가 어긋나는 순간이 종종 있었다. 그때마다 나는 생각했다. 엄마의 끊임없는 잔소리는 단순한 간섭이 아니라,

삶의 태도를 가르치는 가장 기본적인 복지라는 사실을.

자립은 돈만으로 이루어지지 않는다.

자립은 기술과 관계, 태도와 습관이 함께 만들어내는 결과다.

그리고 그 출발점에는, 어쩌면 우리가 너무 당연하게 여겨왔던 엄마의 잔소리가 있다.

〈보호종료 아동청소년의 여건과 특성에 맞는 자립지원 추진현황〉

후원대상		후원목적		후원내용		추진현황 ('21.10월 현재)
사각지대 만18세 외로운 아이어른 (보호종료 아동청소년)	⇔	① 직업, 일자리	⇔	① 평생 먹고 살수 있는 기술 습득 및 자격취득 후원	⇔	① 기술습득·자격취득 후원 : 35명 * 후원처 : 아산재단(1억, 20명), 임시완 배우(4천만원, 10명), 카카오 같이가치(1천2백만원, 5명)
		② 정보시대, 직장 및 사회생활		② 노트북, 책상, 면접 및 사회생활 정장 후원		② 현재 후원처(자)를 찾지 못해 미지원
		③ 주거공간		③ 도배, 장판, 냉·난방 수리 후원		③ 현재 후원처(자)를 찾지 못해 미지원
		④ 건강		④ 질병치료 및 수술비 후원		④ 해피빈으로 모금중(1명, 목표액 990만원), 향후 후원처(자) 확보 추진 예정
		⑤ 기타 자립 관련 지원		⑤ 기타 자립 관련 지원		⑤ 현재 후원처(자)를 찾지 못해 미지원

K-컬처 시대, 안전관리도 선진화 하자 _ 영화촬영현장 안전관리지원사업을 하다

K-컬처의 세계적 위상에 걸맞게, 영화 촬영 현장에도 전문적이고 지속 가능한 안전관리 시스템이 필요하다. 보이지 않는 안전 인프라를 갖출 때, 한국 문화산업은 진정한 선진국 단계로 도약할 수 있다.

요즘 대한민국 K-컬처의 약진은 정말 눈부시다. 이 변화를 떠올리면, 자연스레 1990년대 유학 시절의 기억이 겹쳐진다. 미국 인디애나대학교에 다니던 시절, 겨울에 한국 학생들과 함께 스키장에 가다 조그만 시골마을의 맥도널드에 들른 적이 있다. 이른 아침, 빅맥으로 아침 끼니를 때우며 우리끼리 한국말로 떠들고 있었는데, 문득 주변 분위기가 이상해졌다. 고개를 들어보니 매장 안 사람들이 모두 먹던 손을 멈춘 채 우리를 바라보고 있었다. 아마 동양인을 처음 본 듯했다. 어떤 백인 엄마는 아이에게 이렇게 말하고 있었다.

"얘야, 세상에는 백인만 있는 게 아니란다."

뉴욕의 컬럼비아대학교에 다닐 때도 비슷한 경험이 있었다. 롱아일랜드에서 기차로 통학하던 어느 아침, 출근 인파로 붐비는 객차 안에서 옆자리에 앉은 미국인이 코를 막고 얼굴을 찌푸리는 일이 있었다. 이동할 수도 없는 좁은 공간에서 한참을 그렇게 앉아 있어야 했다. 나를 마치 원숭이쯤으로 보는 듯한 모욕감이 밀려왔다.

그런데 요즘은 외국을 방문하면 상황이 정반대다. 한국에서 왔다고 하면 먼저 말을 걸고, K-팝 이야기를 꺼내며 "안녕하세요"라고 인사를 건네는 사람들이 적지 않다. 영화 <기생충>이 아카데미 시상식에서 작품상을 받고, 케이팝 <데몬 헌터스>가 북미 박스오피스 1위를 기록하는 장면을 보며 격세지감을 느끼지 않을 수 없었다. 이제 한국은 설명해야 할 나라가 아니라, 이미 알려진 나라가 되었다.

하지만 문화의 위상이 높아질수록, 그것을 떠받치는 시스템도 함께 성숙해야 한다고 생각한다. K-컬처가 지속 가능하려면 열정과 재능만으로는 부족하다. 미국 할리우드에서는 영화 촬영을 위해 도시가 도로를 통제하고, 경찰과 소방이 협조하는 일이 자연스럽다. 반면 우리나라에서는 여전히 지자체가 촬영에 소극적인 경우가 많아, 제작사들이 장소 섭외에 애를 먹는다는 이야기를 자주 듣는다. 촬영 현장의 안전 문제는 더 심각하다. 미국이나 영국에는 영화 촬영 현장의 위험을 전문적으로 관리하는 민간 안전관리 기업이 있다. 이들은 사전 위험 평가부터 응급 대응까지 전담한다. 그러나 우리나라에는 이런 전문 기관이 단 한 곳도 없다.

이 문제의식을 바탕으로, 2020년 영화진흥위원회와 함께 「영화촬영현장 안전관리 지원사업」을 진행했다. 액션·전투 장면 등 사고 위험이 높은 한국 영화 촬영 현장을 대상으로, 응급 의료 지원을 제공해 안전한 근로 환경을 만들자는 취지였다.

사업의 핵심은 단순했다. 촬영 현장에 민간 이송 차량과 응급구조사를 상시 배치하고, 사전에 응급 상황에 대한 상담과 안내를 실시한다. 실제 응급 환자가 발생하면 중증도와 질환 특성에 맞는 의료기관으로 신속히 이송하는 체계를 구축하는 것이다.

이 과정에서 민간 응급 이송업체, 대한응급의학회와 협력 체계를 만들었고, 한국 영화 촬영 현장의 안전 수준을 한 단계 끌어올리는 데 작은 보탬이 될 수 있었다는 점에서 큰 보람을 느꼈다.

다만 아쉬움도 남는다. 영세한 영화·드라마 제작 현장의 안전 관리가 일회성 사업에 그치지 않고, 지속적이고 전문적인 기관에 의해 수행되었더라면 어땠을까 하는 생각이다. 이제는 우리나라에도 촬영·공연 현장의 안전을 전담하는 전문 기관이 필요할 때가 되었다.

혹한의 한겨울 강원도 산악 지역에서, 깊은 바닷속에서,

위험을 무릅쓰고 촬영에 헌신하는 배우, 스턴트맨, 단역, 보조출연자, 스태프들을 떠올리면 존경심이 절로 생긴다. 이들의 안전이 보장되지 않는 한, K-컬처의 빛나는 성과도 오래 가기 어렵다.

K-컬처의 위상에 걸맞은 촬영 현장 안전관리 시스템,

사고를 막고 사람을 지키는 보이지 않는 인프라가 갖춰질 때,

대한민국 문화산업은 진정한 선진국 단계로 올라설 수 있을 것이다.

K-컬처, 파이팅.

3장

소원을 들어주는 작은 별

–

지역이 바뀌려면 정치가 바뀌어야 한다

1. 오뚝이의 좌충우돌 정치 참여기

정치를 하게 된 배경?
꼭 정치를 해야만 하나?

정치의 힘으로 복지 구조를 근본적으로 바꾸고, 국민의 삶에 실제 변화를 만들기 위해 정치를 선택했다. 출산가정 책임예산제와 소비자 중심 복지 전환으로 체감도와 지속가능성을 동시에 높이겠다.

정치를 하는 이유는 정치의 힘으로 세상을 변화시키기 위해서입니다. 특히 모든 국민의 사회적 시민권이 충실히 구현되도록, 대한민국 복지를 한 단계 더 업그레이드하고 싶습니다.

제가 정치를 선택한 이유는 분명합니다. 세상을 실제로 바꿀 수 있는 가장 확실한 수단이 정치이기 때문입니다. 제도와 예산, 법을 움직이지 않고서는 구조적인 변화를 만들 수 없습니다.

OECD에서 근무하던 시절, 선진국 정치인들과 정책 토론을 할 기회가 많았습니다. 그때 가장 놀랐던 점은 정치인들의 정책 이해도와 전문성이 전문가 못지않았다는 사실이었습니다. 질문은 구체적이었고, 대안은 실무적으로 설계되어 있었습니다.

그러나 안타깝게도 우리나라 정치 현실은 달랐습니다. 서민의 삶과 직결된 정책보다 의전과 권위에 더 많은 에너지를 쏟는 모습을 자주 보았습니다. 국가적 과제보다 자신의 정치적 기반을 강화하는 데 더 큰 관심을 두는 장면도 적지 않았습니다.

권력은 필요합니다. 그러나 그 목적은 분명해야 합니다. 권력은 자신을 위해 존재하는 것이 아니라, 세상을 바꾸고 미래 세대에게 희망을 주기 위해 사용되어야 합니다.

지금 대한민국은 저출산·고령화, 뉴노멀 환경, 분절된 노동시장, 4차 산업혁명 등 복합적인 구조 변화에 직면해 있습니다. 이러한 문제를 해결하고, 급변하는 경제·사회 환경에 대응하면서 동시에 지속가능한 미래를 만들기 위해서는 기존 방식과는 다른 창의적이고 혁신적인 정책 전환이 필요합니다.

예를 들어 저출산 관련 예산만 해도 연간 40조 원을 넘습니다. 출생아 1명당 약 1억 5천만 원이 투입되는 셈입니다. 그러나 성과는 기대에 미치지 못하고 있습니다. '저출산 예산'이라는 이름과 달리, 실제 출산 가정이 체감하는 지원은 극히 제한적입니다.

제가 입법권을 갖게 된다면 '출산가정 책임예산제'를 도입하겠습니다. 저출산 예산의 편성 권한을 정부가 아니라

출산 가정에 돌려, 각 가정이 실제로 필요한 육아 물품과 서비스, 돌봄 자원을 직접 선택하고 활용할 수 있도록 하겠습니다.

아울러 복지제도를 공급자 중심에서 소비자 중심으로 전환해, 체감도를 높이고 제도의 지속가능성까지 함께 확보하겠습니다. 국민이 체감하는 복지, 미래를 지탱하는 복지를 만들기 위해 정치의 책임을 다하겠습니다.

2016년 오뚜기 정신으로 국회의원 선거에 출전하다

무모할 만큼 성급하게 도전한 첫 정치 출마는 경선 패배로 끝났지만, 짧은 시간 안에 의미 있는 지지 기반을 확인한 값진 경험이었다. 정치의 세계에도 '터'와 축적된 시간이 존재한다는 현실을 몸으로 깨닫는 계기가 되었다.

국립인천검역소장을 끝으로 공무원 생활을 마치고, 나는 곧바로 고향 남원으로 내려가 국회의원 선거에 출마했다. 정치가 무엇인지도 제대로 알지 못한 채, 주변과 충분한 상의도 없이 무작정 뛰어든 도전이었다. 지금 돌이켜보면 무모하기 짝이 없는 결정이었다.

양당 정치의 폐해를 막기 위해 우리나라에도 다당제가 필요하다고 생각했고, 그 뜻에 공감해 국민의당에 입당해 경선에 참여했다. 경선 상대는 이용호 후보와 이성호 후보였다.

2016년 1월 4일, 고향에 내려와 처음으로 여론조사를 실시했을 때 나에 대한 지지도는 약 4%에 불과했다. 지역에서 선거 경험이 있는 인력들은 이미 기존 캠프에 합류한 상태였기에, 나는 친구들과 함께 선거 캠프를 꾸리고 직접 발로 뛰며 선거운동을 시작했다.

기간은 짧았지만, 새로운 인물에 대한 현장의 반응은 예상보다 뜨거웠다. '한번 해볼 만하다'는 생각이 들기 시작했다. 한 달가량 지난 뒤 다시 여론조사를 해보니 지지도는 10% 중반대까지 올라 있었다. 말 그대로 욱일승천의 분위기였다. 체감상으로는 '이제 20%쯤은 되지 않았을까'라는 기대도 들었다.

그러나 그 무렵 상대 후보 측에서 실시한 여론조사 결과가 발표됐다. 지역 언론사가 진행한 조사에서 나의 지지도는 8.8%로 나왔고, 이 수치는 중앙선관위에 등록되어 네이버 포털에 그대로 공표되었다.

이 여론조사는 우리 캠프에 치명타였다. 이후 선거 기간 내내 이를 만회하기가 쉽지 않았다. 무엇보다 시간이 부족했다. 선거 경험이 부족한 캠프였기에 전략적으로 대응하기도 어려웠다. 결국 최종 결과는 경선 패배였다.

그럼에도 불구하고 짧은 준비 기간에도 불구하고 30%가 넘는 득표율을 기록한 것은 나름의 정치적 성과였다. 동시에 나는 정치의 세계에도 오랫동안 땅을 갈아온 사람들이 있고, 나름의 '나와바리'가 존재한다는 사실을 뼈저리게 깨달았다. 너무 성급했고, 지나치게 무모한 도전이었다는 점 역시 부인할 수 없다.

중복지-중부담체계를 설계하다

국민의당 정책위 부의장으로 활동하며 '중복지-중부담' 복지 비전을 설계하는 의미 있는 정책 경험을 쌓았다. 그러나 정책위 지도부 교체 이후 구조적 갈등 속에서 역할을 내려놓게 되며 아쉬움을 남겼다.

2016년 개인적으로는 총선에서 패배해 국회 진출에 실패했지만, 당시 내가 속했던 국민의당은 호남을 중심으로 선거에서 선전하며 국회 제3당의 자리를 차지했다. 나는 중앙당 정책위원회 부의장 자격으로 정당인 생활을 시작하게 되었다.

국민의당은 적대적 공생관계에 놓인 거대 양당 정치의 폐해를 극복하고, 국민의 삶을 실질적으로 보살피는 정책정당을 지향하고 있었다. 실제로 당에서 함께 일하던 분들 가운데에는 합리성과 전문성을 갖춘 인사들이 적지 않았다. 김성식 의장, 김혜준 부의장, 정태윤 부의장이 그 대표적인 사례였다. 김성식 의장은 관악을 지역구에서 당선된 재선 의원이었고, 김혜준 부의장은 문화예술 분야에서 오랫동안 활동해 온 전문가였다. 정태윤 부의장은 한국무역보험공사 부사장을 지낸 금융 전문가였다.

나는 복지 분야 부의장으로서 제3당의 복지정책을 정리하고 방향을 설계하는 역할을 맡았다. 당의 복지비전과 정책을 집대성하여 2016년 8월 발표한 '중복지-중부담'이 그 결과물이다.

비록 국회에 입성하지는 못했지만, 우리나라 복지의 미래 방향을 제시하고 정책을 구체화하며 뛰어난 동료들과 지적인 교류를 이어갈 수 있었던, 개인적으로는 매우 의미 있고 행복한 시기였다. 그러나 정책위원회 의장이 김성식 의장에서 이용호 의원으로 교체되면서, 더 이상 정책위에 남기 어려운 상황이 되었다. 지역 경선에서 경쟁 관계였던 점도 있었지만, 무엇보다 이용호 의원이 정책 분야 전문가는 아니었기 때문이다.

이용호 의원의 정책위 의장 임명 소식을 듣고 나는 정책위 출근을 중단했다. 이후 김혜준 부의장과 정태윤 부의장이 이용호 의원으로부터 적지 않은 어려움을 겪었다는 이야기를 전해 들었다. 아무 잘못도 없는 분들이 나로 인해 곤란한 상황을 겪게 된 것 같아, 지금도 마음이 무겁고 죄송한 생각이 든다.

참고자료

[국민의 당 정책위원회 의원 연찬회 발표자료 요약]

(2016.08.31.)

□ 우리나라 저복지의 문제점

○ 소득양극화

출처 : 자료_통계청, 금융투자업체 / 연합뉴스_조숙빈 인턴기자 20130813

○ 저출산

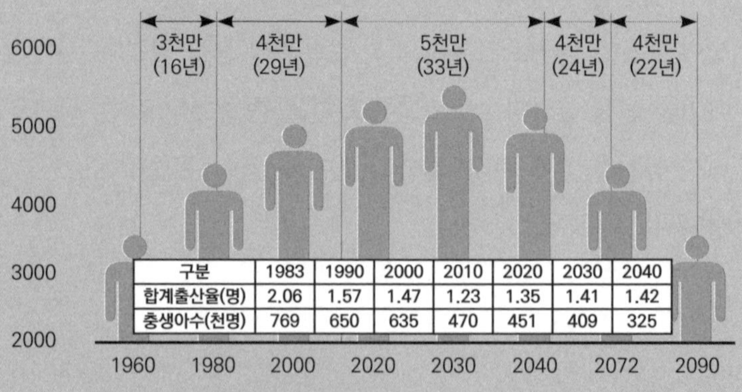

구분	1983	1990	2000	2010	2020	2030	2040
합계출산율(명)	2.06	1.57	1.47	1.23	1.35	1.41	1.42
충생아수(천명)	769	650	635	470	451	409	325

출처 : 통계청, 장래인구추계, 2011

○ 국민 삶의 질 저하

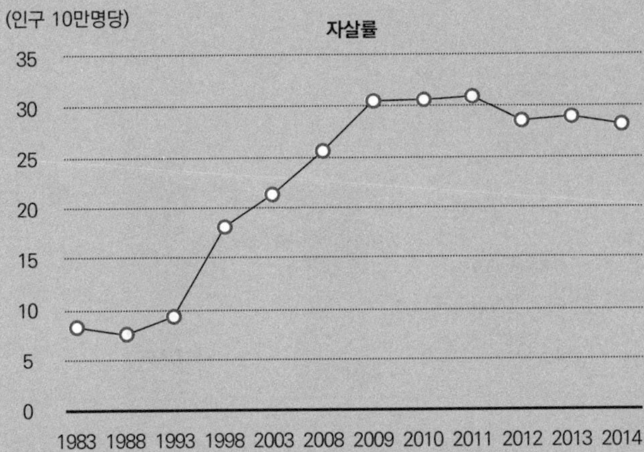

□ 중복지 도달 로드맵

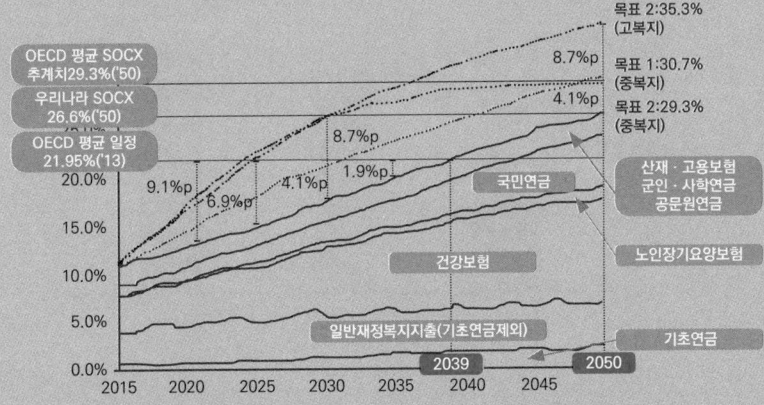

참고자료

□ 우리나라 중복지 추진방향 개념도

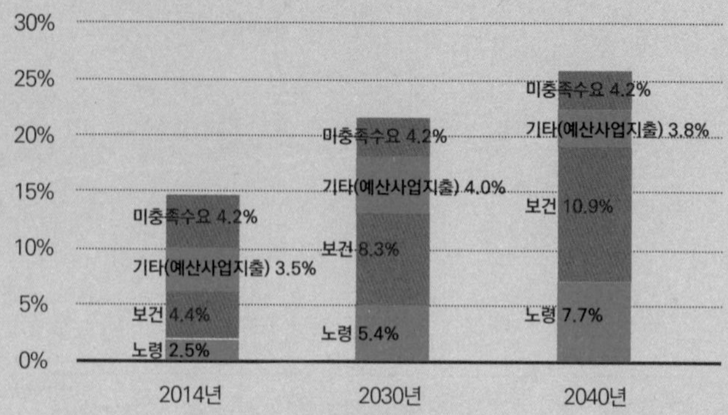

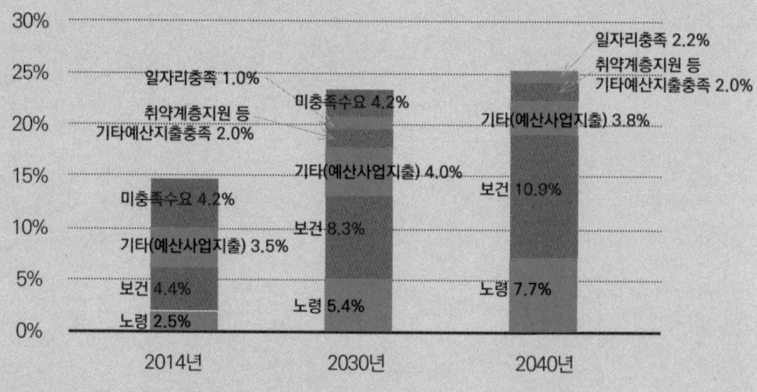

2017년 대선활동

혼란스러운 대선 캠프 속에서도 보건복지 공약 개발을 주도하며 정책 설계를 책임졌다. 그러나 정책 성과와 별개로 선거는 전략 실패 속에 패배로 끝났다.

2016년 박근혜 대통령 탄핵 이후 정치권은 본격적인 대선 준비 체제에 들어갔다. 나 역시 당시 국민의당 안철수 후보 캠프에 합류했다. 처음 맡은 역할은 홍보팀이었다. 정책 전문가인 내가 왜 홍보팀이었을까. 그만큼 캠프의 조직 구성은 혼란스러웠다.

나는 누가 시키지 않았음에도 보건복지 분야 공약 개발에 집중했다. 이 분야만큼은 내가 가장 잘 알고 있었고, 자연스럽게 보건복지 공약팀장을 맡게 되었다. 결국 보건복지 관련 공약 대부분이 내 손을 거쳐 만들어졌다.

초반에 안철수 후보는 상당한 지지율을 확보했고, 현장 분위기도 매우 뜨거웠다. 그러나 병설유치원 정책 발표 이후 상승세가 꺾이기 시작했다. 이어 TV 토론에서 "내가 갑철수입니까?"라며 목소리를 높인 장면이 결정타가 되었다. 그 이후 지지층이 급격히 이탈하는 것이 체감될 정도였다. 마치 천만 표가 썰물처럼 빠져나가는 느낌이었다.

그 시점부터 이번 선거에서 승리할 가능성은 거의 보이지 않았다. 나는 공약 개발을 중단하고 후보와 함께 현장을 돌며 선거 지원에 집중했다. 결과는 예상대로였다. 문재인 후보의 승리였다.

당시 발표했던 주요 공약 몇 가지를 소개하고자 한다.

참고자료

[복지포럼 Q&A]

1. 우리사회에 빈곤문제에 대하여 어떻게 생각하십니까? 이 문제에 어떻게 대처하시겠습니까?

(현황)

○ '송파 세 모녀법'으로 불리는 기초생활보장법 개정안의 2015년 7월 시행으로 개정된 국민기초생활보장제도는 선정기준을 다층화해 all or nothing 한계를 극복하고자 생계, 주거, 의료, 교육급여의 개별급여체계로 전환

◈ 개정 국민기초생활보장제도의 핵심 내용

○ 개별급여 도입

- 기존의 통합형 급여체계를 맞춤형 급여체계로 전환, 생계급여, 주거급여, 의료급여, 교육급여 각각에 대한 개별적인 수급자격을 갖게 되었음

○ 기준 중위소득 도입

- 수급조건 선정 기준선을 기존의 최저생계비 계측에 따른 기준 선정 방식에서 중위소득과 연동되는 방식으로 전환

○ 빈곤사각지대 생성의 가장 큰 원인이 되는 부양의무자기준을 완화하여 빈곤의 사각지대를 해소하고자 함

○ 제도의 개편으로 수급자수는 2016년 5월 167만 명으로 개편 전 132만 명에 비해 27%증가하고 수급가구의 월 평균 현금금요도 40.7만 원에서 51.4만원으로 10.7만 원 가량 증가효과

(문제점)

○ 신규 수급자 35만 명은 너무 작은 수치로 부양의무자 기준으로 인해 사각지대에 놓인 사람은 실제로 여전히 많으며,

- 신규수급자 중에서도 부양의무자의 부양능력 유무를 판단하지 않는 교육급여의 신규수급자가 22만여 명으로 가장 높음

○ 가장 가난한 노인은 제외되는 기초연금

- 수급 빈곤노인에 대한 소득으로 산정되는 기초연금 삭감으로 생계급여 축소되는 문제

(대책)

○ 기본생활보장제도의 도입으로 대상별, 생애주기별 기본생활의 공적 보장을 강화할 계획

○ 경제적으로 가장 취약한 국민기초생활보장제도 수급자 가구의 경우 사각지대 해소를 위해 부양의무자 기준을 급여별로 단계적 폐지 추진

- 부양의무자 기준 적용에 대한 타당성이 낮은 주거급여의 경우 부양의무자 기준을 우선적으로 폐지(주거취약계층 쪽방촌 등)

※ 기초생활보장신청자 중 67.58%는 부양의무자 소득과 재산이 기준보다 많다는 이유로 탈락한국보건사회연구원 2015

- 특정 급여부터 부양의무자 기준을 적용하지 않음으로써 사각지대 해소 및 행정부담 완화 효과

※ 부양의무자 기준의 부분적 존속을 통해 도덕적 해이 등의 부작용 최소화

- 개별 급여의 특성에 따라 주거급여-의료급여-생계급여 순으로 순차적 폐지 고려

※ 현재 교육급여는 부양의무자 기준 폐지하고 실행 중

○ 한국의 심각한 노인빈곤문제 해결을 위해 노인 기본소득 제도 도입 필요

- 한국 노인빈곤율은 OECD 국가 중 가장 높은 48%2013를 보이고 있으며 이는 전체 빈곤율의 3.3.배에 해당하는 수준
- 노인빈곤 해결을 위한 노인에 대한 기본소득 제도를 도입하고 기초연금을 기본소득제도 안으로 포함하여 실시
- 모든 노인에게 기본소득을 제공한다는 것을 원칙으로 하되, 재산은 일정 수준의 cut-off만은 선정하여지역별 차별: 대도시, 중소도시, 농어촌 모든 노인에게 기본소득 제공

※ 공적 자본의 공정한 배분을 위해 최상위 소득 노인(소득배율 10%-20%) 제외 방안 논의 필요

○ 우리사회의 희망기둥인 청년층을 위해서는 서민청년 대상의 청년수당제도, 저출산 문제 해소차원에서 아동수당 도입도 추진세부 내용은 별도 제시

2. 우리나라에 기본소득을 도입해야 한다고 보시나요?

○ 한국에 기본소득을 도입하는 것인 시기상조이며 우선 기존

의 복지국가 프로그램들을 충실하게 도입하고 정착시키는 것에 우선순위를 두어야 함.

- 첫째, 교육, 의료, 주거, 돌봄 등 가계의 주요 지출 영역에 있어서 양질의 사회서비스를 저렴하게 이용할 수 있도록 공공지출을 증가시켜야 함.
- 둘째, 기존 서구 복지국가들에서 근로능력이 없는 인구집단인 아동과 노인에 대하여 제공해 온 현금제도들로서 아동수당과 노인소득보장제도기초연금 등를 도입하고 강화해야 함.
- 셋째, 실업자에 대한 실업급여제도를 강화해야 함. 고용보험의 실업급여 수급기간을 확대하고, 고용보험 적용 사각지대를 해소해야 함예시, 실업부조제도 등
- 넷째, 비정규직 및 저임금근로자들에 대한 소득지원제도로서, 최저임금제와 근로장려세제EITC제도 등을 강화해야 함.
- 이러한 제도들을 도입 정착시킨 후에, 근로능력계층에 대한 무조건적인 기본소득제도의 도입을 고민하여야 함. 그러므로 기본소득제도의 도입 문제는 우선순위가 낮음.

* 참고로 현재 일부에서 주장하는 기본소득은 기본소득이 아니며 재정에 대한 고려가 없는 무책임한 주장임

(참고)

○ 기본소득의 개념

- 기본소득은 보편성, 무조건성, 개인단위의 세 가지 특징을 가지고 있는 제도임.
- 따라서 모든 시민에게, 급여 수급에 어떠한 조건도 걸지 않고, 가구형태에 무관하게 일정한 현금을 지급하는 제도입니다.

참고자료

○ 기본소득의 수준은 어느 정도로 설정되어야 하나요?

- 인간으로서의 기본욕구를 충족하기에 충분한 수준으로 제공되어야 한다는 입장과 지속가능한 최대의 소득을 지급해야 한다는 입장으로 구분. 지속가능하다는 것은 기본소득이 사회의 생산성을 저하시키지 않는 다는 한도 내에서 최대의 소득을 지급해야 한다는 것임.

○ 왜 서구에서는 기본소득 실험들이 제기되고 있는가? 그 배경은?

- 기존 실직자 및 빈곤층에 대한 현금급여제도에 근로참여라는 조건workfare을 붙이는 것이 개인의 자유를 침해
- 기존 실직자에 대한 실업급여나 사회부조는 근로비유인과 복지의존을 낳음.
- 노동시장의 유연성 증가의 결과 불안정 노동자가 증가하여 생활불안 심화
- 4차 산업혁명 등 미래 기술발전으로 기계가 인간 노동을 대체하여 일자리가 사라질 것임.

* 기본소득의 배경의 하나인 노동의 종말은 성급한 결론임. 2013년 한국의 공공부문 일자리는 7.5%189만 명으로 OECD 평균 21.5%에 비해 추가 창출 여력이 충분김연명, 2017, 대선핵심 아젠다 연속 토론회

○ 기본소득은 정의로운가?

- 찬성론: 기본소득은 개인의 자유를 신장함. 또한 내·외적 천부적 자산의 불평등은 개인의 노력에 의해 획득된 것이 아니므로 사회적으로 재분배하는 것이 정의로움.
- 반대론: 기본소득은 자유에 따르는 책임을 방기함(근로능력자가 기본소득의 혜택만 누리고 노동을 통해 사회에 기

여하지 않는 것은 정의에 위배). 대표적인 것이 롤스의 말리부 파도 타는 사람서퍼의 예임. 일하지 않는 사람에 의한 성실한 근로자에 대한 착취는 정의롭지 않음. 또한 선택의 결과에 대해서는 책임을 져야 함. 그리고 여건의 차이에 의한 불평등의 위험에 대해서는 복지제도를 통해 대응하는 것이 바람직함.

* 민간공급 구조를 그대로 둔 채 기본소득을 도입할 경우 복지비용의 낭비가 초래될 가능성이 높음김연명, 2017

○ 기본소득의 재원마련은 가능한가?

- 한 가지 입장은, 스웨덴과 같은 기존 복지국가 프로그램을 위한 지출 이후에는 거의 여력이 없다는 봄. 스웨덴의 경우, 사회서비스 지출교육, 의료, 주거, 돌봄서비스 등과 소득보장사회보험과 사회부조 지출을 위한 재원마련에 이미 한계에 봉착해 있음. 여기에 더하여 추가적으로 근로능력연령층에게 기본소득으로 현금을 제공하는 것은 재원마련이 거의 불가능할 것임.
- 다른 한 가지 입장은, 기존 복지국가 프로그램들을 기본소득으로 대체함으로써 재정적 문제는 없다는 입장
- 그 중간의 입장은 부분적으로 기존 복지국가 프로그램들을 조정하면서 기본소득을 도입할 수 있다는 입장임. 그러나 구체적으로 어떻게 기존 프로그램을 조정할 것인지는 명확하지 않고 또한 사람들마다 그 생각이 너무 다양하여 명확한 합의의 방향이 부재.

* 전면적 기본소득을 실시할 경우 천문학적 재원 소요1인당 30만원, 158조: 강남훈, 2015로 획기적 증세 없이는 도입이 어려움.

- 2017년 한국의 복지예산 158조 원 규모주택 융자금 12조 제외, 건강보험급여비 40조 원 포함

참고자료

- 2015년 국세청 총 세금 징수액 217조 원. 이중 소득세 29.0%63조, 법인세 20.7%45조, 부가세 24.9%54조 규모

3. 청년수당 도입은 필요하다고 생각하십니까?

(기본 입장)

○ 가장 기본적인 이슈는 현금급여를 제공할 것인가 아니면 현물급여로서 일자리 및 취업지원서비스를 제공할 것인가의 문제임.

- 현금급여 제공시, 급여 남·오용, 근로의욕 감소, 비효과성 등에 대한 우려가 제기됨.
- 그러나 일자리 및 취업지원서비스를 제공하기 위한 노력을 제공함과 동시에, 이와는 별도로 기회평등과 청년들의 취업준비를 위한 시간 제공이라는 측면에서 서민청년에 대한 현금급여의 필요성이 존재함.

* 현 정부조차도 취업성공패키지 참여자 취업지원협력 프로그램을 통하여 청년희망재단의 지원에 의하여 현금급여를 제공 중.

(세부내용)

○ 청년수당의 대상 연령은?

. 1단계: 19-29세로 제한

. 2단계: 19-34세로 제한

○ 모든 청년에게 현금급여를 제공할 것인가? 아니면 저소득 및 서민층 청년에게로 현금급여를 제한할 것인가?

- 청년층의 취업과 관련하여 더욱 문제를 가중시키는 것은 기

참고자료

회평등의 문제임. 소위 금수저 흙수저 논란에서 제기되는 것처럼 기회평등에 대한 청년층의 불만이 큼.

- 그런데 취업지원서비스는 빠른 일자리 취업Work First에 초점이 맞춰져 있어 저소득층 청년들을 나쁜 일자리에 빨리 취업시키려한다는 불만을 야기하고 있음.
- 그러므로 청년들에 대한 현금급여의 초점은 저소득 및 서민층 청년들이 양질의 일자리에 도전하고 준비할 수 있는 여력을 제공하여, 고소득층 청년들과의 기회형평을 제공하는데 초점이 두어져야 할 것임.
- 이를 위해서는 저소득 및 서민층 청년들로 현금 급여 대상을 제한하는 것이 기회형평 측면에서 바람직할 것임.
- 저소득 및 서민층 가구로 제한

. 1단계: 중위소득 60% 이하 가구로 제한

. 2단계: 중위소득 70% 이하 가구로 제한

○ 청년수당 대상자를 비취업 청년으로 제한할 것인가?

- 사회밖에 있는 청년들, 즉 실업 및 니트족 미취업 청년층으로 제한.

○ 취업준비프로그램에의 참여를 전제로 현금급여를 제공할 것인가?

- 현재 취업성공패키지에서는 구직활동을 조건으로, 또한 서울시 청년수당에서는 진로계획 등을 평가하여 대상자를 선정.
- 급여 남용을 억제하기 위해 취업준비 조건으로 현금 지급하는 것이 바람직할 것임. 하지만 교재구입비, 학원비 등으로 제한할 경우 지나치게 제한적이어서 청년들의 불만을 야기할 것임.

참고자료

- 기회평등 측면에서 저소득 및 서민층 청년들에게 양질의 일자리로의 취업 위한 기회를 제공한다는 측면에서 최소한의 노동연계 하에서예: 개인진로상담 참여 등 현금급여를 제공하는 것이 적절할 것임.
- 그러므로 2개월 마다 사회복지전담공무원이나 직업상담사를 통한 상담의 조건으로 청년수당 제공하는 것이 적절할 것임. 이러한 상담을 통하여 취업준비 과정에서의 애로사항이나 가구상황, 또한 심리적 상황에 대한 점검 필요.

○ 청년수당의 지급방식과 사용처를 제한할 것인가?

- 지급방식은 급여의 남오용을 최소화하기 위하여 전자카드 방식이 적합.
- 사용처 제한은 현실적으로 행정적 모니터링에 어려움이 있음. 하지만 전자카드 사용 시 최소한의 유흥업소 사용 제한 등의 일련의 제한조치는 필요할 것임.

○ 청년수당의 기간을 제한할 것인가?

- 기간 무제한의 경우 오히려 청년층의 근로의욕과 인적자본에 부정적 영향을 미침. 청년층의 취업 준비 위한 최소한의 시간적 공간을 제공한다는 측면에서 기간제한이 필요
- 그러므로 청년기 중에 6개월으로 청년수당 지급기간을 제한.

○ 급여수준은?

- 청년수당의 급여수준은 기초생활보장제도의 생계급여 수준으로 설정

. 1단계: 생계급여 수준의 60%1인 30만원

. 2단계: 생계급여 수준의 100%1인 50만원

* 2017년 생계급여 수준. 1인 495,000원, 2인 844,000원, 3인 1,092,274원

4. 아동수당에 대해서는 어떤 입장을 갖고 계십니까?

(필요성)

○ 우리나라의 합계출산율은 2015년 1.24명으로 추산됨. 이는 OECD 국가들은 물론이고 전 세계와 비교할 때에도 가장 낮은 수준임.

○ 급격한 저출산 · 고령화는 산업생산력 약화, 민간소비 둔화를 초래하며, 노인부양비의 증가로 인한 건강보험과 국민연금 등의 재정 수지 약화를 초래하게 됨. 이는 세대 간 갈등 등 다른 사회문제로 파생될 수 있음.

○ '제1차 기본계획$_{2006\sim2010}$' 및 '제2차 기본계획$_{2011\sim2015}$'이 실행된 지난 10년간 아동 · 가족 관련 예산 증가, 관련 법 · 제도의 정비, 공공보육시설 확대, 방과후 교실 확대, 보육료 지원 등을 통해 양육부담을 감소하고 보육의 질을 높이는 성과가 있었음.

○ 그러나 이런 성과에도 불구하고 저출산 문제가 계속 지속되고 있다는 점에서 정책 효과는 제한적이었다고 평가할 수 있음.

○ 지난 10년간 이루어진 여러 가지 개선에도 불구하고, 아동 · 가족 관련 정부 지출 비중은, 다른 OECD국가들과 비교할 때, 여전히 하위권에 머물러 있음.

○ 따라서 미래를 위한 투자라는 관점에서 아동 및 가족에 대한 체계적이고 선제적인 지원이 확대되어야 하며, 이를 위한 컨트롤 타워 및 정책 로드맵을 구체적으로 마련해야 함.

○ 아동수당은 뉴질랜드에서 1926년 처음 도입된 이래, 현재 전 세계 90여 개국에서 시행되고 있는 복지국가의 대표적

인 아동 양육 부담을 해소하는 정책임.

○ 저출산 문제를 해결하고 아동에 대한 투자를 확대한다는 의미에서 가족이 체감할 수 있는 수준의 아동수당을 도입할 필요가 있음.

(도입 방안)

○ 소득 하위 80% 아동 0~12세까지 월 10~20만원의 아동수당을 지급

- 현재 가정양육수당을 지급받는 0~6세까지 월 10만원을 지급하여 기존의 가정양육수당과 합쳐 최고 30만원, 최저 20만원을 보장

* 가정양육수당 : 0~11개월 월 20만, 12~23개월 월 15만, 24~84개월 월 10만원

- 지금까지 아무 혜택을 받지 못했던 7세부터 초등학교 졸업 연령인 12세의 아동에 대해서는 월 20만원의 아동수당을 보장

○ 소요재정은 연간 약 8조 4천억으로 예상되며 아동양육 관련 소득공제 등 유사중복 사업의 조정을 통해 추가 재원 소요를 최소화할 계획임

5) 우리나라 건강보험의 발전방향에 대해서 어떤 입장을 갖고 계십니까?

(현황)

○ 건강보험의 낮은 보장율 OECD 평균 75%, 우리나라는 63.2%, '14, 30개국 중 27위로 인하여 국민들의 의료비 부담이 여전히 과중함.

※ 전체 본인부담률은 37.3%인데, 이 중 법정본인부담률이 21.3%, 비급여 본인부담률이 16%

○ 고액 진료비에 대한 부담으로 실비 보장 보험 등 민간의료 보험료 부담이 매년 가중되고 있음연간 총 28조원 추정

※ 전체 가구의 81.4%, 20세 이상 성인의 69.8%가 질병보장 보험에 가입하고 있고, 이들이 보험회사에 납부하는 민간 의료보험료도 월 평균 10만원을 넘음. 이는 국민건강보험 1인당 월평균 자가 부담 건강보험료 3만 2천원의 3~4배에 육박하는 금액임.

○ 박근혜 대통령의 대선 공약인 암, 뇌혈관질환, 심혈관질환 등 4대 중증질환 국가보장 정책은 1) 현실적으로 질환 및 장기별로 급여를 확대하는 것이 불가능하여 근본적인 한계가 있고, 2) 2016년 현재 연간 본인 부담 경감 규모가 6,000억 원에 불과하여 실제로 국민들의 의료비 부담 경감으로 체감 되지 않고 있어 실패한 공약

(입장)

○ 건강보험 보장성 강화를 통해 의료비 부담을 획기적으로 경감

- 4대 중증질환에 대한 국가 보장을 모든 중증질환으로 확대
- 포괄간호서비스 전면 시행 이전까지 간병바우처 제도 시행
- 18세 미만 아동 입원진료비 본인부담 면제
- 비급여진료를 포함한 포괄적 본인부담 상한제 도입
- 보장성 강화 시 민간보험료 잉여액 환불

○ 건강보험에 대한 국고지원 확대 등을 통해 제도의 지속가능성 제고

참고자료

- 국고지원 사후정산제 시행

○ 투명하고 공정한 건강보험료의 부과체계 개편

- 지역 가입자의 추정소득소득환산액 폐기로 저소득층 보험료 경감

- 고소득 직장가입자에 대한 부과기반 강화

- 고소득층의 부담률 제고

6) 노후소득보장 문제에 대해서는 어떤 입장을 갖고 계십니까?

(현황)

○ 2015년 기준 국민연금수급자는 214만 명31.6%이며 평균 수급액이 33만 원 수준에 불과하여 노인세대에 대한 빈곤율 완화에 한계

○ 2014년부터 소득 하위 노인 70%에 대해 기초연금 10~20만 원을 지급하고 있으나 지급수준이 낮아 노인빈곤율 49.6%, 노인자살률 55.5명으로 OECD 국가 중 최악의 상황

○ 어르신 고용확대가 중요함에도 불구하고 노인일자리 개수가 총 38.7만개에 불과하고 수당도 12년째 월 20만 원에 머물러 있는 실정

(입장)

○ 우선 기초연금 수급자 중 소득 하위 50% 노인에 대해 기초연금을 현행 20만원A값의 10%에서 2017년에 30만 원A값의 15% 수준으로 인상

○ 기초연금 산정 시 국민연금 가입 기간과의 연계 철폐

○ 노인일자리를 매년 약 10만개씩 늘려 20년까지 노인인구의 약 10%인 80만 명에 대하여 노인일자리를 제공

ㅇ 일자리 수당도 현재 20만 원에서 일자리 특성을 감안하여 20만 원~40만 원까지 다양화하고 사업의 효과성 제고를 위해 노인일자리 지원기관 확충도 병행 추진

참고자료

'100세 시대, 건강하고 행복한 노후를 위한 안철수의 약속'

Ⅰ. 노후 소득보장체계 구축

1. 현황 및 문제점

ㅇ 2014년 노인빈곤율은 48.8%로 전체 인구 빈곤율 14.4%에 비해 3배 이상 높은 수준OECD Income Distribution Database

- 여성노인가구 및 노인단독가구의 증가 등으로 노년층 내에서의 소득격차가 증가할 전망

* 2015년 노인인구 지니계수 0.380으로 전체 지니계수 0.295보다 0.085P 높은 수준

ㅇ 우리나라는 외형적으로 다층노후소득보장제도가 구축되어 있으나, 공적연금 사각지대, 사적연금의 낮은 가입률·높은 중도해지율 등으로 실질적 노후준비는 미흡

* 국민연금 사각지대: 경력단절 여성446만, 실직자82만, 납부예외 일용직144만·특고직25만, 복수사업장 단시간 근로자21만, 영세 자영업자42만 등

* 퇴직연금 가입률: 300인 이상 사업장 78.8%, 300인 미만 16.2%

* 퇴직연금 만기 유지율: 14%

2. 정책목표

○ 노인 빈곤 제로 시대를 열겠습니다.

3. 추진방향

○ 노후준비계좌제도 도입

○ 국민연금 내실화 및 사각지대 해소

○ 기초연금 수급액 인상을 통한 현세대 노인의 빈곤 완화

4. 노후준비계좌제도 도입

○ 개인별 노후 준비와 관련된 연금자산의 포트폴리오, 수익률 및 비용, 예상수령액, 정부지원액* 등을 통합적으로 확인·관리하는 가상관리계좌

* (복지부) 국민·기초연금·기초생활보장, 두루누리, 노인일자리 지원정보

(고용부) 퇴직연금·두루누리, (국세청) EITC

(금융위) 세제적격·비적격 개인연금 가입정보, 주택연금 정보

(농림부) 농지연금 (국토부) 주거급여 등

○ 생애주기별로 누구나 본인의 노후준비 실태를 한 눈에 알 수 있도록 정보 제공, 개인별 상황에 맞는 적극적 컨설팅 실시 및 필요한 지원시책 강구

5. 국민연금 내실화 및 사각지대 해소

1) 기준소득월액 상한액 인상으로 노후소득보장 강화

▣ 개요

○ 국민연금의 노후소득 보장성을 강화하기 위하여 기준소득월액 상한액 인상예시: 현행 434만 원→평균 소득의 2.5배 수준

* 1988년도 제도 도입 당시 국민연금 A값은 약 37만원으로, 기준소득월액의 상한액은 A값의 약 540%5.4배 수준이었으나, 1994년부터 2009년까지 16년간 유지되어 2010년도 상한액은 A값 대비 202%로 감소 및 2015년 7월 현재 전체 가입자의 14.2%가 상한선에 집중

참고자료

▣ 기대효과

○ 기준소득월액 상한액 인상 시, 연금급여의 실질적인 소득대체율 인상, 국민연금의 소득재분배 기능 강화, 보험료 수입 증가로 단기적인 국민연금재정에 대한 긍정적 효과 기대

- 기준소득월액 상한이 434만 원에서 A값의 2.5배 수준약 528만 원으로 인상 시 상한선 직장가입자의 월 연금보험료는 약 4만 원 인상약 19.5만 원→23.8만 원되는 반면, 기준소득월액 상한액으로 산정된 가입자의 월 연금급여액은 약 14만 원 가량 인상

- 월소득 434만 원이하의 가입자 약 14백만 명은 보험료 인상 없이 국민연금 A값의 인상으로 보험급여가 1~2만 원 인상되어 국민연금의 소득재분배 기능이 강화

▣ 고려사항

○ 기준소득월액 상한액 인상 시 장기적으로는 기준소득월액 증가와 이로 인한 국민연금 A값의 인상으로 급여지출이 늘어나면서 연금재정의 부담이 커질 우려 → 재정 부담을 고려하여 인상 수준 및 인상 시기 등 결정

* 소득상한액이 A값의 2.5배로 증가시 '15년부터 '83년까지 보험료 수입은 총 418조 원이 증가하는 반면, 연금급여 지출

은 총 812조 원이 증가하여 순 재정지출은 394조 원 규모

ㅇ 기준소득월액 상한액 인상 시 고소득 사업장가입자가 속해 있는 사업장의 연금보험료 부담 증가 우려 → 준조세 부담 완화 등 병행 추진

* 한국경영자총협회는 상한액 인상에 따라 기업이 추가적으로 부담해야 하는 금액을 향후 5년간 2,298억 원으로 추정

2) 출산크레딧제도 확대로 여성들의 연금수급권 확보 지원

ㅇ 출산크레딧제도를 출산·양육크레딧제도로 확대 개편하여 양육행위에 대한 보상을 포괄

ㅇ 출산·양육크레딧 적용대상을 현행 둘째 자녀부터 첫째 자녀로 확대하고 대상기간 상한(50개월)은 폐지

* 첫째 자녀부터 크레딧을 적용하여 첫째 자녀부터 1년씩 가입기간 추가시 2017년부터 2083년까지 총 재정소요액이 약 77조 원 추가 소요될 전망

3) 유족연금 확대

ㅇ 여성의 연금수급권을 보강하기 위하여 사망한 사람의 국민연금 가입기간에 따라 연금액의 40~60% 수준인 유족연금을 인상(예시: 가입기간에 관계없이 60%)

ㅇ 다만, 유족연금 급여수준 인상시 재정소요가 상당한 점(향후 5년간 4,075억 원, 향후 70년간 37조 8,934억 원)을 감안하여 단계적 인상 방안 등 강구

4) 경력단절 전업주부 연금보험료 소득·세액공제

ㅇ 전업주부 및 무소득 배우자(656만 명)의 국민연금 가입 유도를

참고자료

위해 무소득자가 국민연금 임의가입시 유소득배우자또는 부모에게 소득·세액 공제 지원재정소요: 162억 원

5) **두루누리 적용 확대**

◇ 지역가입자

○ EITC 수급 지역가입자로서 점증구간 해당자26만 명에 대하여 연금보험료 50% 지원재정소요: 426억 원

* 저소득 자영자, 특수 고용영태 근로자레미콘 기사, 택배 기사 등

* EITC 점증구간: 연소득 600만원단독가구, 900만원홑벌이가구, 1,000만원맞벌이가구미만가구/ EITC 수급가구 중 약 50%'14: 49%, '15: 45%

◇ 청년창업크레딧

○ 청년18~34세이 창업한 10인 미만 사업장 월 소득 140만 원 미만 근로자4.4만 명에 대하여 두루누리신규 60%, 기존 40%에 더해서 20% 추가지원재정소요: 82억 원

◇ 청년취업크레딧

○ 10인 미만 사업장 월 소득 140만 원 미만 청년30만 명에 대하여 두루누리 지원에 더해서 보험료의 10% 추가 지원재정소요: 289억 원

6) **임의가입자 소득 하한 조정**

○ 임의가입 하한 소득지역가입자 중위소득 : 99만 원이 너무 높아 저소득층이 국민연금에 가입하기 어려운 상황을 개선하기 위하여 이를 하향 조정예시: A값의 25%, 약 52만원 수준

○ 적용대상 약 80만 명에 대하여 월 최저보험료 인하89천 원→약

49천 원 효과 발생재정소요: '17 ~ '82년까지 연평균 약 2,630억 원, 급여총액 62조 원 대비 0.42% 예상

* "전업주부, 월 4만7000원씩 10년 내면 매달 14만 원 연금" 중앙일보 '16.9.2

7) 군복무크레딧제도 확대 적용

- ○ 군복무 크레딧을 현행 6개월에서 의무복무기간 전체육군 현역병 기준 21개월로 확대
- ○ 적용대상 약 50만 명이며, 2056~2065년 사이에 약 6~7조 원 소요 예상

6. 기초연금 확대를 통한 현 세대 노인의 빈곤 완화

<1안> 기초연금 3단계 급여차등 인상안

(1-1안) 소득 하위 30% 노인 40만원, 소득 하위 30~50% 노인 30만 원으로 인상, 소득 하위 50~70% 노인 현행 유지

(1-2안) 소득 하위 30% 노인 50만원, 소득 하위 30~50% 노인 30만 원으로 인상, 소득 하위 50~70% 노인 현행 유지

<2안> 기초연금 2단계 급여차등 인상안

(2-1안) 소득 하위 50% 노인에 대해서만 30만 원으로 인상

(2-2안) 소득 하위 50% 노인에 대해서만 40만 원으로 인상

(2-3안) 소득 하위 50% 노인 40만 원, 소득 하위 50~70% 노인 30만 원으로 인상

* <비교 1> 소득 하위 70% 노인에 대해서 30만 원으로 인상
* <비교 2> 소득 하위 80% 노인에 대해서 30만 원으로 인상

※ 급여액은 단독가구 기준이며, 단독가구에 대한 선정 가능

성 및 급여수준을 높이기 위한 가구균등화 지수 개편현행 1:1.6 ☞ 1:1.5 또는 1:1.414로 조정시 부부가구 급여 인상액은 다소 낮아짐

※ 모든 시나리오는 국민연금과 연계를 철회한 것으로 가정함

※ 소요재원 추정 시, 현행 제도 유지 시 국민연금 연계 및 구간별 감액을 제외한 총 소요예산을 baseline으로 비교 분석함

참고자료

□ 기초연금 확대방안별 공적이전소득 노인빈곤율 감소효과 비교

구분	시장소득 기준빈곤율(%)	경상소득 기준빈곤율(%)	빈곤율감소(%p)	빈곤감소효과(%)	가처분소득기준빈곤율(%)
2013년 (70%-10만 원)	61.25	50.65	10.63	17.35	48.08
2014년 (1~6월 70%-10만 원) (7~12월 70%-20만 원)	62.51	49.95	12.56	20.09	47.38
2015년 (70%-20만 원)	63.18	47.70	15.48	24.50	44.76
1-1안 (0~30%-40만 원) (30~50%-30만 원)	63.18	43.17	20.01	31.67	39.62
1-2안 (0~30%-50만 원) (30~50%-30만 원)	63.18	43.16	20.02	31.69	36.68
2-1안 (0~50%-30만 원)	63.18	43.17	20.01	31.67	39.62
2-2안 (0~50%-40만 원)	63.18	37.73	25.45	40.28	34.64
2-3안 (0~50%-40만 원) (50~70%-30만 원)	63.18	37.73	25.45	40.28	34.42
비교1 (70%-30만 원)	63.18	43.17	20.01	31.67	39.40
비교2 (80%-30만 원)	63.18	43.17	20.01	31.67	39.40

* 2015년 노인빈곤 분석데이터 기준으로 기초연금 확대방안별 급여액 상향 조정 시 65세 이상 경상소득 기준 상대 노인빈곤율$_{\text{중위소득 50\%}}$ 변화 분석결과임

** (참조) 언론에 언급된 OECD 발표 노인빈곤율 49.6%는 우리나라 노인빈곤율이 정점에 도달했던 "2013년 66세 이상 가처분소득 기준 노인빈곤율"임

□ 기초연금 확대방안별 공적이전소득 노인빈곤가구 소득충족률 증가효과 비교

구분	경상소득기준소득충족률(%)	소득충족률증가(%p)	소득충족률증가효과(%)
2015년 (70%-20만 원)	58.56	-	-
1-1안 (0~30%-40만 원) (30~50%-30만 원)	73.77	15.21	25.97
1-2안 (0~30%-50만 원) (30~50%-30만 원)	79.77	21.21	36.22
2-1안 (0~50%-30만 원)	67.78	9.22	15.74
2-2안 (0~50%-40만 원)	77.00	18.44	31.94
2-3안 (0~50%-40만 원) (50~70%-30만 원)	77.00	18.44	31.94
비교1 (70%-30만 원)	67.78	9.22	15.74
비교2 (80%-30만 원)	67.78	9.22	15.74

* 소득충족률 증가효과는 기초연금 확대방안에 따라 2015년 경상소득 기준 빈곤한 노인가구의 소득충족률$_{58.56\%}$이 상승한 효과로, 빈곤에서 벗어난 가구의 변화로 나타나는 노인빈곤율 변화와 다르게 빈곤에서 벗어나지 못하더라도 빈곤의 심도가 개선된 정도를 보여주는 결과임

참고자료

□ 기초연금 확대방안별 소요재정 비교

구분	2017	2018	2019	2020	2021	2022	2023	2024	2025	2030	2040	2050
1-1안 (0~30%-40만 원) (30~50%-30만 원)	11.34	18.36	19.75	21.55	23.35	25.29	27.42	29.71	32.31	45.55	75.38	100.39
1-2안 (0~30%-50만 원) (30~50%-30만 원)	11.34	20.89	22.48	24.52	26.57	28.78	31.20	33.81	36.76	51.83	85.73	114.83
2-1안 (0~50%-30만 원)	11.34	15.83	17.03	18.58	20.13	21.81	23.64	25.62	27.86	39.28	64.96	87.02
2-2안 (0~50%-40만 원)	11.34	19.99	21.50	23.46	25.42	27.53	29.85	32.34	35.17	49.58	82.01	109.86
2-3안 (0~50%-40만 원) (50~70%-30만 원)	11.34	21.37	22.99	25.08	27.18	29.44	31.91	34.58	37.60	53.02	87.69	117.46
현행 (70%-20만 원)	11.34	12.20	13.13	14.32	15.52	16.81	18.22	19.75	21.47	30.27	50.07	67.07
비교1 (70%-30만 원)	11.34	17.22	18.52	20.21	21.89	23.71	25.71	27.86	30.29	42.71	70.64	94.63
비교2 (80%-30만 원)	11.34	19.58	21.07	22.99	24.90	26.98	29.25	31.69	34.46	48.59	80.36	107.65

II. 노인 의료비 부담 경감 및 건강수준 제고

1. 현황과 문제점

○ 인구 고령화 등으로 노인진료비는 연평균 8.7%씩 증가하여 '24년 100조 원 돌파 전망('16년 25.0 → '25년 111.6조 원)

* 65세 이상 인구의 급여비 비중: ('16) 38.7 → ('25) 49.3%

참고자료

단위 : 천명, %, 억원, 원

구분		2010년	2011년	2012년	2013년	2014년	2015년	2016년
적용인구(천명)	전체	48,907	49,299	49,662	49,990	50,316	50,490	50,763
	65세이상 비율(%)	4,979 (10.2)	5,184 (10.5)	5,468 (11.0)	5,740 (11.5)	6,005 (11.9)	6,223 (12.3)	6,445 (12.7)
진료비(억원)	전체	436,283	462,379	478,312	509,541	543,170	579,548	645,768
	65세이상 비율(%)	140,516 (32.2)	152,860 (33.1)	163,401 (34.2)	180,565 (35.4)	197,417 (36.3)	218,023 (37.6)	250,187 (38.7)
1인당 월평균 진료비(원)	전체	74,564	78,424	80,531	85,214	90,248	95,759	106,286
	65세이상	237,784	250,666	254,605	267,792	279,792	295,759	328,599

○ 65세 이상 노인 1인당 연평균 진료비는 394만 원으로 전체 대비 3.1배 수준2016년 건강보험통계연보

2. 정책목표

○ 의료비 걱정 없는 건강 100세 시대를 열어 나가겠습니다.

3. 추진방향

○ 노인의료비 부담 경감

○ '어르신 등 건강주치의 제도' 도입

○ 치매예방 및 관리대책 강화

참고자료

4. 노인의료비 부담 경감

1) 노인을 포함한 전체 국민의 의료비 부담을 줄이기 위하여 "비급여를 포함한 본인부담상한제" 실시

○ 박근혜 정부는 4대 중증질환 중심의 보장성 강화와 선택진료·상급병실 축소 등 비급여 진료비 부담을 완화하기 위한 정책을 추진하였으나

- 소수 질환에 보장성이 집중되고 비급여를 광범위하게 남겨두어 서민들의 실질적인 의료비 부담 완화에는 큰 한계를 보임

○ 그 결과 건강보험 보장률은 여전히 낮고 전체 의료비 중 가계가 부담한 비중가계의료비도 OECD 평균의 2배 수준으로 높아 서민들의 의료비 가계 부담이 큼

* 14년 기준 건강보험 보장률 : 63.2%법정 본인부담률 19.7%, 비급여 본인부담률 17.1%

* 전체 의료비 중 가계부담 의료비 비중: 한국 36% OECD 19%OECD Health data 2015

* 돈이 없어서 치료를 포기한 경험 3.5%복지욕구 실태조사 2011

○ 낮은 건강보험 보장성과 비급여 진료비를 포함하지 않는 현행 본인부담상한제의 한계로 인해 많은 국민들은 큰 병이 발생하면 재난적 의료비 부담에 직면하고 있음

* 13년 기준 본인부담 의료비가 가구 연소득의 40%를 초과하는 재난적 의료비 발생 가구는 약 88만 가구로 추정

* 특히 소득수준이 낮은 서민층에서는 일정한 진료비 수준에도 재난적 의료비가 더욱 흔하게 발생

하위 10% 소득 계층에서는 18.4%가, 상위 10%에서는 0.7%가 재난적 의료비 경험

○ 건강보험이 노인을 포함한 서민들의 사회안전망으로 제대

로 작동할 수 있도록 '비급여까지 포함한 본인부담 의료비 상한제' 실시

- 비급여를 포함하여 개인에게 발생한 의료비를 소득수준별로 연간 100 ~ 500만 원까지만 환자가 직접 부담하게 하고 이를 초과하는 의료비는 국가에서 전액 보장

* 단, 미용, 성형 등 비필수 비급여 진료는 상환대상에서 제외

○ 추가 소요재정: 연간 약 1조 6,400억 원 건강보험재정

2) 외래진료의 노인정액제 기준 상향 조정

○ 65세 이상 환자 외래진료 시 진료비가 15천 원 이내인 경우에는 1,500원의 본인부담금 부과, 진료비가 15천 원 초과 시에는 진료비의 30%를 부과하여 15,010이 되면 본인부담금이 4,500원으로 급격히 증가

○ 총진료비 금액구간별 본인부담률을 차등 적용하여 과도한 노인외래진료비 부담 경감

- 총진료비 15,000원 이하는 본인부담률 10%, 15,000~20,000원 이하는 20%, 20,000원 초과시에는 30% 적용

* 소요재정 약 1,100억 원 노인 1인당 본인부담금 인하효과 연간 약 15,000원

3) 틀니 임플란트 포함에 대한 건강보험 적용 확대

○ 노인틀니 2012~ 및 임플란트 2014~에 대해 건강보험을 적용하고 있으나 본인부담률이 50%로 과다함

* 현재 완전틀니, 부분틀니, 임플란트의 경우 본인부담금은 50%이고, 의료급여 환자의 경우는 1종일 경우 20%, 2종일 경우 30%이며, 차상위계층의 경우 희귀난치성질환자 20%, 만성질환자 30%임

* 임플란트는 1개당 보험수가가 123만 원으로 본인부담금은 62만 원 수준

○ 노인 틀니 및 임플란트 진료시 건강보험 본인부담금 경감 50%→30%, 의료급여환자 등 취약계층은 본인부담 면제

* 2017년 기준 본인부담률 20%p 인하 50%→30% 및 의료급여환자 본인부담 면제에 소요되는 재정은 총 1,370억 원 규모로 추정 건강보험 1,220억 원, 의료급여 150억 원

4) 75세 이상 후기노인 입원 본인부담 경감 20% → 10%

○ '15년 현재 75세 이상 후기 고령입원환자 '15년 약 83만 명의 경우, 건강보험 1인당 진료비가 연간 약 740만 원 규모이고 본인부담이 약 250만 원 비급여 포함으로 과중

○ 입원 본인부담률 경감시 후기고령 입원환자의 본인부담액이 약 175만 원으로, 비급여 본인부담 상한액 적용시 서민층의 경우 100만원까지 인하되는 효과 기대 소요재정 약 6,500억 원

* 일본은 본인부담률 20%인데 반해 75세 이상은 후기고령자 의료보험 제도를 도입하여 본인부담률 10% 적용

5) 노인 등 입원환자의 보호자 간병이 필요 없도록 2020년까지 전면적으로 건강보험을 적용

○ 2015년부터 건강보험을 통해 간호간병통합서비스가 제공되고 있으나, 간호인력의 수도권 쏠림현상으로 인해 지방 중소병원에서는 제대로 실시되지 못하고 있음

* 2017. 2월 현재 313개 병원, 1만 9,884개 병상에서 서비스 제공 중

* 참여 병상의 47%가 서울, 경기 등 수도권에 집중

○ 2020년까지 전국 1,500개 병원, 10만 병상에 간호간병서비스 제공 확대추가 재정 약 7,200억 원, 건강보험 재정

○ 건강보험의 간호 · 간병 수가 인상 및 농어촌 등 의료취약지에 대한 가산 부여, 간호대학 입학정원을 확대('16년: 1.9만 명)하여 간호사 수급문제 해소

- 한시적으로 취약지에 대해 간호조무사 및 요양보호사를 통한 간병서비스 제공 및 재가 간병 등에 대한 부담 완화를 위해 간병 바우처 제공

○ 현재 간호간병통합서비스는 급성기병상만을 대상으로 하고 있으나, 최근 간병살인 등 사회문제를 고려하여 요양병원에 대해서도 보호자 없는 병원 사업 적용

5. '어르신 등 건강생활지역전담제'를 도입하여 예방적 · 적극적 건강관리체계 구축

○ 인구고령화 및 질병구조 변화에 따라 만성질환이 급증하면서 효과적인 예방 관리체계 필요성이 커지고 있으나 개인의 건강을 체계적이고 지속적으로 관리해주는 서비스가 미흡함

- 의료기관에서는 건강상태, 생활습관 관리 필요성 및 올바른 관리 방법 등에 대한 교육 · 상담 없이 단순진료만 이루어지고 있는 상황

○ 어르신들의 건강을 일상생활 속에서 체계적으로 관리해주는 건강생활 지역전담제 도입소요재정 약 8천억 원

- 어르신들이 전화, 인터넷, 건보공단을 통해 복수의 의원을 등록할 수 있고 언제든 변경 가능

- 혈압 · 혈당 등 모니터링, 주기적 생활습관관리 등 건강 상담

참고자료

- 등록한 단골 동네 의원 이용 시 외래본인 부담 1/3수준으로 인하, 참여동네의원에는 만성질환 관리수가 반영

○ 노인건강증진과 적극적인 질병 예방을 위해 꼭 필요한 경우 건강주치의와 연계하여 노인 생활 체육 활동에 대한 건강보험급여 단계적 실시

* 호주는 게이트볼을 치러가는 노인들에게 현금 수당지급, 일본은 노인운동에 대한 건강보험급여화 시행

6. 치매예방 및 관리대책 강화

○ 환자 본인부담상한액 하향 조정 및 치매환자에 대한 간병의 건강보험 급여 우선 실시 등을 통해 치매관련 진료비 부담 경감

* 치매로 인한 연간 1인당 진료비는 364만원 수준

○ 치매예방 및 조기진단을 위한 바이오마커 개발 등 국가치매 R&D 투자를 1,000억 원 규모로 대폭 확대

* 2015년 치매분야 투자는 총 436억 원 규모로 전체 국가 R&D의 0.13%임

○ 치매어르신들이 자유롭게 일상생활을 누릴 수 있는 '국립치매마을가칭 햇살마을' 시범 조성·운영

* (유사사례) 네델란드의 호그벡 마을

○ 역사회 중심의 치매 관리시스템 구축매년 50개소 설치 시 연간 300억 원 소요

* 현재 45개소 지역치매지원센터 설치 운영 중

○ 사한 주간보호시설가칭: 노치원 설치 및 민간투자 유치를 위해 노인장기요양보험 수가 개편

7. 재원조달

○ 노인의료비 부담 경감을 위한 건강보험 재정소요: 연간 약 4조 원

○ 재원조달방안: 건강보험재정

- 건강보험 누적흑자'17년 21조 원 활용하는 한편, 경제성장률 이내의 적정 수준의 보험료 인상으로 재원 조달

- 보험료 예상 수입의 20% 국고지원 보장국고지원 사후정산제 도입

Ⅲ. 저렴하고 질 높은 노인장기요양서비스 제공

1. 현황과 문제점

○ 2016년 말 노인장기요양보험 누적 인정자는 약 51만 9천 명으로 우리나라 전체 노인인구의 7.5%에 해당하는 규모로 인정율 76.3% 수준임

- 전체 노인인구 대비 장기요양보험 인정자는 제도도입 2008년 4.2%에서 2016년 7.5%로 약 3.3% 포인트 증가

- 반면, 등급별 인정자 수는 2008년 1등급 26.8%, 2등급 27.2%, 3등급 46.0%의 수준에서 2016년 각각 8.0%, 14.3%, 77.7%3~5등급으로 나타나 중증에 해당하는 1, 2등급자의 비중이 축소되고 있음

○ 요양보호사 처우 열악 등으로 서비스의 질 수준 취약

○ 노인장기요양보험 수급자의 상당수가 비용 부담 호소

- 시설급여 수급자의 78%, 재가급여 수급자의 55%

2. 정책목표

○ 동네에서 편안히 모실 수 있도록 하겠습니다Aging-in-place.

○ 아픈 어르신을 모시는 것이 더 이상 부담이 되지 않도록 하겠습니다.

3. 정책제안

○ 노인장기요양 대상을 OECD 평균수준전체 노인의 12%, 80만 명으로 확대

- 입원 및 방문간호 서비스를 제공하는 기존의 5등급 외에 경증치매환자 포괄, 노인성 질환범위 확대 등

○ 노인장기요양보험 예방 및 요양효과 제고를 위한 다양한 서비스 제공

- 낙상 등 안전사고 예방을 위한 주택개량과 보장구 지급

* 안전사고의 60%는 낙상사고이며, 30~50%가 주택 및 인접 공간에서 발생

- 방문재활 및 주간재활서비스 신규 제공

○ 노인장기요양보험 본인부담금 경감

- 시설급여 20→15%, 재가급여 15→10%

- 소득수준별로 비급여를 포함한 장기요양보험본인부담 상한제 도입

* 건강보험과 동일한 수준으로 상한제 적용시 환급대상 약 53천 명, 환급액 414억 원 규모로 추정

○ 공공노인장기요양시설 확대 및 질 수준 제고

- 건강보험공단 직영 요양시설 확충소요 재정: 약 83억 원, 2개소 신축 시

- 보건소 및 보건진료소에 공공요양시설 운영

* 전국 1,899개의 보건진료소 가운데 100곳을 리모델링 후 단계적으로 확대500억 원, 국비 50%

- 장기요양기관 인증제도 시행

- 장기요양시설에 치매집중요양 기능을 강화하고 수가 가산

○ 상시업무 종사자의 경우 직무형정규직에 포함 등 노인요양보호사 처우 개선

4. 소요재정 및 조달방안

○ 노인장기요양보험 추가 소요: 연간 3,828억 원

- 노인장기요양보험 수급자 확대52.0만 명→80만 명: 7,665억 원5년간 추가 소요

- 본인부담률 경감 : 2,295억 원

* 본인부담 경감 시 본인부담상한액 설정에 따른 재원규모는 크지 않을 것으로 추정

○ 조달방안

- 노인장기요양보험 누적흑자 1.7조 원'16 활용하는 한편, 경제성장률 이내의 적정 수준의 보험료 인상으로 재원 조달

- 보험료 예상 수입의 20% 국고지원 보장국고지원 사후정산제 도입

Ⅳ. 노인일자리 확대를 통한 사회참여 활성화

1. 현황과 문제점

○ 미흡한 공적연금 급여에 대한 대안으로 어르신 고용확대가 중요함에도 불구하고 노인일자리 개수가 총 43.7만개에 불과하고 수당도 월 22만원 수준

2. 정책목표

○ 평생 현역 100세 시대를 열겠습니다.

참고자료

3. 정책제안

○ 노인일자리를 매년 5만개씩 늘려 22년 68.7만개로 확충

(단위 : 개)

구분	2017	2018	2019	2020	2021	2022
공익활동	307,100	337,100	367,100	397,100	427,100	457,100
재능나눔	44,900	49,900	54,900	59,900	64,900	69,900
민간분야	85,000	100,000	115,000	130,000	145,000	160,000
계	437,000	487,000	537,000	587,000	637,000	687,000

* 연평균 7.1% 인원 증가'18~'22년
* 매년 5만개공익활동 3만개, 재능나눔 0.5만개, 민간일자리 1.5만개 일자리 확대

○ 어르신의 경륜에 맞는 민간일자리 창출에 주력전체 일자리 약 25%하고 이를 지원하기 위한 노인일자리기관 확충 및 역량 개발

- 전문 퇴직인력을 활용한 '방과 후 학교' 시니어 강사 사업을 추진하여, 학부모의 양육부담 완화 및 공교육의 위상 제고
  * '17년 서울시 교육청과 협의하여 시범사업 진행 후 전국화하여 확대 추진'18년 1천개 → '20년 2천개 → '22년 3천개 이상
- 어린이 통학버스 동승보호자 탑승 의무화 시행에 따라 전국 어린이집, 유치원, 초등학교 등을 대상으로 시니어 차량 안전지도사 사업 추진
  * '17년 기업연계형 사업으로 추진 중이며 '18년부터 전문서비스형으로 규모화'18년 1천개 → '20년 2천개 → '22년 4천개 이상
- 기업에서 노인들을 고용 유지하는데 필요한 직무모델 개발,

교육 지원을 통해 기업맞춤형 인재 양성 구축'18년 4천개 → '20년 6천개 → '22년 8천개 이상

- 지역 내 수행기관 수 확대를 통해 다양한 기관에서의 노인 일자리 참여기회 제공수행기관 수 '17년 1,154개 → '20년 1,500개 → '22년 2,500개 이상
- 수행기관 실무자 역량강화를 위한 한국노인인력개발원의 교육 운영 시스템 활용실무자 맞춤형 교재 개발 · 보급 및 이러닝 교육환경 구축을 통한 상시 교육 운영 시스템 기반 구축

○ 사회적으로 유용한 분야의 공공일자리 창출

- 노노케어 연중일자리 지속적 확대를 통한 취약노인 지원강화 및 안전망 구축매년 2천 자리 확대, '16년 40천개→'17년 43천개→'22년 58천개
- 다양한 재능을 통한 지역사회에 기여하는 재능나눔 활동을 통해 노인의 자격 · 경력 사장을 방지하고 사회참여 기회 증대매년 5천개 확대 지원 '18년 50천개 → '20년 60천개 → '22년 70천개 이상

○ 일자리 수당을 현재 22만원에서 30만원으로 인상

4. 소요예산

(단위 : 백만원)

구분	2017	2018	2019	2020	2021	2022
총계	908,610	1,510,468	1,665,227	1,801,463	1,919,463	2,061,351
국고	466,360	717,242	790,663	855,161	910,871	978,084
지방비	442,250	793,226	874,564	946,302	1,008,592	1,083,267

* 지방비는 국고의 94.8%연평균 22% 증가

* (공익활동) 30만 원*9개월/12개월12개월은 공익활동 사업량 중 평균 13% / 매년 60,000개 증가9개월-54,000개, 12개월-6,000개
* (재능나눔) 10만 원*6개월/ 매년 10,000개 증가
* (민간분야) 고령자친화기업 3억 원 / 인력파견형 1인 15만 원 / 공동작업제조판매형 1인 300만 원 / 시니어인턴십 1인 45만 원 / 기업연계형 1인 200만 원

2017년 노인일자리 및 사회활동 지원사업 개요

□ (규모) 43.7만개, 9,086억 원국비 4,664억 원, 지방비 4,422억 원

ㅇ △ 시장형 8.5만개19.5%, 777억 △공익활동 30.7만개70.3%, 3,375억원 △ 재능나눔 4.5만개10.2%, 284억 원

* '04년 2.5만개 이후로 연 평균 24.6%씩 사업규모물량기준 증가

□ (추진체계) 지자체보조서울 30%, 지방 50% 민간경상보조국비 100%

ㅇ (지자체) 복지부→지자체→수행기관 1,220개 : 시장형 · 공익활동 · 인력파견형

ㅇ (민간) 복지부→노인인력개발원(→ 기업 등) : 시니어인턴, 고친기업 등

복지부→대한노인회, 노인복지관협회 : 재능나눔

* 수행기관 : 노인복지관228개, 노인회202개, 지자체170개, 시니어 클럽128개 등

< 분야별 지원내용 >

유형		내용	지원	대상	평균월 보수 (2016)	일자리수		예산*
						2016	2017	2017
총계(추경기준)						41.9만개	437만개	4,436억
공익활동		老老케어, 보육시설 봉사, 청소년 선도 등 지역사회 공익 증진을 위한 20개 프로그램	월22만/9(12)개월 활동비	기초연금 수급자	-	29.4만개	30.7만개	3,375억
재능나눔		노인의 재능(자격, 경력)을 활용한 상담안내, 학습지도 등	월10만/6개월	만 65세 이상	-	4만개	4.5만개	284억
민간	시장형 총계				105.1만원		8.5만개	770억
민간	시장형 사업단	실버카페, 반찬가게 등 제품 제조·판매, 서비스 제공 등 사업을 통해 수익 창출	연 200만원 사업비	만 60세 이상	31.7만원 (전문서비스제외)	6.05만개	5.46만개	498억
민간	인력 파견	가사·간병인, 경비원, 지역일손 도우미 등 수요처에 파견 지원	연 15만원	만 60세 이상	95.8만원	1.6만개	1.9만개	13억
민간	시니어 인턴십	민간기업 인턴기회(3개월) 제공 후 계속 고용을 유도	월 최대 45만원/6개월(3+3개월) 인건비 보조	만 60세 이상	105.1만원	0.64만개	0.69만개	124억
민간	고령자 친화기업	노인 적합업종 분야 내 노인 다수(최소 30명 이상) 고용 기업 설립	최대 3억원 사업비	만 60세 이상	109.7만원	0.2만개	0.2만개	75억
민간	기업연계형	기업과 함께 노인일자리 창출 모델 개발 및 관련 설비 · 서비스 등을 지원	200만원 내외 사업비(설비 등)	만 60세 이상	-	-	0.3만개	60억

* 예산상 일자리 수

V. 건강한 여가생활을 통한 적극적 고령화Active Ageing 지원

1. 현황과 문제점

○ 우리나라는 세계에서 가장 빠른 고령화 추세에 있는 가운데, 노인들의 건강상태가 좋지 않아 삶의 질이 저하되는 한편, 노인의료비가 급증 추세

- 자신의 건강상태를 긍정적으로 평가하고 있는 노인이 32.4%, 부정적으로 평가하는 노인이 43.7%2014, 노인실태조사보고서
- 7개의 ADL 항목과 10개의 IADL에 기초하여 파악한 기능 상태를 살펴보면, 11.3%는 IADL만 제한을 경험하고 있으며, 6.9%는 ADL의 제한까지도 경험하고 있음. 특히 85세 이상 연령군에서는 ADL도 제한이 있는 비율이 25.5%에 달하고 있음

* 노인자살률 58.6명'15으로 OECD 국가 1위를 차지하는 등 노인소외문제 심각

○ 노인들의 운동 실천율은 58.1%이고, 이 중 권장수준(1주일에 150분 이상)에 미치는 운동을 하는 경우는 43.9%임

- 주로 하는 운동 종류는 걷기가 68.2%, 체조맨손체조 및 생활체조 7.2%, 등산 6.3%, 실내 자전거 5.6%, 보디빌딩헬스 3.7% 등임2014, 노인실태조사보고서

○ 국민건강보험공단 건강백세운동교실 사업*, 지자체 등이 어르신 운동 관련 사업을 실시중이나 수요에 비해 부족하고 산발적

* 2005년부터 실시되어 2-15년 현재 전국의 4,096개 경로당, 노인복지관 등에 운동강사 파견하여 약 8만 명의 어르신들이 주 2회, 1시간 가량 규칙적으로 운동을 할 수 있도록 지원

2. 정책목표

○ 어르신들의 건강한 여가생활을 지원하겠습니다.

3. 정책방향

○ 만성질환으로 고통 받는 노인의 건강여가 생활을 체계적

으로 지원하기 위하여 경로당을 '노인 건강여가생활지원센터'로 확대 개편

ㅇ 독거노인공동생활가정 설치 운영

ㅇ 노인들의 자조적 체육활동 활성화

4. 정책제안

ㅇ 읍면동 소재 거점 경로당을 '노인건강여가생활지원센터'로 리모델링

- 건강지원실의료장비 등, 프로그램실운동장비 등, 식당, 휴식 공간 등을 설치하고 어르신 건강여가생활을 지원하는데 필요한 간호사 등 인력을 배치함과 아울러 지역의사회나 건강보험공단 등과 연계하여 인지활동형 사업 실시

* 필요시 경로당에 혈압·혈당계, 공용 스마트폰 등을 통해 보건소와 연계하여 건강 상담 등 서비스 제공

* 인지활동형 프로그램 : 인지훈련, 인지자극, 신체활동운동, 회상요법, 음악·미술·원예활동 등

- 독거노인, 고령의 경로당 이용노인에게 아웃리치를 통한 건강상담, 운동처방, 생활습관관리 등을 지속적으로 모니터링

- 2018년에 17개 시도별로 거점 경로당 1개소씩 시범 설치 운영 후 단계적 확대소요예산: 약 300억 원

ㅇ 독거노인 공동생활가정 사업 실시

- 독거노인의 특성에 맞는 안정적 거주공간과 사회관계를 활성화할 수 있도록 경로당, 마을회관 등을 독거노인공동생활가정으로 개조

- 원룸형 개별 주거공간과, 공동식당·공동거실 등 공동체 생활공간 제공

참고자료

- 입소 독거노인에게 일상생활지원 · 건강관리 등 맞춤형 보건복지서비스를 제공하고 입소 노인 간 교류 증진 및 사회관계 활성화 지원 소요예산: 500억 원

○ '노인생활체육회'등을 통해 노인적합 생활체육 종목 개발 및 보급 활성화

- 매년 '대통령배 전국노인체전' 개최 게이트볼, 탁구, 에어로빅, 수영, 노인 체조 등 노인적합 종목으로 구성

* 자조적 체육활동 보급 촉진을 위해 '노인운동 바우처' 제공 추진

대한민국 복지 백년대계를 설계하다 _ 경제사회 여건변화에 대응한 사회정책 개혁과제

한국 사회보장재정의 구조적 불균형을 진단하고, 중복지·저부담 체제로의 고착을 막기 위해 재정 확충과 효율성을 동시에 높이는 개혁 방향을 제시했다. 이를 위해 사회서비스 포괄보조제와 바우처·직접지불 방식 도입을 핵심 대안으로 제안했다.

경제사회 여건변화에 대응한 사회정책 개혁과제의 주요골자를 모면 우선 한국사회보장제도의 발전과정을 1997년 동아시아 경제위기 이후 확장기와 2008년 리만쇼크 이후 능동적 복지인 이명박 정부의 제도조정기로 구분하였다.

한국 사회보장재정은 지출구조가 취약계층보다 중산층을 중심으로 이루어져 있고, 사회보장 지출이 고령자 중심 급여로 편향적이며 생산연령인구를 대상으로 하는 가족관계 급여, 적극적 노동시장 정책 등은 과소편성되어 있다고 지적하였다.

그 결과 현제제가 지속될 경우 우리나라 사회보장 재정

은 중복지 · 저부담 형태로 나아갈 가능성이 높다고 진단하였다. 이러한 중복지 · 저부담 체제 구축을 정식으로 채택한 대표적인 나라는 일본인데 일본은 2008년 '중복지'라는 표현을 사용하면서 제도의 지속가능성과 함께 사회보장 기능 강화를 위한 개혁의 필요성을 제시하고 있다.

당시 나는 미래 한국사회보장제도 재구축시 우선순위 설정을 위한 기본방향으로, 사회보장 재정 확충을 통해 국민들의 삶의 질을 높이고 사회 안정을 추구해 나가되, 증가하는 사회보장재정을 효율적으로 관리하면서 효과성을 높이는 방향으로 전개되어야 한다고 주장했다.

이를 위해 1단계로 일반회계의 특 내에서 사회서비스 포괄보조제도의 도입을 제안하였다. 전 부처의 사회서비스 사업을 생애발달단계에 따라 ①아동발달 ②근로빈곤층 자활지원 ③고령자 돌봄 등 3대 분야 포괄보조금 제도로 개편하자는 것이 그것이다.

1단계 사회서비스 포괄보조사업이 정착되는 지점에서 각종 특별회계 사업, 노인장기요양보험 내 돌봄서비스 등의 통합적 운영방안도 추진하자는 제안도 병행하여 내놓았다.

노인 돌봄분야, 취학전 아동양육가구에 대한 지원방식도 소비자 직접지불방식으로 전환할 필요가 있다고 지적하였다. 노인돌봄서비스, 독거노인지원서비스, 가사간병서비스 등을 통합하여 '노인종합돌봄바우처'로 확대 개편하거나,

노인 돌봄가족에 대한 개인 예산제 도입방안을 단계적으로 추진해 나가는 것이 바람직하다고 보았다. 또한 취학전 아동양육분야에서도 아동양육수당, 보육시설 지원 등을 통합하여 아동발달바우처 또는 현금지급 방식으로 전환해 가능 방안이 필요하다고 제안하였다.

2020년 21대 총선 활동

민생당 정책위 의장으로 총선 공약 「민생보감」을 주도해 성과를 냈지만, 당의 몰락 흐름 속에서 선거 패배를 막지는 못했다. 제3당 실험의 한계를 체감하며, 현실 정치에서 다시 민주당으로 돌아가기로 결단했다.

국민의 당은 대선 패배 이후 호남 출신 의원들이 대거 빠져 나가고 유승민 계열과 합당하여 바른미래당이 되었고, 이후 다시 민생당이 되었다.

민생당 손학규 의원이 당대표를 맡아서 21대 총선을 치뤘는데, 나에게 민생당 정책위 의장을 맡아달라는 요청이 들어왔다.

얼마나 사람이 없었으면 다 죽어가는 당에서 요청을 했겠냐 싶었고 할 이유도 없었다. 그러나 우리가 하고 싶었던 일이 우리 사회에 필요한 정책을 부르짖는 일이었기에 꾹 참고 그 요청을 받아 들였다.

민생당 정책위는 과거 국민의 힘 때 정책위에 계시던 분들이어서 친근했지만 꺼져가는 당인지라 분위기가 침울했다.

그래도 정책위 위원들을 다독여가면서 총선 공약을 만들어 발표했다.

노골적으로 일을 하지 않는 위원들도 있었고, 그래도 임정웅 선배나 이재인 실장님 같은 분들은 찬밥 더운밥 가리지 않고 끝까지 함께 해주어 고맙기 그지없었다. 지금도 두 분은 동지적 관계로 연락을 이어오고 있다. 생각하면 어려운 시기를 함께 헤쳐 온 분들과는 신뢰관계가 형성되어 웬만하면 관계가 유지된다는 것을 알 수 있었다.

민생당 정책위 의장으로 총선공약 「민생보감」을 발간하였다. 재난극복수당으로 전 국민 1인당 50만원 지급, 중소상공인 · 자영업자 300~600만 원 규모의 '매출손실보전지원금' 지급, 국공립대학 등록 및 폐지 등의 공약을 담아 발표하였고, 문화일보가 조사한 각 당의 정책에 대한 유권자 입장에서 민생당이 45.8%로 1위를 차지하였다.

그러나 공약으로 기울어진 선거를 뒤집기는 어려웠다. 이미 민심은 민생당을 떠났고, 모든 후보가 낙선하여 원외정당 신세를 면치 못하게 되었다.

나는 국민의 심판을 받지 못한 정당은 과감히 국고보조금을 반납하고 해산해야 한다고 주장하였다. 그러나 민생당은 국고보조금을 둘러싸고 볼썽사나운 당권다툼을 벌이면서 끈질기게 생명력을 유지하였다.

이것으로 나의 제3당 실험은 마쳐야했다. 한국에서 다

양한 국민들의 이해를 반영하기 위하여 다당제가 필요하다는 주장은 교과서에 나오는 이야기에 불과했다.

실제로 3당은 3류에 가까운 실정이었고, 실력이나 조직력이 양당에 견줄 수조차 없었다. 나는 집안이나 조직이나 근본과 뿌리가 중요하다는 것을 깨달을 수 있었다.

아쉽지만 이상은 접어두고 현실을 찾아가야 했다. 철전지 원수 같은 국민의힘 당에는 들어갈 수 없고 김대중 대통령님과 노무현 대통령님이 계셨던 서민과 중산층의 당 민주당이 내가 돌아갈 곳이다.

[민생당 총선공약집 발간사]

안녕하십니까. 정책위의장 김원종입니다.

우리 민생당이 21대 총선을 맞아 정책공약집 「민생보감」을 발간했습니다. 문재인 정부 들어서서 무너지고 있는 민생, 병들어 가는 민생에 「동의보감」 같은 처방이라는 의미로 「민생보감」이라고 이름 붙였습니다. 오로지 민생에 집중하겠다는 뜻으로 '오로지 민생', '민생이 먼저다'를 부제로 달았습니다. 경제, 부동산, 청년 등 12개 분야에 총 114개 공약과 17개 시·도별 공약을 담았습니다.

오늘은 5大 대표 공약 중 2개 공약에 대해서 말씀드리겠습니다.

첫 번째는 재난극복수당입니다. 코로나19 사태로 기진맥진한 민생에 활력을 불어넣기 위해 4인 가구 기준 200만 원, 1인당 50만 원씩을 지급하겠습니다. 현 정부가 소득하위 70% 가구에 대해 지급하겠다는 것은 현실성이 떨어집니다. 귀속소득이 재작년도 분이어서 코로나19로 인한 피해계층을 포괄하기 쉽지 않기 때문입니다. 우리 당은 전 가구에 대해서 재난극복수당을 지급하되, 부유한 계층에 대해서는 추후에 세금으로 환수토록 하겠습니다. 지역상품권이나 전자화폐로 지불하겠다는 정부의 대책에 대해서도 반대합니다. 사회적 거리두기 운동을 펼치면서 소비 진작을 유도하는 것은 논리적으로 맞지 않습니다. 코로나19의 피해가 장기화함에 따라 현금지급을 통해 밀린 임대료, 체납 전월세부터 내시도록 하는 것이 맞다고 생각합니다. 두 번째는 「코로나19 3大 피해계층 - ① 중소상공인·자영업자, ② 취약근로자, ③ 서민·청년세입자」에 대한 긴급지원 공약입니다.

① 코로나19가 장기화되면서 중소상공인·자영업자의 고통이

참고자료

누적되고 있습니다. 이에 반해 정부의 대책은 융자지원, 긴급보증에 치우쳐져 있어 실제 필요한 지원은 턱없이 부족한 실정입니다. 우리당은 중소상공인 · 자영업자의 고통경감 차원에서 공세적이고 대담한 지원책을 마련하였습니다. 중소상공인 · 자영업자의 매출손실 발생시 300~600만 원 규모의 '매출손실보전지원금'을 지급하겠습니다. 코로나19 사태 속에서 매출하락으로 손해를 입은 소상공인 등에게 법인세와 소득세를 일정기간예시: 3개월 유예하거나 감면해드리겠습니다. 중소상공인 · 자영업자가 손해가 났을 경우 '중소기업결손금 소급공제제도'를 활용하여 작년분 법인세와 소득세를 즉시 환급해 드리겠습니다. 코로나19로 피해가 가장 심각한 10인 이하 소상공인 370만 명에 대해서 10만 원씩 임대료를 보조해 드리겠습니다.

② 코로나19로 고통 받는 취약근로자에 대한 특별보호조치도 강구하겠습니다. 코로나19로 국민연금보험료를 내지 못하게 된 근로자가 추후 이를 납부할 경우 현재 전액 본인이 내던 것을 절반만 내게 하고 국가가 나머지를 내주도록 하겠습니다. 또한 코로나19로 실업자가 된 분들에 대해서는 구직기간 동안 국가지원 보험료를 현행 75%에서 90%까지 한시적으로 확대하겠습니다.

③ 포스트 코로나 부동산 민생대책 공약입니다. IMF, 2008년 금융위기는 부동산시장의 위기로 이어져 '깡통전세난' 발생으로 이어진 전례가 있습니다. 특히 문재인 정부는 민간 임대사업자에 대한 각종 특혜로 주택임대사업자 47만 명이 150만 채를 보유하고 있습니다. 민생당은 전세금·임대보증금 국가보증제를 실시하겠습니다. 무주택 서민과 청년들이 임대보증금을 제때 반환받지 못할 경우 HUG가 임대보증금을 즉시 반환해주고 임대인에게 구상권을 청구하도록 하겠습니다. 민생당은 대표공약으로 이밖에도

△ 코로나19 조기 종식을 위한 끝장공약, △ n번방 재발방지 공약, △ 국공립대학 등록금 폐지 등 무상교육 실시 공약을 5大 공약으로 준비하였습니다. 앞으로 오로지 민생을 지향하며 민생당이 준비한 대표공약을 릴레이로 발표하도록 하겠습니다.

민생보감에는 거대 양당을 능가하는 좋은 공약이 많이 담겨 있습니다. 언론은 이미 민생당의 공약이 국민의 사랑을 받고 있음을 보도하고 있습니다.지난 3월 24일 문화일보가 각 당의 정책에 대한 유권자의 입장을 조사하여 보도했습니다. 민생당이 45.8%로 1위를 차지했습니다. 민주당이 24.9%로 두 번째, 국민의당이 18.9%로 세 번째였습니다. 저희 민생당이 정책 면에서는 가장 많은 유권자를 확보하고 있는 셈입니다.또 지난 3월 29일 경향신문이 조사한 각 정당의 공약에 대한 선호도 조사에서 저희 민생당의 '전 국민에게 코로나 극복수당 50만원 지급' 공약이 15.0%로 2위에 올랐습니다.이처럼 저희 당이 내놓은 공약이 국민의 높은 호응을 얻고 있습니다. 참으로 반가운 일입니다. 앞으로도 계속 좋은 정책과 공약을 생산하여 지역에서 뛰고 있는 후보자들을 돕고, 당의 지지율을 높이도록 노력하겠습니다.

감사합니다.

2024년 제21대 국회의원 선거

제3당 실험을 마치고 고향 남원으로 돌아와 민주당 사회복지특위 부위원장으로 활동했지만, 총선 공천 과정에서 부당하다고 느끼는 컷오프를 겪었다. 이를 통해 한국 정치의 구조적 문제와 현실의 벽을 다시 한 번 절감하게 되었다.

제3당 정치실험을 마치고 나는 고향 남원으로 내려왔다. 나를 낳아주고 길러주신 내 고향이 내가 있어야 할 곳이다. '고향에서 뼈를 묻자'라는 심정이었다.

2023년 4월 6일, 더불어민주당 사회복지특별위원회 부위원장으로 위촉되었다.

남원임실순창 지역구에는 박희승 후보, 이환주 후보, 그리고 성준후 후보 4명이 각축을 벌였다.

공관위 심사 결과 내가 컷오프를 당했다. 당 심사기준에 걸릴 것이 하나도 없었고 어처구니가 없는 일이었지만 그래도 순순히 수용했다. 최근 당시 공관위 간사로 있었던 김병기 의원이 여러 뇌물 사건에 연루되고 지방선거에서 돈 공천이 있었다는 보도를 보니, 마음이 편치 않았다. 우리나라에서 깨끗이 정치하는 것은 불가능한 것인가?

더불어민주당 사회복지특별위원회 출범식

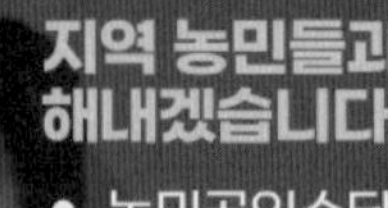

참고자료 : 총선 공약 홍보자료

〈참고자료: 총선 캠페인 활동사진〉

남원 공공의대 유치 촉구 상경집회

[총선 출마선언 보도자료]

보 도 자 료		더불어민주당 사회복지특별위원회 부위원장 김원종 010-5000-6431	
보도 일시	2023. 12. 7(목)	배포 일시	2023. 12. 7(목) 오전

"보건·복지 전문가, 김원종 민주당 사회복지특위 부위원장"

22대 총선 남원·임실·순창 출마 공식화

- 꽉 막힌 국립의전원 문제해결과 함께 의료복합타운 조성으로 지역 성장의 발판 삼아야-

보건복지분야 전문가로 정평이 자자한 김원종(59) 민주당 사회복지특위 부위원장이 내년 4월 10일 치러지는 22대 총선에서 자신의 고향인 남원·임실·순창 지역구에 도전 의사를 공식화했다.

김원종 부위원장은 지역구 현역 국민의힘 이용호 의원이 서울 출마를 내비치면서 "무주공산"이 된 지역에 필요 인재로 요구시되고 있다.

실제 김 사회복지부위원장은 보건복지부에서 정책국장과 청와대 고용복지수석실에서 선임행정관을 지낸 지역에서 몇 안 되는 보건복지분야 베테랑이다.

김 부위원장은 특히 중앙정부에서 복지분야 정책전문가로 활동하며, 지리산권의 초고령화 시대에 맞는 의료와 복지를 통해 모범적 경제성장의 모델을 만들기 위한 준비와 노력을 꾸준히 해왔다.

김 위원장은 출마 배경에 "정치가 지역의 성장을 주도하기는 커녕 반목과 갈등을 조장하며 오히려 발목을 잡고 있다"며 "현재 우리 지역은 분열을 극복하고 발전과 변화를 선도할 역량 있는 새로운 인물이 필요한 때"라는 이유를 밝혔다.

그는 특히 "남원, 임실, 순창 지역에 아기울음소리가 들리지 않고 어르신들만 계시는 마을, 장날조차 한산한 시내·읍내 시장을 보면 가슴이 아프다"면서 "이대로 가면 지역이 소멸할 것이라는 경고가 과장이 아님을 실감한다. 지역소멸을 막기 위해 이제는 고향으로 돌아와 헌신하려 한다"고 강조했다.

그러면서 "지역 발전을 위한 일이면 무슨 일이든 발 벗고 나섰고 앞으로 나설 것"이라며 "남원·고창 도립요양병원, 진안의료원, 남원 승화원이 바로 제 손으로 이루어낸 것이다. 저는 어떠한 경우라도 제 자신보다 국가와 국민의 이익을 우선해왔고, 항상 원칙을 지키고 정도를 걸었습니다. 앞으로도 그렇게 할 것"이라고 강조했다.

한편, 김원종 부위원장은 서울대 졸업 직후 23세의 나이에 행정고시를 통과하고 공직에서 보건복지부에 근무하며, 2000년 국민의 정부 청와대에서 생산적 복지의 국정이념을 구체화하고 국민기초생활보장법을 총괄 기획했다.

또한 참여정부에서 '사회투자국가'를 지향하며 탄생한 아동발달계좌, 생애전환기 건강검진, 사회서비스, 노인장기요양보험 등 우리나라 보건복지 정책으로 주도해온 보건복지분야 전문가로 정평이 나있다.

오늘 출마선언에서 그는 '엄마예산제도' 도입을 통한 저출산

극복, 귀농귀촌 청년으로 구성된 '청년신재생에너지협동조합'에 신재생발전시설 운영 우선권 제공으로 매달 100만원 청년소득 보장, '청년농업인 학습년제' 도입, '마을형 공동생활가정 제도' 도입으로 지역 어르신들의 안락한 노후생활 보장 등을 주요 공약으로 제시하였다. 끝.

[출마 기자회견 및 공약발표 보도자료]

참고자료

[남원 임실 순창] 바꿔야 산다!			
보도자료 2023.12.20.[수]	국회의원예비후보 신상/진품/일꾼	김원종	
담당 : 우택엽 (010-3680-5659) woo3986@naver.com / 남원시 시청로65,3층			

김원종은 남원의 르네상스를 꿈꾼다

김원종 예비후보 남원 기자회견 / 지역공약 발표

□ 지난 7일 출마를 선언한 김원종 예비후보는 20일 선거사무소에서 기자회견을 갖고 출마선언 보고와 함께 지역공약을 발표했다.

□ 김 예비후보는 "선거가 불과 4개월도 남지 않은 지금까지 선거구가 확정되지 않은 것은 국회의 직무유기"라면서 "22대 국회의원 선거는 기존 선거구를 최대한 유지하는 선에서 치루어져야 한다"고 주장했다. 김 예비후보는 또 "국회가 선거일 전 1년까지 선거구 획정을 못할 경우 직전선거의 획정 기준을 자동적용토록 공직선거법 개정을 추진하겠다"고 밝혔다.

□ 김 예비후보는 "남원은 저를 낳아주고 길러주신 어머니와 같다. 객지생활 중에도 한 순간도 잊은 적이 없다"면서 고향 남원에 대한 애틋한 사랑을 드러냈다.

□ 김 예비후보는 또 "정치의 힘이 허허벌판을 세종이라는 거대한 도시로 탈바꿈시킨 것처럼 정치의 힘으로 남원을 부흥시키겠다"면서, 지역 공약을 발표했다.

□ 김 예비후보의 지역공약은 다음과 같다.

참고자료

- 첫 번째 공약은 남원을 상징하는 '랜드마크 조형물' 건립이다. 포항 호미곶 해맞이 광장의 '상생의 손'처럼, 남원 전망대에 사랑의 도시 남원을 잘 나타낼 수 있는 랜드마크 조형물을 건립하여 전국 최고의 명소로 만들겠다는 것이다.
- 두 번째 공약은 지지부진한 남원사매일반산업단지 기업입주 문제 해결이다. 그는 "지역에 노동력이 부족하고 교통 및 물류환경이 취약하여 기업유치가 어려운 점을 극복하려면 파격적인 행·재정적 인센티브가 불가피하다"고 하면서 "신규 입주하는 기업에게 최초 일정기간 해당 지역 기여액의 일정 비율을 보조하는 가칭, 소멸지역 신규기업 지역기여매칭제도와 같은 파격적 인센티브를 제공하고 이를 위해 인구감소지역지원특별법을 개정하겠다"라고 밝혔다.
- 세 번째 공약은 남원 공설시장과 용남시장을 남원 르네상스를 견인할 지역코어상권으로 재건하는 것이다. 김 예비후보는 단일시장이나 상점가 개별지원에서 벗어나 시장과 인근 상점가 전체를 대상으로 한 종합개발의 필요성을 주장하면서 청년예술가들이 일시적으로 정주하는 예술거리 조성사업, 폐업공간 등을 청년예술가들의 작업실로 제공하는 청년예술창작소 프로젝트, 해외청년예술가들에 대한 레지던시 프로그램 등을 통해 구도심을 국제적인 예술거리로 탈바꿈시키겠다는 비전을 제시하였다.
- 넷째, 김 예비후보는 정부가 남원국립의전원 설치 약속을 이행하고 있지 않는 것에 대한 문제점을 지적하면서 국회에 입성하면 남원국립의전원의 최우선 설립과 함께 대안으로 구 서남 의대 정원 49명을 활용한 의과대 분교 설립방안을 제시하였다.
- 마지막으로 그는 남원 르네상스를 위하여 남원은 물론 전

참고자료

북 · 전남 · 경남 등 3개시도, 남원 · 임실 · 순창 · 무주 · 진안 · 장수 · 곡성 · 구례 · 하동 · 산청 · 함양 · 거창 등 12개 시군을 포괄하는 「범지리산 내륙권 발전 종합대책」을 제시하였다. 영호남 지역에서도 대표적인 소멸지역이자 중앙정부 지원의 사각지대인 범지리산 내륙권이 힘을 합쳐 고령화 대한민국을 선도한 새로운 성장동력을 선도할 수 있도록 '영호남 화합형 양육·교육·산업·의료·주거·문화예술특화단지'를 조성하겠다는 것이다. 김 예비후보는 남원에는 '고령친화의료특화단지'를, 경남 함양에는 '실버주거특화단지'를, 순창과 임실에는 '고령친화 발효산업특구단지'를 설치하는 방안을 역점적으로 추진하겠다고 하면서, 충청북도가 「중부내륙지원특별법」을 제정한 것처럼 영호남이 힘을 합쳐 「영호남 화합형 범지리산 내륙권발전특별법」을 추진해 나가자고 제안하였다. 끝.

참고자료

[기자회견문]

김원종은 남원의 르네상스를 꿈꾼다

존경하는 남원시민 여러분!

저는 지난 12월 7일 전라북도의회 기자실에서 기자회견을 갖고 22대 국회의원 선거 출마를 선언했습니다. 아울러 제가 국회의원이 되면 어떤 정치를 할 것인지, 어떤 세상을 만들 것인지 소상히 밝혔습니다.

그 핵심은 국민 모두가 평등하게 존중 받는 나라, 공정한 경제, 세계 최고의 복지국가, 수도권과 비수도권의 균형발전 등 4가지입니다.

그런데 선거가 불과 4개월도 남지 않은 지금까지 선거구가 확정되지 않았습니다. 국회의 직무유기를 지적하지 않을 수 없습니다. 선거구 획정 지연은 헌법에 보장된 국민의 선거권을 심각하게 침해함은 물론, 출마자들의 선거 운동을 어렵게 합니다.

현행 공직선거법 제24조의2는 "국회의원 지역구를 선거일 전 1년까지 확정하여야 한다"라고 강행규정으로 정하고 있습니다.

저는 국민의 기본권 보장 차원에서 22대 국회의원 선거는 기존 선거구를 최대한 유지하는 선에서 치루어져야 한다고 강력히 주장합니다.

제가 국회에 간다면 국회의 고질적인 선거구 획정 지연 문제를 해결하겠습니다. 국회가 선거일 전 1년까지 선거구 획정을 못할 경우 직전 선거의 획정기준을 자동 적용토록 공직선거법 개정을 추진하겠습니다.

존경하는 남원 시민 여러분!

남원은 저를 낳아주시고 길러주신 어머니와 같습니다.

지금 이 순간 과거부터 현재까지 남원의 모습이 주마등처럼 스칩니다. 개구쟁이 시절부터 학창시절, 그리고 객지생활을 하며 고향을 찾던 시절, 세월이 갈수록 남원은 활기를 잃고 쇠락을 거듭해 오늘에 이르렀습니다.

남원의 쇠락은 수치로 드러납니다. 2015년 고정가격으로 남원의 지역내총생산액$_{GRDP}$이 2010년 1조 6천 472억 원에서 2020년 1조 5천983억 원으로 10년간 489억이 감소했습니다. 1인당 소득은 전라북도 평균이 2천930만 원인데, 남원은 2천200만 원으로 도내에서도 최하위 수준입니다. 인구는 매년 약 천 명씩 줄어들어 2021년에는 7만 명대로 떨어졌습니다.

2018년 서남대학교 폐교는 지역소멸을 가속화했습니다. 서남대학교 폐교를 막지 못한 정치력의 부재를 지적하지 않을 수 없습니다. 있는 것도 지키지 못하면서 새로운 것을 하겠다는 말은 믿을 수 없는 말입니다.

사랑하고 존경하는 남원 시민 여러분!

저는 객지생활 중에도 단 한 순간도 남원을 잊은 적이 없습니다. 중앙 정부에서 일할 때도 남원을 챙기는 데 주저하지 않았습니다. 크건 작건 할 수 있는 것은 다 했습니다.

남원중앙초등학교 오케스트라단, 원불교 남원교당 '다문화 아이 국악오케스트라단'을 만들어 주었고, 산동지역아동센터 전면 리모델링을 연계했습니다. 남원여고 기숙사, 남원요양병원 건립을

참고자료

지원했고 남원 승화원을 현대화시켜 당시만 해도 만연했던 4일장 문제를 깨끗하게 해결했습니다. 13개면 보건진료소 현대화 사업, 남원시 화장품단지 조성도 제가 물꼬를 텄습니다.

남원시민이 편찮다는 말씀을 들으면 다른 환자에게 피해를 주지 않는 범위에서 세심하게 진료해 주도록 의료진에 부탁하는 일도 마다하지 않았습니다. 그 때 인연을 맺은 분이 건강한 모습으로 거리에서 저를 알아보고 인사를 건네 오면 반갑고 흐뭇하기 그지없습니다.

사랑하는 남원시민 여러분!

저는 정치의 힘이 허허벌판을 세종이라는 거대한 도시로 탈바꿈시킨 것처럼, 정치의 힘으로 남원을 부흥시키겠습니다.

제가 국회에 가면 제가 가진 모든 역량을 총동원하여 남원 르네상스에 앞장서겠습니다. 저를 낳아주고 키워주신 제 고향 남원에 보답하겠습니다.

첫째, 남원을 상징하는 랜드마크 조형물을 건립하겠습니다.

포항 호미곶 해맞이 광장의 '상생의 손'처럼, 관광객들이 인증샷을 찍기 위해 일부러 찾아올 랜드마크가 필요합니다. 장소는 남원 전체를 조망할 수 있고 남원 어디서나 잘 보이는 전망대가 최적입니다.

전망대에 사랑의 도시 남원을 잘 나타낼 수 있는 랜드마크 조형물을 건립하겠습니다. 젊은 커플들이 언약하기 위해서 찾고, 결혼한 부부가 결혼기념일에 손잡고 찾아오는 전국 최고의 명소로 만들겠습니다.

둘째, '남원사매일반산업단지' 공동화 문제를 깨끗하게 해결하겠습니다.

현재 사매일반산업단지 분양률은 13% 내외에 불과합니다. 지역에 노동력이 부족하고 교통 및 물류환경이 취약하여 기업유치에 애로가 많습니다. 이러한 장애요인을 극복하려면 파격적인 행·재정적 인센티브가 필요합니다.

신규 입주하는 기업에게 최초 일정기간 해당 지역 기여액의 일정 비율을 보조하는 제도가칭, 소멸지역 신규기업 지역기여 매칭제도를 도입하겠습니다. 이를 통해 사매일반산업단지에 입주하는 기업의 초기투자 비용이 사실상 제로가 되도록 하겠습니다.

「인구감소지역 지원특별법」 제28조를 개정하여 남원산업단지에 특화된 지원이 가능하도록 하겠습니다.

셋째, 남원의 양대 전통시장인 공설시장과 용남시장을 남원 르네상스를 견인할 지역코어상권으로 재건하겠습니다.

도통동 신도심 개발로 원도심이 시 중심지로서의 기능을 상실해감에 따라 원도심의 2개 시장도 쇠퇴를 면치 못했습니다. 용남시장은 장날에도 사람이 많지 않아 을씨년스럽기까지 합니다. 공설시장도 별반 다르지 않습니다.

단일 전통시장이나 상점가 개별지원은 시장을 되살리는 데 한계가 있습니다. 시장을 포함하여 인근 상점가 전체를 대상으로 한 종합개발이 필요합니다.

쇠락한 구도심과 전통시장에 예술의 힘으로 생기를 불어넣겠습니다. 전통시장의 유목적 특성을 활용하여 청년예술가들이 일시적으로 정주하는 예술거리 조성사업, 폐업공간이나 유휴건물을 공공이 임차하여 청년예술가들의 작업실로 제공하는 청년예술창작소 프로젝트, 예술가와 가게들이 협업하여 가게 외관을 예술적으로 꾸미는 것 등 무궁무진한 아이디어 창출이 가능합니다.

해외 청년예술가들에게 정주공간을 제공하면 국내외 청년예

참고자료

술가들의 국제적 교류가 가능해지고, 구도심이 국제적인 예술거리로 탈바꿈할 수 있을 것입니다.

구도심과 전통시장에 국내외 청년예술가들이 북적거리는 남원!
관광객과 시민이 함께 어우러지는 남원!
바로 제가 꿈꾸는 남원 르네상스의 모습입니다.

존경하는 남원시민 여러분!

남원국립의전원은 지난 몇 년간 남원시민들에게 허탈감을 안겨주곤 했습니다. 정부가 2018년에 대국민 약속을 하고도 이행하지 않는 것은 대국민 사기극에 다름 아닙니다. 12월 18일 국회 보건복지위원회 법안소위에서 지역의사법이 의결된 반면, 국립의전원법은 심의대상에서 보류되었습니다. 우리의 권리가 무참히 짓밟히고 있는 데 대해 분노를 금할 수 없습니다. 지금이라도 「남원 국립의전원법」을 통과시킬 것을 국회에 강력히 촉구합니다.

국립의전원을 설립하는 것이 국민의 건강이나 국가 전체에 이익입니다. 그러나 윤석열 정부가 끝내 반대한다면, 언제까지 붙잡고 있을 수는 없습니다. 지금까지처럼 남원 시민에 대한 희망고문이 되기 때문입니다.

이 경우 대안이 있습니다. 구 서남대 의대정원 49명을 활용하여 남원에 기존 대학의 의과대학 분교를 설립하는 것입니다.

제가 국회에 가면 국립의전원법 제정, 또는 의대분교 설립 대안을 적극적으로 추진하겠습니다.

존경하는 남원시민 여러분!

남원의 르네상스를 위해서는 보다 거시적이고 대담한 청사진이 필요합니다. 저는 남원을 포함한 범지리산 내륙권을 포괄하는 개발을 제안합니다.

범지리산 내륙권은 3개 시도전북 · 전남 · 경남, 12개 시군남원 · 임실 · 순창 · 무주 · 진안 · 장수 · 곡성 · 구례 · 하동 · 산청 · 함양 · 거창으로, 대표적인 소멸지역인 동시에 중앙정부 지원의 사각지대입니다.

영호남 지역에서도 가장 낙후된 범지리산 내륙권을 새로운 성장동력의 거점으로 육성하기 위한 종합적인 대책을 마련하겠습니다. 범지리산 내륙권 영호남이 힘을 합쳐 고령화 대한민국을 선도할 수 있도록 지역별 특성에 맞추어 '영호남 화합형 양육·교육·산업·의료·주거·문화예술특화단지'를 조성하겠습니다.

예를 들어 남원에는 '고령친화의료특화단지'를, 경남 함양에는 '실버주거특화단지'를, 순창과 임실에는 '고령친화 발효산업특구단지'를 설치하는 방안을 역점적으로 추진하겠습니다.

이를 위해 '영호남 화합형 범지리산내륙권 발전지원특별법'을 제정하겠습니다.

충청북도는 이번 국회에서 힘을 합쳐 「중부내륙지원특별법」을 제정했습니다. 우리도 할 수 있습니다. 소외된 이 지역의 발전을 위해 우리 모두 힘을 모아 나갑시다. 그 선두에 제가 서겠습니다.

존경하는 남원시민 여러분!
미래는 꿈꾸는 자의 것이라고 했습니다.
평생 남원을 위해 헌신할 김원종!
오늘도 남원 르네상스의 꿈을 꾸고 있는 김원종!
남원시민과 함께 남원 르네상스의 꿈을 반드시 실현하겠습니다.

감사합니다.

[LG헬로비전 인터뷰(2024.01.17)]

1. 이번 22대 국회의원 선거에 출마하게 된 계기는?

저는 23살에 행정고시를 패스해서 정통엘리트 관료로 일해왔습니다. 국민들을 위해 부단히 노력했고 성과도 많았습니다. 그러나 행정가는 한계가 있었습니다. 보다 근본적으로 세상을 바꾸려면 정치의 힘이 필요합니다. 제가 정치를 하려는 이유는 정치의 힘으로 세상을 바꾸기 위해서입니다.

첫 번째로 지역을 바꾸겠습니다. 남원·임실·순창이나 전북이나 너무 어렵습니다. 정치를 출세와 영달의 수단으로 삼아온 정치인들 때문입니다. 전문성이 없으면 당선 되어봐야 헤매기 쉽습니다. 정통엘리트로서의 전문성을 가지고 오로지 일에만 매달려 지역 발전, 20년 이상 앞당기겠습니다.

두 번째는 우리나라 복지시스템 바꾸겠습니다. 저는 복지전문가로서 김대중·노무현 정부의 복지정책을 설계하고 주도했습니다. 그러나 국민들의 어려움은 커져만 가고 있습니다. 우리나라 복지 시스템을 세계최고 수준으로 올려놓겠습니다.

세 번째는 민주당을 바꾸겠습니다. 윤석열 정부는 실정을 거듭하고 있고, 서민들은 못살겠다고 아우성입니다. 국회의원이 되면 바로 최고위원에 도전하고 보건복지위원회 야당 간사를 맡아 현 정부의 잘못을 당당히 꾸짖고 다음번 대선에서 반드시 정권을 되찾아 오겠습니다.

2. 시급한 지역현안 2가지와 대안은?

남원임실순창은 대표적인 소멸위험지역인 동시에 경제침체지역입니다.

지역소멸을 막기 위해서는 청년들이 들어와야 합니다. 저는 소멸지역에 들어오는 모든 청년들에게 월 100만 원씩 기본소득을 드리겠습니다. 이를 위해 '청년신재생에너지협동조합'을 구성하고 신재생발전사업의 우선권을 부여하겠습니다. 월 100만 원 기본소득에 일자리+주거+대학까지의 학자금 지원 등 3종 패키지 지원을 실시하면 청년들이 유입되는 강력한 인센티브가 될 것입니다.

저는 남원을 포함한 범지리산 내륙권을 대한민국 고령화시대를 선도하는 새로운 성장동력의 거점으로 재탄생시키겠습니다. 범지리산 내륙권 12개 시군별로 '영호남 화합형 양육, 교육, 산업, 의료, 주거, 문화예술특화단지'를 조성해 나갈 계획입니다. 남원에는 '고령친화의료특화단지'를, 경남 함양에는 '실버주거특화단지'를, 순창과 임실에는 '고령친화 발효산업특구단지'를 설치하는 방안이 그것입니다. 이를 위해 '영호남화합형 범지리산내륙권 발전지원특별법'을 제정하도록 하겠습니다.

지역이 의료사각지대화하여 응급환자들이 제때 치료를 못 받고 죽어나가는 문제를 해결해야겠습니다. 국립의전원 반드시 설립하겠습니다.

3. 타 후보와 비교해 자신만의 강점은?

그동안 전라북도에 많은 정치인이 있었지만 정책을 직접 만들어내고 추진할 수 있는 정책전문가는 없었습니다. 저는 20대 초반부터 보건복지부와 청와대에 근무했고, 미국과 프랑스에서 공부하거나 근무하면서 세계 최고수준의 전문가들과 교류해온 그야말로 전문가입니다. 주민여러분은 불편한 점을 말씀만 하십시오. 제가 정책으로 만들어 해결해 드리겠습니다.

4. 유권자 여러분에게 당부하고 싶은 말은?

지난 수십 년간 우리 지역은 쇠퇴를 거듭해 왔습니다. 그 이유는 지역정치권이 분열되어 있기 때문입니다. 서로 싸우다 보니 정작 해야 할 일을 못하고 있는 것입니다. 새만금도 마찬가지입니다. 우리가 단결하면 왜 이 지경까지 왔겠습니까? 기존 지역정치권과 얽혀 있지 않은 깨끗한 신상을 뽑아야 합니다. 그래야 우리 지역이 앞으로 나아갈 수 있습니다. 신상 김원종에게 표를 몰아주십시오. 지역을 단결시키고 지역 발전 이뤄내겠습니다. 민주당 정권 다시 되찾아 오겠습니다.

2025년 대통령 선거 활동

12·3 계엄 사태 이후 이재명 후보 캠프 보건복지혁신전략특보단장으로 참여해, 지리산권 주민과 복지 현장 전문가들의 대규모 지지선언을 이끌었다. 이를 통해 지역 균형발전과 복지국가 개혁을 위한 정치적 연대를 현장에서 조직했다.

윤석열이 12.3일 계엄을 선포하던 날 저녁식사를 마치고 집에 가면서 뉴스를 들었다. 다른 사람과 마찬가지로 어리둥절한 마음으로 '설마 잘못 들은 거겠지?' 하면서 귀가했다.

21세기 대명천지에, K-컬쳐로 전 세계를 감동시키는 대한민국에 계엄이라니? 광주의 기억이 아직도 사라지지 않고 있는데...

그런데 불행히도 계엄선포는 사실이었고 다행히 국회의 신속한 계엄해제 의결로 한밤의 해프닝으로 마칠 수 있었다.

윤석열의 탄핵으로 다시 대통령선거가 시작되었다. 나는 이재명 대통령 후보 총괄특보단 보건복지혁신전략특보단장의 자격으로 이재명 후보 선거활동에 참여하게 되었다.

고향 남원에서 더불어민주당 지역위원회와 함께 가두

홍보캠페인 등의 일상적인 행사를 진행하는 한편 보건복지혁신전략특보단장으로 기획한 행사는 2개였는데 하나는 지리산 권역 주민 300명의 이재명 후보 지지선언을 이끌어 낸 것이고 또 다른 하나는 사회복지현장 전문가들의 이재명 후보 지지선언이 그것이다.

지리산 권역 주민 300명의 지지선언은 지방소멸과 복지위기, 농산촌 소외, 지역 균형발전 등 지리산 권역이 직면한 문제 해결을 위해 이재명 후보의 지방 공약에 동의하며, 실질적인 지역발전을 이끌 수 있는 유일한 대안임을 선언하기 위한 것이었다.

전라북도 의회에서 열린 지지선언에는 전북(남원, 임실, 장수), 전남(곡성, 구례), 경남(함양, 산청, 거창) 등 지리산 권역의 시군에서 참석하여 이재명 후보에 대한 뜨거운 지지 열기를 보여주었다.

또한 2025. 5. 27일에는 국회의원 회관 제1간담회의실에서 대한민국 복지역군들이 모여 이재명 후보에 대한 지지선언을 하였다.

대한민국 복지역군들의 이재명 후보에 대한 지지선언은 건강보험 · 국민연금 등 5대 사회보험제도, 국민기초생활보장제도, 사회서비스 등 우리나라 복지제도를 직접 만들고 운영해 온 전문가로서 저출생, 청년실업, 노인 빈곤 등 사회문제가 날로 심각해지는 현실을 타개하기 위하여 이재명 후보의 기본사회 공약에 동의하며, 이재명 후보가 우리나라 복지국가를 한 단계 현대화할 수 있는 유일한 대안임을 선언하기 위한 것이었다.

이날 지지선언에는 한국청소년수련시설협회 권일남 회장, 서울의과학연구소 이경수 고문, 제중요양병원 이한기 전 원장, Reborn Healthcare 김진순 대표, 우리네협동조합 박은주 이사장, 폴리뉴스 이성진 국장, 한양사이버대학교 실버산업학과 김신영 교수, 중독회복연대 윤현준 대표, 리듬오브호프 이진혁 대표, 보건복지혁신전략 특보단장 김원종 등이 함께 참석하였다.

참고자료

[지리산 권역 주민 300명 이재명후보 지지선언 계획(안)]

총괄특보단 보건복지혁신전략특보단 300명 이재명 후보 지지선언 계획(안)

□ 목 적

금번 지지선언은 지리산 권역(경남·전남·전북) 주민과 지역 인사 300인이 함께 모여 2025년 6월 3일 대선을 앞두고 이재명 후보에 대한 전폭적인 지지 의사를 밝히기 위함.지방소멸과 복지위기, 농산촌 소외, 지역 균형발전 등 지리산 권역이 직면한 문제 해결을 위해 이재명 후보의 지방공약에 동의하며, 실질적인 지역 발전을 이끌 수 있는 유일한 대안임을 선언하기 위함.

□ 개 요

- ○ 주최 : 이재명 후보 선대위 총괄특보단 보건복지혁신전략특보단 300명
- ○ 일시 : '25. 5. 23(금) 10:00
- ○ 장소 : 전라북도 의회 기자실

□ 발언자 및 주요일정

- ○ 사 회 : 김원종 단장
- ○ 지지선언문 낭독 : 경남 산청군 최호림 군의원
- ○ 질의응답 및 사진촬영

□ 참여단체 및 참여자

- ○ 전북

- 남원 : 남원복지경제연대 대표 김원종(총괄특보단 보건복지혁신전략 특보단장)
- 장수 : 전) 군수 장영수
- 임실 : 전북소설가협회장 김진명

○ 전남

- 구례 : 박정선 전남소상공인연합회장(더명전남대표, 전남도당총괄선대위원장)
- 곡성 : 윤영규 군의원

○ 경남

- 함양 : 서영재 군의원
- 산청 : 최호림 군의원
- 거창 : 김홍섭 군의원

청정 지리산 권역 경상-전라 300人 이재명 후보 지지선언문

지리산 권역 경상남도-전라남도-전라북도 8개 시 · 군의 주민 300人은 다음과 같은 이유로 더불어민주당 이재명 후보를 지지합니다.

첫째, 내란을 극복할 유일한 후보이기 때문입니다.

윤석열정부는 국민이 위임한 국가권력을 국가를 위해 사용하지 않고 위법한 비상계엄으로 내란을 일으켜 6.25 전란 이후 수십년 쌓아 올린 우리 대한민국의 민주화와 국가경제를 커다란 위기에 빠뜨렸습니다.

이제 내란을 극복하고 무너진 대한민국의 경제를 되살려 국민들의 삶을 바꾸고 분열된 대한민국의 통합을 이끌어낼 후보는 오직 이재명후보 뿐입니다.

둘째, 영호남 갈등을 종식시킬 유일한 후보이기 때문입니다.

우리 대한민국 망국병인 지역감정은 일부 정치인이 정치권력과 정권유지의 도구로 활용해온 결과입니다. 우리는 국민 편가르기를 일삼았던 박근혜정부, 윤석렬정부의 못된 모습을 똑똑히 기억하고 있습니다. 이런 편가르기는 우리나라가 진짜 대한민국으로 거듭나기 위해서는 반드시 해결해야할 과제입니다.

우리 지리산 권역의 지자체들은 지리산을 중심으로 지난 2008년 일곱 개의 시군이 모여 조합을 만들었습니다. 조합은 지리산관광의 공동연계사업을 해오며 영호남 지자체간 친목을 이어주는 역할을 해왔습니다.

우리 지리산 권역 경상-전라 주민들은 이재명후보가 산청-구례간 지리산 남부연결도로 건설 공약을 실천하여 망국적인 지역감

청정 지리산 권역
경상-전라 300인
이재명 후보 지지선언
후보총괄특보단 보건복지혁신전략 특보단

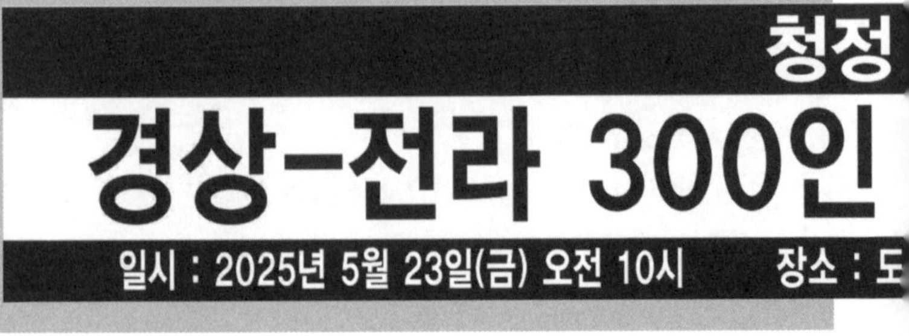

청정
경상-전라 300인
일시 : 2025년 5월 23일(금) 오전 10시 장소 : 도

정을 척결하고 경상민국도 아니고 전라민국도 아닌 대한민국을 위한 정치를 해줄 것으로 믿고 이재명후보를 지지합니다.

셋째, 이재명후보는 농산어촌의 불평등을 해소해줄 유일한 후보이기 때문입니다.

복지의 4대축은 교육, 의료, 주거 그리고 사회서비스입니다. 우리 지리산 권역을 비롯한 농산어촌은 국가복지의 현실적 지원이 크게 미흡한 상황입니다. 이재명후보는 먹사니즘의 공약을 통해 모든 국민이 인간다운 삶을 누릴 수 있는 기본사회 실천을 약속하였습니다. 여기에 더해 달빛내륙철도 조기착공, 지방의료원 지원 확대, 그리고 공공의대 설립 등 지리산 내륙권 발전을 위한 구체적인 공약을 발표하였습니다. 공공의대는 민주정부였던 문재인 정부의 약속을 이어받아 반드시 이곳 지리산 권역에 설립해줄 것이라 믿습니다.

ㅣ산 권역

재명 후보 지지선언

앞 주관 : 후보총괄특보단 보건복지혁신전략 특보단

존경하고 사랑하는 지리산권역의 경상-전라 주민여러분, 이번 대선은 내란종식과 함께 정치가 오로지 국민을 위해 일하게 만드는 진짜 대한민국이 꿈꾸던 나라로 가야하는 선거입니다. 국민의정부 김대중 대통령은 정보화사업으로 산골에서도 온라인을 통해 모든 정보를 공유하게 해주었습니다. 참여정부 노무현 대통령의 국가균형발전은 공공기관이전으로 우리 아이들의 취업과 지방성장에 큰 기여를 하였습니다. 무엇보다 시민의 정치참여 유도로 정치와 국민의 간극을 좁혀주었고, 이는 12.3내란을 시민의 힘으로 막아내는 원동력이 되기도 하였습니다. 문재인정부의 한반도 평화프로세스는 우리 대한민국이 세계의 중심이 되기 위해 꼭 이뤄내야 할 과제이기도 합니다.

사랑하는 지리산권역의 주민여러분 그리고 대한민국의 위대한 국민여러분!

2025년의 조기대선을 앞둔 지금은 진짜 대한민국을 위해 국민이 주인인 나라를 만들어야 할 때입니다. 국민 위에 군림하지 않고 국민을 주인으로 섬기고 일할 사람, 도시와 농촌, 강자와 약자, 영남과 호남 등 모든 이쪽과 저쪽을 아우르며 진짜 대한민국을 세계의 반석위에 올려놓을 대통령 후보, 우리가 만들어야 할 미래를 가장 앞에서 끌어가 줄 후보는 오직 이재명후보 뿐입니다.

이상의 이유로 여기 함께한 청정 지리산 권역 경상-전라 300人은 이번 대선에 이재명후보의 압도적 당선을 위해 혼신의 노력을 다할 것임을 말씀드립니다.

진짜-대한민국!!
지금은-이재명!!
감사합니다.

참고자료

2025. 5. 23(금)

청정 지리산권역 경상-전라 300인 대표
경상남도 산청군 최호림 군의원
경상남도 함양군 서영재 군의원
경상남도 거창군 김홍섭 군의원
전라남도 곡성군 윤영규 군의원
전라남도 구례군 박정선 전남소상공인연합회 회장
전라북도 임실군 전북소설가협회 김진명회장
전라북도 장수군 장영수 전)군수
전라북도 남원시 김원종 남원복지경제연대 대표

청정 지리산 권역
경상-전라 300人, 이재명 후보 지지선언

- 지리산 남부연결도로 건설 공약 등 실천으로 영호남 지역갈등 해소 기대
- 지리산 권역에 공공의대 설립 등 농산어촌 주민들의 삶의 질 개선

□ 청정 지리산 권역의 영호남 지역주민과 주요인사 300명이 뜻을 한데 모아 더불어민주당 이재명 대통령 후보 지지를 선언했다.

□ 청정 지리산 권역 300인(人)을 대표해 경상남도 산청군 최호림 군의원, 전라북도 임실군 김진명 전북소설가협회회장, 전라북도 장수군 권광열 전(前) 군의원, 전라북도 남원시 김원종 남

참고자료

원복지경제연대 대표 등 30여명은 5월 23일(금) 전북특별자치도 의회에서 기자회견을 열고, 이와 같은 뜻을 밝혔다.

□ 이번 지지선언에 참여한 주민은 전북특별자치도 남원시, 임실군, 장수군, 경상남도 거창군, 함양군, 산청군, 전라남도 곡성군, 구례군 등 경상-전라지역 8개 시군에 거주하는 300명이다.

□ 경상남도 최호림 군의원은 지지 선언문에서 "이재명 더불어민주당 후보가 영호남 갈등을 종식시킬 유일한 후보이며, 이재명 후보가 당선되면 경상민국도 아니고 전라민국도 아닌 오직 대한민국만 있게 될 것"이라고 말했다. 특히 "이재명 후보는 지리산 남부연결도로 건설과 같이 망국적인 지역감정을 척결하는데 실제로 도움이 되는 공약을 제시하고 있어 더욱 기대가 크다"고 강조했다.

□ 또한 최 의원은 "이재명 후보가 농·산·어촌의 불평등을 해소할 수 있는 후보임을 확신한다"면서, "이재명 후보는 먹사니즘 공약을 통해 모든 국민이 인간다운 삶을 누릴 수 있는 기본사회를 실천할 수 있으며, 달빛내륙철도 조기 착공, 공공의대 설립 등 지리산 내륙 발전에 특화된 공약을 실천해 지리산 권역 주민들의 생활여건을 근본적으로 개선시킬 역량과 의지를 분명히 갖추고 있다"고 밝혔다.

□ 이번 행사를 주관한 남원복지경제연대 김원종대표는 "이번 대선에서는 진짜 대한민국을 위해 국민을 주인으로 섬기고 일할 사람을 뽑아야 한다"면서, "영남과 호남을 아우르고 우리가 만들어야 할 미래를 이끌어갈 후보는 오직 이재명 후보임을 확신한다"고 말했다. 또한 "청정 지리산 권역 영호남 모든 주민들이 이재명 후보의 압도적 당선을 통해 영호남 화합을 다지고, 지리산 권역에 새로운 발전의 시대를 열어가자"고 호소

했다. (끝)

〈청정 지리산권역 경상-전라 300인(人) 대표〉

경상남도 산청군 최호림 군의원

경상남도 함양군 서영재 군의원

경상남도 거창군 김홍섭 군의원

전라남도 곡성군 윤영규 군의원

전라남도 구례군 박정선 전남소상공인연합회 회장

전라북도 임실군 전북소설가협회 김진명 회장

전라북도 장수군 장영수 전(前) 군수

전라북도 남원시 김원종 남원복지경제연대 대표

대한민국 복지국가 현장 역군들, 이재명 후보 지지선언 계획(안)

□ **목 적**

금번 지지선언은 대한민국 복지국가를 일구어온 현장 역군들이 함께 모여 2025년 6월 3일 대선을 앞두고 이재명 후보에 대한 전폭적인 지지 의사를 밝히기 위함. 건강보험 · 국민연금 등 5大 사회보험제도, 국민기초생활보장제도, 사회서비스 등 우리나라 복지제도를 직접 만들고 운영해 온 전문가로서 저출생, 청년실업, 노인빈곤 등 사회문제가 날로 심각해지는 현실을 타개하기 위하여 이재명 후보의 기본사회 공약에 동의하며, 이재명 후보가 우리나라 복지국가를 한 단계 현대화할 수 있는 유일한 대안임을 선언하기 위함.

□ 개 요

- 주최 : 이재명 후보 선대위 총괄특보단 보건복지혁신전략 특보단
- 일시 : ‘25. 5. 27(화) 12:00
- 장소 : 국회의원회관 제1 간담회의실

□ 발언자 및 주요일정

- 사 회 : 김원종 단장
- 참석자 인사 및 정책제언 : 권일남회장
- 지지선언문 낭독 : 이한기 단장
- 질의응답 및 사진촬영

□ 참여자

- 권일남 회장(한국청소년수련시설협회)
- 이경수 고문(서울의과학연구소, 전 보건복지부과장)
- 이한기 원장(전, 제중요양병원, 전 질병관리청 과장)
- 김진순 대표(Reborn Healthcare)
- 박은주 이사장(우리네협동조합)
- 이성진 국장(폴리뉴스)
- 한양사이버대학교 실버산업학과 교수 김신영
- 윤현준 대표(중독회복연대)
- 이진혁 대표(비영리민간단체 리듬오브호프)
- 보건복지혁신전략 특보단장(김원종, 전 보건복지부 복지정책관)

대한민국 복지역군, 이재명 대선 후보 지지 선언문

우리는 대한민국을 복지국가로 발전시키는 데 필요한 제도와 정책을 만들고, 복지 현장을 지켜온 전문가로서, 이재명 더불어 민주당 대통령 후보를 지지합니다.

우리는 정치가 민생과 복지로부터 멀어졌을 때 현장이 얼마나 고통 받는지 잘 알고 있습니다. 장애인, 노인, 청소년 등 사회취약계층의 아픔을 진정으로 이해하고 그들의 손을 잡아주는 정치인의 중요성을 잘 알고 있습니다.

박근혜 정부는 복지 유사 중복 사업의 방지라는 명분하에 어려운 분들의 삶을 보호하고자 하는 지방자치단체의 의지를 폭력적으로 저지한 것을 똑똑히 기억하고 있습니다.

윤석렬정부는 선별적 복지에 집착하며 현장의 어려움을 외면하고 복지지원을 우선적으로 삭감하여 안 그래도 각박한 서민들을 더욱 어려운 처지로 몰고 간 바 있습니다.

이재명 후보는 성남시장과 경기도지사를 거치며 실질적인 복지확대를 이끌어 온 정치인입니다. 청년수당, 무상교복, 무상급식 등 보편적 복지 실현에 앞장섰고, 현장 중심의 정책을 통해 실질적인 변화를 이끌어 낸 검증된 리더입니다. 이제 그는 국가 단위에서 더욱 강력한 복지국가를 실현하겠다는 약속을 내놓고 있습니다.

이재명 후보는 기본사회를 구현하기 위해 소득, 의료, 교육, 복지 여러 영역에 기본적 인권을 확보해 주겠다는 공약을 제시하였습니다. 아동, 청소년, 노인 등 생애 주기별 소득보장을 강조하고 있습니다. 지역의료, 공공의료사관학교 신설을 약속하며 공공의료도 강화하겠다는 약속을 내놓았습니다.

우리는 대한민국 복지국가를 이끌고 함께 해 온 전문가로서 이재명 후보가 복지를 단지 생존이 아닌 삶의 질과 존엄을 보장하는 권리로 인식하고 있다고 생각합니다.

아울러 이재명 후보만이 대한민국 복지국가를 한 단계 업그레이드하여 우리 사회에 만연한 저출생, 청년실업, 노인빈곤의 문제를 해결할 수 있다고 믿습니다.

이에 우리는 다음과 같이 선언합니다:

1. 우리는 이재명 후보의 복지 철학과 공약을 지지하며, 현장과 연결된 복지정책 실현을 위해 함께 하겠습니다.
2. 우리는 복지국가로 나아가기 위한 이재명 후보의 실천력과 공공성 확대 정책에 공감하며, 시민과 함께 행동할 것입니다.
3. 우리는 이번 선거에서 이재명 후보의 승리를 위해 사회복지 현장의 목소리를 적극적으로 전달하고 조직할 것입니다.

복지는 단순한 지원이 아닌 '함께 하는 사회'를 만드는 약속입니다. 이재명 후보와 함께, 우리는 그 약속을 실현해 나가겠습니다.

2025년 5월 27일

대한민국 복지 역군 대표
한국청소년수련시설협회 회장 권일남
서울의과학연구소 고문 이경수
Reborn Healthcare 대표 김진순
우리네협동조합 이사장 박은주
비영리민간단체 리듬오브호프 대표 이진혁
중독회복연대 대표 윤현준
한양사이버대학교 실버산업학과 교수 김신영
총괄특보단 보건복지혁신전략특보단장 김원종/이한기

보도자료	이재명 후보 선대위	총괄특보단 보건복지혁신전략특보단	단장 김원종 010-5000-6431
		K민주주의 · 평화위원회 선진경제위원장 김성수(010-8702-9938)	

대한민국 복지역군,

이재명 대선후보지지 선언

- 이후보는 그간 청년수당, 무상교복, 무상급식 등 보편적 복지 실현에 앞장

- 기본사회 구현, 생애주기별 소득보장, 공공의대 신설 공약을 지지

□ 대한민국을 복지국가로 발전시켜온 현장 복지전문가들이 이재명 대통령 후보 지지를 선언했다.

□ 대한민국 복지역군들을 대표해 한국청소년수련시설협회 권일남 회장, 중독회복연대 대표 윤현준, 리듬오브호프 대표 이진혁, 前)보건복지부 고위공무원 김원종, 前) 질병관리청 충청권 대응센터 과장 이한기, 경기도 지체장애인협회 부회장 이경규 등 30여명은 5월 27일(화) 국회의원 회관 제1간담회의실에서 기자회견을 열고, 이와 같은 뜻을 밝혔다.

참고자료

□ 이한기 전)질병관리청 과장은 지지 선언문에서 "우리 복지역군들은 이재명 후보의 복지 철학과 공약을 지지하며, 현장과 연결된 복지정책 실현을 위해 함께 하겠다"고 밝히면서 "복지국가로 나아가기 위한 이재명 후보의 실천력과 공공성 확대 정책에 공감하며, 시민과 함께 행동할 것이다"라고 강조하였다.

□ 이번 행사를 주관한 이재명 후보 선대위 보건복지혁신전략특보단 김원종 단장(전, 보건복지부 복지정책관)은 "복지는 단순한 지원이 아닌 함께 하는 사회를 만드는 약속이다"라고 하면서 "이재명 후보와 함께 우리는 그 약속을 실현해 나가겠다"라고 지지선언의 의미를 밝혔다.

□ 아울러 이번 행사를 공동주최한 이재명 후보 선대위 산하 K-민주주의 평화위원회를 대표하여 도천수위원장은 인사말을 통해 "복지실천이 진정한 빛의 혁명의 완성이다"라고 강조하였으며, 김성수 前)농어촌희망재단 이사는 사회 최약체 계층의 돌봄을 통한 대동 세상 구현을, 김태훈 KAIST 공학연구원은 노인돌봄로봇 개발을 통한 요양체계 개선 정책을 제안하였다.(끝).

〈대한민국 복지역군 대표〉

한국청소년수련시설협회 회장 권일남
서울의과학연구소 고문 이경수
Reborn Healthcare 대표 김진순
우리네협동조합 이사장 박은주
비영리민간단체 리듬오브호프 대표 이진혁
중독회복연대 대표 윤현준
한양사이버대학교 실버산업학과 교수 김신영

경기도 지체장애인협회 부회장 이경규

총괄특보단 보건복지혁신전략특보단장 김원종/이한기

2. 소멸지역에 오뚝이 정신 붙여넣기

소멸도시 남원의 현실

남원은 인구 감소와 낮은 1인당 GRDP로 지역 쇠퇴가 심화되고 있지만, 지리산권 청정환경과 복지 선도지구로서의 잠재력을 동시에 지니고 있다. 초고령화와 기후위기 시대에 대응해 남원의 재도약을 위한 대담한 지역 전략이 필요한 시점이다.

남원시는 옥야백리가 상징하듯 요천·섬진강·주천강 유역의 곡창지대로 오랜 농경시대에는 윤택했던 지역이다. 그러나 경부고속도로를 축으로 하는 수출중심의 국가산업화 전략에서 소외되어 빈곤과 쇠락의 도시로 전락하였다.

인구는 매년 약 1,000명씩 지속적으로 감소 추이를 보이고 있다. 2019년에 약 80,000명, 2022년에 79,015명, 2023년에 77,415명, 2024년에 76,781명, 2025년에 76,350명으로 줄어들고 있다.

인구가 줄어드는 이유는 자연감소와 순유출로 나누어 볼 수 있다. 2024년의 경우 출생 276명, 사망 1,020명으로 자연감소 규모가 약 744명이고, 같은 해 전입자 약 3,858명, 전출자 약 4,263명으로 순유출 규모는 약 405명가량이다.

연도별 지역내총생산GRDP는 2017년 약 1.59조 원에서 2021년 약 1.91조 원으로 연평균 약 5.7% 가량 꾸준히 증가하였다. 2017년에 1,594,437백만 원, 2018년에 1,644,180백만 원,2019년에 1,763,497백만 원 2020년에 1,782,256백만 원, 2021년에 1,911,878백만 원을 나타내고 있다.

연도별 1인당 GRDP도 2017년 약 18,923천 원에서 24,070천 원으로 상승하여 연평균 약 6%의 성장률을 나타내고 있다. 2017년에 18,923천 원, 2018년에 19,675천 원, 2019년에 21,385천 원, 2020년에 21,837천 원, 2021년에 24,070천 원 수준이다.

그러나 2021년도 남원시 1인당 GRDP 2,407만 원은 전라북도 3,119만 원 대비 약 7백만 원 낮고 전북 14개 시군중 약 10~12위의 하위권에 위치하는 낮은 수준이다.

고령인구비율이 전체 인구의 30%를 상회하는 초고령화 시대, 전 지구적인 기후위기의 시대를 맞이하여 남원이 과거의 영광을 되찾고 새롭게 도약할 수 있도록 대담한 구상과 전략이 필요한 시점이 아닐 수 없다.

남원은 남한 최초 국립공원인 지리산권 중심도시로 오랜 규제로 인하여 청정 자연환경을 보유하고 있는 것이 약점이자 장점이 될 수 있다. 남원은 물론 인근 지역이 모두 고령인구가 약 40%에 달하는 고령지역으로 국가복지를 선도하는 선도지구로서의 잠재력도 충분하다.

소멸도시 남원이 가야 할 방향

남원 재도약의 핵심 해법은 소득 증대이며, 이를 위해 1인당 GRDP를 전북 평균 수준까지 끌어올리는 목표를 설정했다. 단기적으로는 2,700만 원 달성을, 중·장기적으로는 구조적 소득 상승 전략을 병행 추진한다.

꺼져가는 남원을 다시 일으켜 세우려면 무엇을 해야 할까. 답은 간단하다. 소득을 올리면 된다. 남원의 가장 큰 문제는 돈이 부족하다는 데 있다. 소득이 낮으니 인구가 빠져나가고, 소득이 낮으니 청년이 들어오지 않는다.

남원에 산다는 이유만으로 전라북도에서 가장 낮은 소득 수준에 머무르는 현실은 더 이상 방치할 수 없다. 최소한 전라북도 평균 수준의 소득은 만들어 놓고, 그다음에 "남원으로 와서 살라"고 말해야 한다.

그래서 나는 남원 발전의 비전을 2021년 기준 남원시 1인당 GRDP 2,400만 원을 전라북도 평균 수준인 3,100만 원까지 끌어올리는 것으로 설정했다.

물론 이 목표를 단번에 달성하기는 쉽지 않다. 그래서

우선 「남원시민 소득증진 단기 추진 전략」을 통해 남원시민 1인당 소득을 2,400만 원에서 2,700만 원으로 300만 원 상향하는 것을 1차 목표로 삼았다.

동시에 남원시민 소득을 전북 평균 수준으로 끌어올리기 위한 분야별 중·장기 과제를 단계적으로 선정하고 추진하는 이중 전략을 설계했다.

남원시민 소득 올리려면 직접 제공이 최선이다

남원형 기본소득과 생활임금 도입으로 시민에게 직접 소득을 높여 지역경제를 살리겠다는 전략이다. 예산 규모가 아니라 '어떻게 쓰느냐'를 바꿔 남원의 구조적 저소득 문제를 해결하겠다는 구상이다.

1) 추진전략 1 :「남원형기본소득」 제공

남원은 소득 수준이 전국 최하위권에 머물러 있으며, 그만큼 주민들의 삶의 질도 낮은 상태다. 그렇다면 남원시의 예산 규모 역시 전국 최하위 수준일까? 그렇지 않다. 남원시 예산 규모는 전라북도 14개 시·군 가운데 약 5~6위 수준이지만, 주민 소득 수준은 12위로 최하위권에 속한다. 이는 문제가 예산의 크기가 아니라 예산을 쓰는 방식에 있음을 보여준다.

최근 코로나19와 수해 사태 극복을 위한 민생회복지원금 지급이 전국적으로 확대되었고, 소멸위기 농촌지역을 대상으로 한 기본소득 논의도 본격화되고 있다. 남원시는

2024년 12월, 시민 1인당 30만 원의 민생안정지원금을 지급했다. 더 나아가 이재명 정부는 2026~2027년 동안 전국 7개 지역을 대상으로 월 15만 원신안군·영양군은 월 20만 원을 지급하는 「농어촌기본소득 시범사업 실시계획」을 확정했다.

특히 남원과 인접한 순창군과 장수군이 시범사업 대상지역으로 선정되었다. 나는 이 결정을 보며 결심했다. 순창군보다 더 많이는 못 드리더라도, 최소한 같은 수준의 정책은 남원에서도 실행해야 한다는 판단이었다. 그래서 2030년까지 남원시민 전체에게 1인당 연 180만 원의 기본소득을 지급하는 '남원형 기본소득' 도입 계획을 출마 선언문에 포함시켰다.

우선 1단계로 2027년까지 남원시민 1인당 연 100만 원의 기본소득을 지급하는 것을 목표로 설정했다. 순창군은 농어촌기본소득 연간 지급액 180만 원 가운데 약 30%인 54만 원을 군비로 부담하는 구조다. 나는 남원시가 이보다 한 단계 더 과감하게 나서, 연 100만 원 수준을 시비로 책임지는 모델을 제안했다.

이후 2028년부터는 국·도비 확보, 재생에너지 수익 공유, 지역개발이익 환수 등 지역 기반 재원 창출 전략을 병행해 추가 재원을 마련하고, 이를 통해 최종적으로 연 180만 원 규모의 남원형 기본소득 체계를 완성하자는 구상이다.

[논평_김원종 출마예정자의 남원형 기본소득 공약을 환영한다]

12월 18일, 김원종 전 청와대 선임행정관은 제9대 남원시장 출마 선언을 하고 '1인당 연 180만 원 남원형 기본소득' 공약을 발표했다. 그는 남원형 기본소득이 시혜가 아니라 지역 경제를 살리는 투자라면서 이 정책이 도입되면 소비는 지역 안에서 일어나고 소상공인과 자영업자가 살아나며 결국 지역 경제의 선순환을 만들어낼 것이라고 말했다. 또한 남원시가 현재 추진 중인 국제드론센터, 함파우 아트밸리, 승사교 지붕공사를 취소하고 그 비용을 기본소득 재원으로 사용하겠다고 했다.

현재 남원의 각종 지표는 참담하기 짝이 없다. 재정자립도는 전국 최하위 수준이며, 1인당 지역내총생산은 전북 최하위 수준이다. 인구 소멸은 가속화되고 있다. 올해 전북에서 가장 큰 인구 감소율을 보인 지자체가 바로 남원이었다. 2022년 이후 남원시 자살률은 전북에서 가장 큰 폭으로 상승했다.

상황이 이렇게 악화되는데도 역대 시장들은 시급히 민생을 챙기기는커녕 수백, 수천억 원 규모의 토건 사업에 매몰되어 왔다. 이에 비춰 볼 때 드론 산업, 곤충 산업처럼 먼 미래 얘기만 하며 민생고를 외면하는 것은 일종의 기망 행위라면서 기본소득을 통한 민생 지원을 최우선 가치로 내세운 김원종 출마예정자의 선언은 매우 시의적절한 판단이라 하지 않을 수 없다.

남원 시민사회는 오래전부터 기본소득을 주장해 왔다. 그 역사만 놓고 보면 남원은 대한민국 기본소득 운동의 선구적 지역이었다. 2017년 박근혜 정권 탄핵 국면부터 시민대토론회를 통해 공론화했고 코로나19 당시 경기도보다 발 빠르게 재난기본소득을 제안했던 곳이 남원 시민사회였다. 본 단체 또한 지난달 지방 소멸과 민생고 극복을 위한 남원형 기본소득 도입을 제안한 바 있다. 그러나 정치권의 무관심으로 우리 지역은 기본소득을 도입할 골든타임을 매번 놓쳐왔다. 그래서 김원종 출마예정자가 남원형 기본소득을 1번 공약으로 내세운 것이 참으로 반갑지 않을 수 없다.

기본소득 도입을 주장할 때마다 재원 마련에 대한 질문이 항상 제기된다. 김원종 출마예정자는 이에 대해서도 대략적인 자신의 생각을 밝혔다. 우선 무분별한 대규모 토건 사업 예산을 삭감하여 1인당 연 100만 원씩 기본소득을 지급하고, 2028년 이후에는 국도비 확보, 재생에너지 수익 공유, 개발이익 환수 등의 재원을 추가로 마련하여 연 180만 원을 완성하겠다고 한다. 국도비를 확보한다는 것이 쉽지는 않을 것이고 단기간에 공약 완수에 필요한 재생에너지 수익이나 개발이익을 확보하는 것도 만만치 않을 것이다. 하지만 햇빛연금으로 기본소득의 새 지평을 연 신안군이나 각종 보편 복지로 인구 반등을 이뤄내 정부 지원을 확보한 순창군 사례처럼 지자체장의 강한 의지와 집요한 노력이 있다면 불가능한 미래는 결코 아닐 것이다.

인구 7만 선이 위협받고 청년들이 떠나는 남원 현실 앞에 더 이상 예산 부족이나 시기상조라는 핑계는 통하지 않는다. 정부는 내년부터 농어촌 기본소득 시범사업을 시작한다. 이는 국가 차원의 기본소득 도입을 향한 대장정을 시작한다는 뜻이다. 남원도 빨리 이 흐름에 올라타야 한다. 더 이상 시대의 흐름을 외면한 채 재앙적인 토건 사업이나 이벤트성 관광 사업에 목을 매서는 안 된다. 기본소득은 지역 경제를 살릴 마중물이자 시민의 삶을 지탱할 최후의 보루가 될 것이다.

우리는 토건 대신 민생을 택한 김원종 출마예정자의 남원형 기본소득 공약을 다시 한 번 환영하며, 이번 선언이 후보 한 명의 구호에 그치지 않고 지방선거에 출마할 모든 남원 정치인에게 큰 각성의 계기가 되길 바란다. 그리하여 모든 후보가 '기본소득 도시 남원'의 초석이 되길 진심으로 기대한다.

2025년 12월 29일

시민의 숲

2) 추진전략 2 : 「남원 생활임금제도」 도입

남원시는 2023년 「남원시 생활임금 조례」를 제정했지만, 아직 실제 제도 운영 단계까지는 이르지 못한 상황이다. 2025년 최저임금은 시간당 10,030원으로 월 환산 약 215만 원 수준인 반면, 2025년 전북특별자치도 생활임금은 시간당 12,014원, 월 약 251만 원 수준이다.

그 결과 남원시 공공부문 근로자들은 전북도 내 타 지역 근로자들과 동일한 노동을 수행하면서도 월 약 35만 원가량 낮은 임금을 받는 구조에 놓여 있다. 아울러 남원 지역 민간부문 종사자들 역시 상당수가 최저임금 수준의 계약직·아르바이트 형태로 고용되어 근로 여건이 열악한 실정이다.

나는 남원에서 일한다는 이유만으로 전라북도 내 다른 지역에서 일하는 사람보다 낮은 임금을 받아서는 안 된다고 생각한다. 생활임금 지급 대상을 단계적으로 확대하고, 지급 수준 역시 전북특별자치도와 동일한 수준으로 매칭하는 것이 바람직하다.

우선 「공무원 보수규정」 및 「지방공무원 보수규정」의 적용을 받지 않는 시 소속 노동자를 대상으로 생활임금을 우선 적용한 뒤, 출자·출연기관 및 위탁기관 소속 노동자, 국비 또는 시·군비 지원 사업에 따라 일시적으로 고용된 근로자까지 단계적으로 확대해 나가겠다.

생활임금 지급 수준은 전북특별자치도 기준에 맞춰 조정하고, '생활임금 서약제' 등을 통해 민간부문으로 점진적 확산을 유도할 계획이다.

이를 통해 일하는 사람들이 정당한 보상을 받고, 노동의 가치를 존중받는 도시를 만들어야 한다. 남원에서 일하는 것이 고통이 아니라 자부심과 즐거움이 될 수 있도록 해야 한다. 일하는 사람이 즐거운 남원, 그것이 내가 꿈꾸는 남원의 모습이다.

남원시민 소득증진 분야별 과제

농업은 가격안정기금·세대교체·청년농 육성으로 소득 기반을 강화하고, 건설은 공공발주 확대와 지역업체 보호로 일자리와 지역경기를 살린다. 관광은 대형 시설 중심에서 벗어나 체류형 숙박·로컬 먹거리·경험 중심 전략으로 남원을 머무는 도시로 전환한다.

1) 남원 농가 소득 증대

남원은 농업이 가장 중요한 산업이며, 전체 지역소득에서 농가소득이 차지하는 비중 또한 절대적이다. 2025년 기준 남원의 농가 인구는 약 2만 명으로 전체 인구의 약 28%를 차지하고 있으며, 65세 이상 농가 인구 비율은 52.9%에 달한다. 같은 해 남원 농가소득은 평균 5,430만 원 수준이다.

반면, 남원시 전체 예산 가운데 농림 분야 예산 비중은 2021년 약 24.7%에서 2025년 21.9%로 점진적인 감소 추세를 보이고 있다. 농업의 중요성에 비해 정책적 투자 비중이 상대적으로 줄어들고 있는 것이다.

나는 고랭지에 위치한 남원의 지리적 특성과 기후환경을 토대로 다음과 같은 농업 전략이 필요하다고 생각한다.

▲ 기후위기에 대비한 농업 안전망 강화
▲ 스마트농업 등 미래농업 선도 역량 강화
▲ 고령 농업인의 은퇴농 제도 도입을 통한 세대교체 촉진
▲ 청년창농 장기 해외연수 제도 도입을 통한 미래농업 리더 육성

우선 기후온난화와 이상기후에 따른 농작물 피해에 대응하기 위해 '농산물 가격안정기금'을 약 100억 원 규모로 추가 확충할 필요가 있다. 농업도 엄연한 산업이다. 농업인이 고령화로 인해 은퇴할 경우 소득 공백에 대한 부담 없이 안정적으로 물러나고, 동시에 청년 농업인이 자연스럽게 유입될 수 있는 선순환 구조를 만들어야 한다.

이를 위해 은퇴 농업인을 활용한 '은퇴농 멘토사업단'을 구성하고, 고령 농업인이 청년 농업인에게 영농기술과 경험을 전수할 경우 월 70만 원 수준의 멘토 지도비를 추가로 지급하겠다. 이 경우 은퇴 농업인은 농지 임대료와 경영이양직불금에 멘토 활동 소득까지 더해 안정적인 은퇴 소득 구조를 확보할 수 있어 은퇴 부담을 크게 줄일 수 있을 것으로 기대된다.

농업이 산업으로 지속 성장하기 위해서는 청년층의 지속적인 유입이 필수적이다. 특히 지식 기반 농업과 스마트농업으로의 전환이 가속화되면서 청년 농업인의 인적 자본 중요성은 더욱 커지고 있다.

그러나 현실적으로 청년 창업농업인들은 귀농 초기 교육과 현장 경험만으로는 ICT 기반 스마트팜, 고부가가치 기능성 작물 재배, 체험형 관광농업 등 빠르게 발전하는 농업기술 변화에 대응하기 어렵다. 이러한 구조적 한계를 극복하기 위해서는 청년 농업인의 영농 역량을 주기적으로 업그레이드할 수 있는 체계적 재교육 시스템이 필요하다.

나는 청년 농업인이 영농 경력 7년차에 도달했을 때 '청년농 학습년제'를 도입해 해외 선진국 대학, 연구기관, 농업법인 등에서 신영농 기술 연구와 전문 교육에 전념할 수 있도록 지원해야 한다고 생각한다. 학습년 운영에 필요한 교육비와 체재비 등은 별도 예산 항목으로 편성하거나 지방소멸대응기금, 연구재단 국가장학제도와 연계하는 방식으로 재원 마련을 추진하는 것이 바람직하다.

아울러 청년농 학습년제로 발생할 수 있는 영농 공백을 최소화하기 위해 위탁재배 및 공동경영 모델을 병행 도입해 생산 차질을 예방하는 장치도 함께 마련해야 한다.

청년농 학습년제를 통해 청년 농업인에게 세계 수준의 영농기술 습득 기회를 제공하고, 장기적 직업 비전을 제시함으로써 청년 귀농을 촉진할 수 있을 것으로 기대된다.

더 나아가 청년농 가족에게 자녀 유학 등 교육 기회를 연계해 제공한다면, 청년 농업인 가족 전체가 새로운 성장의 전환점을 맞이할 수 있다. 이는 청년 농업인이 미래 비전을 갖고 안정적인 마음으로 농업에 전념할 수 있는 강력한 인센티브가 될 것이다.

나는 '남원형 청년농 학습년제' 도입을 통해 남원 농업을 넘어 대한민국 농업을 이끌 미래 농업 리더를 길러내는 토대를 만들고 싶다.

2) 남원 건설경기 활성화

건설업은 지역경제 회복과 일자리 창출에 직접적인 효과가 큰 핵심 정책 분야이다.

서민 소득 증대를 목표로 다음과 같은 전략을 종합적으로 추진해야 한다.

▲ 공공발주 확대(노후 도로·교량 보수, 하수관로 정비, 공공건물 리모델링, 농촌 정비사업 등)

▲ 민간 건설 투자 유도

▲ 지역업체 보호 정책 강화(관급공사 지역업체 하도급 비율 의무화, 지역 생산 자재 우선 구매, 공사 인력 지역 우

선 채용 가점 부여 등)

▲ 지역 맞춤형 건설 패키지 추진(귀농·귀촌 주택 패키지, 구도심 재생 패키지, 농촌 인프라 패키지, 관광 인프라 패키지 등)

이와 함께 대규모 건설 프로젝트를 전략적으로 기획하고, 국비·도비 등 정부 재정 확보에 행정 역량을 집중할 필요가 있다.

3) 남원형 관광 활성화

나는 평소 관광은 교통과 지형적 요인을 함께 고려해 설계해야 한다고 생각해 왔다. 흔히 관광이라 하면 관광상품을 개발하고 건물을 짓는 데 집중하지만, 그보다 중요한 것은 해당 지역의 입지와 교통망을 활용해 관광객의 유연한 이동 흐름을 만들어내는 일이다.

남원은 한반도 남부권으로 진출할 수 있는 거점 도시로서 충분한 입지를 갖추고 있다. 울산, 부산, 통영, 여수, 목포, 고창, 부안 등이 모두 1~2시간 거리 안에 위치해 있다. 지리산으로 둘러싸인 산악지역이라는 지리적 특성을 감안하면, 남원은 산과 바다를 동시에 즐길 수 있는 독보적인 관광 조건을 갖춘 도시라고 볼 수 있다.

수도권의 빽빽한 도시 생활에 지친 사람들이 남한 제1호 국립공원인 지리산과 탁 트인 남해안을 함께 경험하며 휴식과 회복을 누릴 수 있도록 유도한다면, 남원 관광은 분명 새로운 전기를 맞을 수 있을 것이라고 생각해 왔다. 이 구상은 오랫동안 내 머릿속을 떠나지 않았다. 이를 위해 가장 먼저 필요한 것은 남원의 '거점 숙박 인프라'다. 현재 남원에는 가족 단위 관광객이 편안하게 머물 수 있는 중·고급 숙박시설이 거의 없다. 체류 공간이 제대로 갖춰지지 않은 상태에서 관광객에게 오래 머물러 달라고 요청하는 것은 현실성이 없다. 나는 남원 관광의 핵심이 광한루가 아니라 '호텔'이라고 생각한다.

일본 사례를 살펴보면, 이미 많은 지방자치단체들이 같은 문제의식을 바탕으로 해법을 모색해 왔다. 사가현 우레시노시에 위치한 '우레시노 야도야 호텔'은 환영 스파클링 와인과 과일 서비스, 지역 차우레시노 세리머니, 특산물 디저트카스테라, 객실 온천, 로컬푸드 식사, 칵테일 서비스, 아침 요가, 조식, 기념품 쇼핑까지 하나의 체류 경험으로 묶은 올인클루시브all-inclusive 호텔이다.

남원에도 이와 같은 개념의 체류형 거점 호텔을 조성하고, 이를 중심으로 남해안과 남부권 관광지를 연계하는 체류형 여행 상품을 만들어낼 수 있다면, 남원 관광의 구조 자체를 바꿀 수 있지 않을까. 나는 지금도 그 가능성을 진지하

게 고민하고 있다.

남원을 거점으로 한 '한반도 남부권 여행상품' 구성이 가능해진다면, 남원시는 체류 관광객을 대상으로 렌터카 이용 비용을 일부 분담하는 방식의 지원도 검토할 수 있을 것이다. 또한 남원시 택시를 활용해 고령층 관광객을 위한 남해안 일주형 이동 서비스도 비교적 저렴한 가격으로 제공할 수 있다. 이는 교통 접근성이 낮은 고령 여행객에게 실질적인 관광 편의를 제공하는 동시에 지역 교통업계 활성화에도 도움이 될 수 있다.

두 번째 핵심 요소는 '맛집'이다. 남원은 청정 산악지역이라는 지리적 특성을 바탕으로 지리산 흙돼지, 산채 나물, 신선한 원예 농산물 등 우수한 식재료를 풍부하게 보유하고 있다. 여기에 인근 지역의 순창 장류, 임실 치즈, 장수 사과와 한우 등과 연계하면 남원만의 음식 관광 콘텐츠를 충분히 만들 수 있다.

중요한 것은 단순한 음식점 운영이 아니라, '남원에서만 경험할 수 있는 식당 브랜드'를 구축하는 일이다. 과거 남원이 가졌던 음식 명성을 다시 되살릴 필요가 있다. 얼마 전 TV조선에서 방영된 일본 도쿠시마의 마을 식당 사례는 참고할 만하다. 도쿠시마는 인구가 적은 한적한 농촌 지역임에도 불구하고, '그곳에 가야만 먹을 수 있는 음식'을 중심으로 관광객을 끌어들이는 데 성공했다. 남원 역시 지역 고유 식재료와 스토리를 결합한 로컬 식당 브랜드 전략을 통해 충분히 같은 길을 갈 수 있다고 본다.

출처: 식객 허영만의 백반기행(TV조선 250216방송 283회)

남원은 청정 지리산권의 중심 도시이자, 1,200년 고도의 역사와 함께 문화·예술·전통 관광자원이 풍부한 도시다. 앞으로는 지리산권을 중심으로 한 힐링 관광, 구도심을 마을 공원과 공연이 어우러진 주말 관광 거점으로 조성하는 전략, 임진왜란·동학농민운동 등 역사자원을 활용한 역사 관광 유치 전략을 함께 추진할 필요가 있다.

그동안 남원시는 수십 년간 허브밸리, 한옥사업, 모노레일 등 대규모 관광시설에 막대한 예산을 투입해 왔지만, 뚜렷한 성공 사례는 거의 없었다. 상당수 시설은 관광객 유입 효과는 미미한 반면, 유지·관리 비용만 지속적으로 발생하는 '돈 먹는 하마'로 전락한 지 오래다. 이러한 현실을 바라보는 남원시민들 역시 분노와 자조감을 동시에 느낄 수밖에 없는 상황이다.

이제는 억지춘향격의 시설물을 만드는 등 억지로 관광시설을 만들어내는 방식에서 벗어나야 한다. 현대 관광의 흐름은 대형 시설이 아니라 '경험 · 감성 · 체류'에 있다. 남원시 전체를 하나의 거대한 공원과 체험 공간으로 재구성하는 방향을 고민할 필요가 있다. 예를 들어 광한루는 담장과 경계를 최소화해 폐쇄적인 이미지를 줄이고, 주민과 방문객이 자유롭게 드나들 수 있는 열린 공원형 공간으로 전환하는 방안도 검토할 수 있다.

동네마다 꽃과 잔디로 조성된 소규모 마을공원을 만들

고, 철제 펜스 등 관리 시설을 체계화해 청결하게 유지하는 것도 중요하다. 봄에는 아이들이 엄마 손을 잡고 뛰어노는 공간, 가을에는 주민들이 잠시 앉아 사색할 수 있는 쉼터가 곳곳에 있는 도시. 그런 남원의 모습은 관광객뿐 아니라 시민의 삶의 질도 함께 끌어올릴 것이다.

공설시장은 먹거리 광장과 팝업스토어 공간으로 재편하고, 공연 · 전시 · 지역 축제와 연계해 광한루 관광객 동선과 자연스럽게 연결해야 한다. 전통시장과 관광지, 문화공간이 하나의 흐름으로 이어질 때 체류형 관광이 가능해진다.

백제 산성인 보절 거물성, 최제우가 『동경대전』을 완성한 교룡산 은적암 등 남원이 가진 역사 유적은 체계적인 역사 투어 코스로 재구성할 필요가 있다. 반면 모노레일과 같은 인위적 대형 시설 확장은 지양하는 것이 바람직하다. 대신 드론택시나 열기구 관광 등 미래형 이동·조망 콘텐츠를 검토하고, 기존 모노레일 시설은 드론택시 터미널 연계 공간이나 미디어아트 전시관 등으로 재활용하는 방향도 고민할 수 있다.

이와 관련해 일본 최대 국립공원인 다이세쓰산 국립공원을 끼고 있는 히가시카와 지역의 사례는 참고할 만하다. 이 지역은 2014년 '일본 사진 문화의 수도'를 선언하며 '사진이 가장 예쁘게 나오는 마을'이라는 콘셉트로 도시 브랜드를 구축했다. 다른 지자체들이 특산물을 앞세운 홍보에 집중할 때, 히가시카와는 인생샷 명소와 SNS 관광 트렌드에 주목한 과감한 전략을 선택했다.

또한 2005년에는 신축 주택 조례를 제정해, 히가시카와에서 집을 지을 경우 건축 자재, 지붕 형태, 외벽 색상, 정원 조경까지 일정 기준을 따르도록 했다. 규제는 엄격했지만 그만큼 쾌적한 주거환경이 조성되었고, 결과적으로 도시 경쟁력을 높이는 효과를 가져왔다. 히가시카와 초등학교는 천연잔디 야구장·축구장·과수원 등을 갖춘 약 12만㎡ 규모의 캠퍼스를 보유하고 있으며, 이 교육환경 때문에 전학을 위해 이주하는 가정도 적지 않다.

남원 역시 관광과 주거, 교육과 삶의 질을 동시에 끌어올리는 통합 전략이 필요한 시점이다. 관광도 결국 '사는 도시의 품격'에서 출발한다.

소멸도시, 청년에 다가가기 _ '청년신재생에너지협동조합' 구성 · 운영

청년신재생에너지협동조합을 통해 태양광 등 발전 수익을 청년과 주민이 공유하고, 귀농·귀촌 청년에게 월 100만 원 수준의 기본소득형 소득을 제공해 안정적인 정착을 유도한다. 이를 통해 일자리 창출과 지역경제 활성화를 동시에 달성하고, 청년 유입을 통한 지방소멸 완화를 추진한다.

"남원 · 임실 · 순창 귀촌 청년들에게 월 100만원씩 기본소득을 보장하겠습니다"

남원시는 인구 감소율이 전북에서도 가장 높은 지역으로 나타났다. 출생자 수가 사망자 수보다 적어 발생하는 자연감소는 일정 부분 불가피하다고 하더라도, 학업과 취업을 이유로 매년 수백 명의 청년이 지역을 떠나고 있다는 현실은 매우 심각하게 받아들여야 할 문제다.

청년들이 머무르고 싶은 행복한 도시가 되기 위해서는 다양한 정책이 필요하지만, 무엇보다 핵심은 양질의 일자리와 안정적인 소득 기회를 만들어 주는 것이다.

남원의 가장 큰 구조적 문제는 기업 기반이 취약하다는 점이다. 기업이 많지 않다 보니 청년들이 종사할 수 있는 일자리가 절대적으로 부족하다. 그동안 남원시는 사매일반산업단지를 조성하며 기업 유치를 위한 인프라를 구축해 왔지만, 실제로 입주하는 기업은 많지 않은 것이 현실이다.

물론 유망 기업 유치에 총력을 기울여야 한다. 그러나 기업 유치가 쉽지 않은 소멸위기 지역의 특성을 감안하면, 사회적 경제를 하나의 대안으로 적극 검토할 필요가 있다. 사회적 경제는 단순한 이윤 창출을 넘어 사회적 가치와 지역 문제 해결을 목적으로 하는 경제 주체이기 때문에, 지역사회를 유지하고 돌보는 다양한 일자리를 만들어낼 수 있다.

이러한 문제의식에서 나는 '청년신재생에너지협동조합' 설립 방안을 제안한다. 태양광 등 신재생에너지 발전 수익을 지역 주민과 청년이 공유하는 구조를 만들면, 농어가와 귀농·귀촌 청년에게 새로운 소득원을 제공할 수 있다. 현재는 발전 수익이 영리 목적의 대규모 사업자에게 집중되면서 무분별한 토지 매입과 농지 훼손 등의 부작용이 발생하고 있다.

이러한 폐단을 줄이기 위해 소멸위기에 놓인 남원 지역에서는 귀농·귀촌 청년협동조합이나 지역 농어민에게 신재생에너지 발전사업 참여 우선권을 부여하고, 발전 수익을 통해 귀농·귀촌 청년들에게 월 100만 원 수준의 기본소득 성격의 배당을 제공하는 모델을 검토할 수 있다. 아울러 발전설비의 유지·보수, 관리 운영 분야에서도 추가 일자리를 창출할 수 있다.

아울러 '청년신재생에너지협동조합'이 활성화할 수 있도록 신재생에너지 발전사업에 필요한 공공건물 무상임대, 시설비 저리융자, 개발행위 관련 규제완화 등도 추진해 보는 것이 좋겠다.

윤재갑 의원이 발의한 「신재생에너지 촉진법」은 발전소 설치 시 지역주민 70% 이상 동의와 주민의 직·간접적 이익 보장을 전제로 주민참여형 사업을 허용하는 내용을 담고 있으며, 정부의 「제4차 신·재생에너지 기본계획」 역시 협동조합 등 주민주도형 사업 확대 방침을 천명하고 있다. 이러한 정책 방향은 내가 제안하는 모델과도 궤를 같이한다.

청년신재생에너지협동조합을 통해 소멸위기 지역으로 청년 유입이 이루어지고, 지방소멸을 완화하며 국토균형발전을 촉진할 수 있다면 그 효과는 매우 클 것이다. 나아가 이러한 사회적 경제 모델은 신재생에너지 분야에만 국한되지 않고, 고령자 돌봄 서비스, 자원순환 산업, 지역 생활서비스 분야 등 다양한 영역으로 확장 적용할 수 있을 것으로 기대된다.

소멸도시 남원의 백년대계 과제

남원의 '백년대계'는 국립의전원 설립을 조속히 확정해 공공의료 핵심 인재를 '의무사관학교' 방식으로 양성하고, 이를 바탕으로 첨단 공공바이오헬스 R&D 단지를 조성해 국제 공공의료 거점도시로 도약하자는 구상이다. 동시에 범지리산내륙권 특별법 제정, 규제·전력·영업지원 기반 신산업 유치, 교육(IB) 혁신·고령복지 산업화·행정투명성 강화를 묶어 청년 일자리와 정주 여건을 만들고 소멸을 막겠다는 전략이다.

1) 「남원 국립의전원」 설립

남원 국립의전원은 오랜 기간 남원 시민들에게 '희망고문'에 가까운 존재였다. 문재인 정부가 2018년 4월 당정협의를 통해 「국립공공의료대학(원)」 설립 추진을 결정하고, 서남의대 정원 활용과 국립중앙의료원 연계를 통해 전북 남원에 설립하겠다고 발표했을 때만 해도 지역사회는 큰 기대에 부풀었다.

그러나 20대와 21대 국회에서 관련 법률안이 통과되지 못하며 설립은 계속 지연되었고, 윤석열 정부는 2023년 10월 발표한 「필수의료 혁신전략」에서 국립의전원을 사실상 배제하며 무관심한 태도를 보였다.

다행히 이재명 대통령이 후보 시절 국립의전원 설치를 공약으로 제시하고 이를 국정과제에 포함시키면서 다시 한 번 희망의 불씨가 살아났다. 윤석열 정부가 중도에 퇴진한 것이 남원 시민의 한 사람으로서 얼마나 다행스러운 일인지 모른다. 추진력이 강한 이재명 정부에 거는 기대 역시 남다르다. "하늘은 아직 남원을 버리지 않았다"는 말이 절로 떠오른다.

2025년 국회에서는 지역의사제가 통과되었다. 지역의사제는 의과대학 신입생 일부를 '지역의사 선발전형'으로 선발해 학비 등을 지원하고, 졸업 후 일정 기간 특정 지역에서 의무복무하도록 하는 제도다. 취지는 공감할 수 있지만, 특정 지역 근무를 강제하는 방식이 과연 바람직한지는 다시 생각해 볼 필요가 있다. 의대 과정 내내 지역전형 학생들이 낙인 효과를 겪을 가능성도 있고, 의무복무 기간 동안 동기와 사명감보다는 부담과 피해의식이 커질 우려도 있다. 형식적인 근무는 가능하겠지만, 적극적인 의료 서비스 제공으로 이어질 가능성은 높지 않다.

나는 지역의사제보다 국립의전원 모델이 훨씬 합리적인 대안이라고 본다. 국립의전원 역시 단순히 의료취약지 근무를 강제하는 구조가 아니라, 사관학교와 유사한 공공의료 전문 인력 양성 체계로 설계하는 것이 바람직하다.

국립의전원 입학생에게 재학 중 6급 공무원 신분을 부여하고 보수를 지급하며, 졸업 후에는 의무사무관으로 임용하는 방식이다. 이후 국립중앙의료원, 국립암센터, 국립정신건강센터, 국립재활원, 보훈병원 등 국공립 의료기관에 근무하도록 하고, 동시에 보건복지부, 질병관리청, 식품의약품안전처 등 국가 보건의료 행정기관에서도 전문 인력으로 활동할 수 있도록 경로를 열어야 한다. 이렇게 설계하면 개인의 적성과 진로 선택 폭이 넓어지고, 학업과 전문성 개발에 대한 동기 역시 자연스럽게 높아질 것이다.

국립의전원에서 양성되는 인력은 공무원법에 따른 체계적인 급여 · 승진 · 연수 · 유학 · 국제기구 파견 기회를 통해 성장하는 국가 핵심 의료 인재다. 일부에서 우려하는 것처럼 '질 낮은 의료 인력'이 아니라, 오히려 대한민국 공공의료의 수준과 국제 경쟁력을 끌어올릴 전략 자산이 될 수 있다.

이재명 정부는 2025년 12월 30일 의료 인력 부족 규모를 공식 발표했으며, 이를 토대로 조만간 의대 정원 확대 규모를 확정할 예정이다. 이 발표 이후 「국립의전원 설립·운영에 관한 법률」의 국회 통과도 본격적으로 추진될 것으로 예상된다. 이재명 정부가 강력한 리더십과 실행력으로 남원 시민들의 오랜 상처와 눈물을 닦아 주기를 기대하는 마음이 크다.

참고자료

[국립의전원 관련 참고자료 1]

남원공공의대(국립의전원)법안 국회 소위 상정 불발에 대한 남원공공의대추진시민연대 결의문

2022년 11월 15일 남원공공의대국립의전원법안이 국민의힘의 반대로 끝내 국회 보건복지위원회 소위원회에 상정마저도 되지 못하였다. 이는 남원시민의 열망을 저버린 처사로 우리 남원시민 모두는 허탈감과 분노를 참을 수 없다.

폐교된 서남대는 한 때 학생 수가 5천여 명에 달했는데, 남원 국립의전원은 그 서남대 대신 설립하려는 것으로 서남대 의대 입학정원 49명을 활용하려는 것이다. 이는 2018년 4월 당정합의된 사항이다. 남원시민은 그 의전원 규모가 종전 대학 규모에 비해 턱없이 작음에도 불구하고 양보하여 정부 결정을 수용하였다. 남원 몫인 서남대 의대정원 49명은 현재 전북대 및 원광대에 각각 32명과 17명을 위탁 모집하는 형태로 운영되고 있다.

서남대 폐교 이후 남원은 정적만 가득한 죽음의 도시로 변하였다. 남원 경제는 직격탄을 맞았고, 상가는 문을 열어도 사람 그림자를 구경할 수 없는 지경에 이르렀다. 남원 시민은 한숨만 쉬며 지내는 실정이 되었다. 도탄에 빠진 남원 경제를 조금이나마 회복하기 위해서는 하루 속히 국립의전원을 설립하여야 한다.

그럼에도 당정 합의된 사항을 4년이 훨씬 지난 지금까지도 법률로 제정하지 않는 것은 남원시민을 우롱하는 일이다.

남원국립의전원은 서남대 의대 정원을 활용하려는 것이므로 절대로 의사 정원을 증원하지 않는 것이다. 따라서 의사들의 기득권 침해와도 전혀 상관이 없다.

국민의힘이 정부와 의사협회간 협의를 핑계로 소극적인 태도를 취하는 것은 전혀 타당하지 않은 태도로 마땅히 지탄받아야 한다.

윤석열정부는 취임 이래 이 법 제정과 관련한 아무런 입장을 표명하지 않고 수수방관하고 있다. 이에 현 정부에 강력히 요청한다. 남원국립의전원은 의대 정원을 증원하지 않고 원래 있던 정원을 활용하는 것이므로 그 설립을 전혀 주저할 이유가 없다. 그러므로 전향적으로 그 설립을 추진하라.

국회 다수 의석을 차지하고 있는 민주당에 대해서도 남원의 전원법을 제정하지 못한 책임을 묻지 않을 수 없다. 민주당은 집권 당시 이 법을 제정하지 못한 책임감을 통감하고 반드시 이 법을 제정하라.

전라북도지사, 남원임실순창 국회의원, 남원시장, 전라북도의원, 남원시의원 등 선출직공직자들도 무거운 책임감을 통감하고 국립의전원법안 국회 통과에 최선을 다해야 할 것이다. 만약 이 법안이 최종적으로 국회 통과에 실패한다면 남원시민들은 위 선출직 공직자들에게 책임을 묻지 않을 수 없다.

모든 선출직 공직자들은 국립의전원법안의 국회 통과를 위해 목숨을 거는 자세로 임해 줄 것을 요구한다. 시민총궐기대회, 국회 앞 시위, 시민대표 삭발 및 단식투쟁 등 가열찬 투쟁에 앞장설 경우 시민들도 적극적인 참여와 협조를 아끼지 않을 것이다.

국회는 특정 지역을 위한 이기적 행태를 당장 중단하고 의료 소외지역인 지리산권 주민의 보건의료수준 향상과 건강 증진을 위하여 조속히 남원국립의전원법안을 통과시켜야 한다.

그렇지 않으면 역사의 죄인으로 영원히 기억될 것이다!!!

2022. 11. 18

남원공공의대추진시민연대 상임공동대표 김대규, 공동대표 곽충훈 · 김원종 · 박문화 · 박종희 · 양경님 · 양쌍복 · 이용국

[국립의전원 관련 참고자료 2]

보 도 자 료		남원 국립의전원 추진 시민연대 공동대표 : 김원종 010-5000-6431	
보도 일시	2023. 2. 6 .(월)	배포 일시	2023. 2. 6(월) 15:00

"남원 국립의전원 조속히 설립하라"

- 남원 시민연대, 2월 임시국회 관련법안 통과 촉구 -

- 김원종 대표,"의정협의체 최우선 과제로 선정하라" 주장

남원지역 시민단체들이 지난 2018년 법안 발의후 5년째 답보상태에 있는 남원 국립의학전문대학원의 조속한 설립을 촉구하고 나섰다.

남원 국립의전원 추진 시민연대 공동대표 김원종은 6일 "정부는 국립의학전문대학원법을 의사정원 문제와 분리하여 의정협의체 최우선 과제로 선정하라"고 주장했다.

시민연대는 이날 성명을 통해 "남원 국립의전원의 경우 폐교된 서남대 의대 정원을 활용하는 것으로, 의사협회에서 반대하는 의대 정원 확대와는 전혀 관계가 없다"며 정부차원의 적극적인 행동을 요구했다.

시민연대는 또 "지역 간 의료서비스 불평등과 격차를 개선하기 위해서는 남원 국립의전원의 설립은 매우 시급한 과제이다"며

“이런 중차대한 사안이 아무런 관련도 없는 의대정원 문제와 맞물려 장기간 표류하고 있다는 것은 이해할 수 없다”고 불만을 토로했다.

특히 시민연대는 “남원 국립의전원 설립은 공공의료를 강화해 보건의료서비스의 지역 간 격차를 해소하는데 궁극적인 목적이 있다”며 “이미 지난 정부에서 당정이 합의한 사항이고, 보건복지부와 교육부간 협의도 마친 현안이다”면서 2월 임시국회에서의 법안 통과를 촉구했다.

김원종 공동대표는 “정부는 남원의 숙원사업이자 열악한 지역 의료 환경을 개선하고 더 많은 국민들이 의료 혜택을 볼 수 있는 남원 국립의전원 설립을 의대정원 확대와 별개 사안으로 분리해 최우선적으로 추진하라”고 주장했다.

정부는 국립의전원법을 의사정원 문제와 분리하여 최우선 과제로 다루고 법률안을 즉각 통과하라! - 170만 전북 도민, 8만 남원시민 국립의전원법 통과 촉구 성명서 -

2023년 1월 26일 정부와 대한의사협회간 협의체이하 “의정협의체”라 함가 재가동되었습니다. 정부는 국립의학전문대학원법이하 “국립의전원법”이라 함을 의사정원 문제와 분리하여 의정협의체 최우선 과제로 선정, 즉각 통과시키고 국회는 법률안 심사를 조속히 완료해야 합니다.

전라북도 국립의전원은 의사정원 확대나 지역필수의료 확충과 아무 관계가 없는 데도 엉뚱하게 의사증원 확대 방안과 함께

참고자료

맞물려 진전을 보이지 못하고 있고, 그 피해는 전라북도 도민과 남원시민이 전적으로 부담하고 있습니다.

국립의전원은 당초 2018년에 설립 작업이 시작되어 2024년에 개교하기로 예정되었으나 논의가 중단되면서 남원시는 대표적 소멸위험지역으로 지정되었고 인구는 계속 감소하여 을씨년스러운 유령도시가 되고 말았습니다.

국립의전원은 현재의 의과대학 선발정원을 늘리는 게 아니라 폐교된 서남의대 정원을 이어받아 설립한다는 점에서 의사정원 증원과 무관합니다.

배출된 의사인력도 취약한 지역에서 일하는 것이 아니라 중앙부처 의무사무관부터 국가중앙병원 전문 인력에 이르기까지 공공분야 의료인재 양성을 위한 목적이므로 취약지 인력부족 문제 해결과는 완전히 별개입니다.

국립중앙의료원 · 국립암센터 · 국립정신건강센터 · 국립재활원 · 보훈병원 등 국공립병원을 활용하여 임상 교육을 실시하게 될 뿐만 아니라 보건복지부 · 질병관리청 · 식품의약품안전처 등 국가기관들이 역점을 두고 필요한 정책교육을 실시하게 되므로 민간대학과는 차원이 다른 교육이 이루어질 것입니다.

국립의전원에서 훈련받는 의료인재는 공무원법에 따라 급여 · 승진 · 유학 · 국제기구 파견 등 다양한 역량개발을 통해 우리나라 의료의 국제적 위상을 한 차원 높일 수 있을 것으로 기대됩니다. 의사협회가 말하는 질 낮은 인력이 전혀 아닙니다.

기존의 대학체계는 공공보건의료의 가치와 미션을 실현하기가 불가능하기 때문에 국립의전원을 통해 공공 정책을 주도할 만한 역량을 갖춘 독자적인 양성체계를 구축하여야 합니다. 일종의 의무사관학교인 것입니다.

이러한 차별성을 모른 채 국립의전원을 2020년 9 · 4 합의에 포함하여 지연시킨 당정의 무지와 무책임에 분노를 느낍니다.

정부는 전북 도민과 남원시민의 억울함과 참담함을 달래는 차원에서라도 이번 의정협의체에서 의대정원 확대와 전북의 국립의전원을 별개 사안으로 분리해 국립의전원법 제정과 설립을 최우선적으로 추진해야 합니다.

170만 전북도민과 8만 남원시민은 참을 만큼 참았습니다.

그간 명분 없이 지연되어 온 국립의전원법이 이번에도 통과되지 않는 불행한 사태를 막기 위해 결연한 의지를 갖고 흔들림 없이 싸울 것입니다.

전라북도 모든 도민과 남원시민, 지방자치단체와 시민단체 등이 함께 할 것입니다.

정부와 각 정파는 명분 없는 정쟁을 즉각 멈추고 국립의전원법을 최우선 과제로 선정하고 통과시킬 것을 강력히 촉구합니다.

의사협회가 의사정원이나 지역필수의료 인력 확충과 아무 관계없는 국립의전원법 제정을 방해하는 것을 더 이상 용납하지 않을 것입니다.

국민여러분!

국립의전원은 전라북도와 남원시에 특혜를 달라는 것이 아닙니다. 원래 있던 것을 돌려달라는 우리의 정당한 요구입니다.

특정 지역만을 위한 목적도 아닙니다. 우리나라 전체 공공의료를 강화하기 위한 것입니다.

우리나라 낙후된 공공의료 인프라를 발전시키고 소멸되어가는 지리산권발전의 계기를 마련하기 위해 우리와 함께 해주십시오.

170만 전북도민과 8만 남원시민이 피눈물을 흘리는 심정으로 촉구드립니다.

2023년 2월 6일

남원 국립의전원 추진 시민연대

상임대표 이용국

공동대표 곽충훈 · 김대규 · 김원종 · 김천수 · 박문화 · 박종희 · 양경님 · 양쌍복 · 조남훈

[국립의전원 관련 참고자료 3]

<table>
<tr><td>남원복지경제연대</td><td colspan="2">▲ 대표 김원종(전, 보건복지부 보건의료정책관)
▲ 55739 전북 남원시 시청로 65, 3층</td></tr>
<tr><td colspan="3">▲ 수신 : 각 언론사 사회부</td></tr>
<tr><td colspan="3">▲ 발신 : 남원복지경제연대
- 대표 김원종(전 보건복지부 보건의료정책관)</td></tr>
<tr><td colspan="3">▲ 담당 : 남원복지경제연대(우택엽 국장, 010-3680-5659)</td></tr>
<tr><td colspan="3">▲ 제목 : 남원 국립의전원 설립 촉구 기자회견</td></tr>
<tr><td colspan="2">▲ 보도일자 : 2023. 10. 20(금)</td><td>▲ 배포일자: 2023. 10.20(금)</td></tr>
</table>

『남원 국립의전원 설립촉구』 기자회견

☐ 일시 : 2023. 10. 20(금), 11:00

☐ 장소 : 전라북도 도의회 기자실

☐ 참석

- 남원복지경제연대 김원종대표
  (전, 보건복지부 보건의료정책관)
- 남원공공의대 추진 시민연대 공동대표 박종희

(전, 국회보건복지위원회 수석전문위원)
- 전 남원시 의원 김형수
- 남원복지경제연대 정책국장 우택엽
- 남원 YMCA 사무국장 이훈

□ 순서
- 발표 : 김원종 대표
- Q&A

* 참석자는 변동될 수 있습니다.

2023년 10월 20일
남원복지경제연대

[국립의전원 설립을 촉구하는 남원시민사회단체 기자회견]

- 정부가 발표한 '필수의료혁신전략'에 국립의전원이 빠졌다.
- '필수의료혁신전략'만으로는 지역 · 필수의료 문제가 해결되지 않는다.
- 정부가 이미 약속한 『남원 국립의전원』의 조속한 설립을 촉구한다.

정부는 지난 19일 발표한 '필수의료혁신전략'을 통해 국립대병원이 필수의료 중추인력 양성과 공급의 원천이 될 수 있도록 집중 투자하겠다고 밝혔습니다.

참고자료

<필수의료혁신전략의 한계>

그러나 전북권역 심뇌혈관질환센터, 권역외상센터는 국립대가 아닌 원광대학교병원에 지정되어 있습니다. 2010년부터 지정되어 운영 중인데 갑자기 필수의료의 중추를 국립대병원이 담당하도록 하는 것이 맞는지 의문입니다.

국립대병원이 필수의료 인력 양성-공급을 책임진다고 해서 의료 사각지대의 의료인력 부족문제가 해소되는 것이 아닙니다. 남원 등 지리산권에는 상급병원이 없습니다. 때문에 갑작스런 심혈관질환이나 중중외상 사고를 당한 주민이 원거리 병원으로 전원하다가 사망하는 일이 심심치 않게 발생하고 있습니다. 이런 안타까운 현실을 언제까지 견뎌야 하는지 정부에 묻지 않을 수 없습니다.

정부는 또 지역·필수분야에 의료인력 유입을 촉진하기 위해 필수의료패키지를 집중 지원하고, 지역인재 선발을 확대하여 지역의 의사로 성장할 수 있도록 하겠다고 밝혔습니다.

그러나 정부가 패키지 집중 지원을 한다 해도 피부·미용분야로의 의료인력 유출을 막는 것은 한계가 있습니다. 현행 건강보험의 틀 내에서 피부·미용분야는 비급여를 통한 높은 보상이 가능하며, 다른 분야에 비해 상대적으로 안전하기 때문입니다.

지역인재의 선발도 지방 의대생과 지역 의사의 유출을 막는 근본적 대책이 되지 못합니다. 이는 그간 지역인재 의무선발제로 입학한 지방 의대생이 지방대 합격 후 중도에 포기하고 서울과 수도권 대학에 재입학하거나, 의대 졸업 후 수도권으로 빠져나간 사례가 셀 수 없이 많다는 사실에서 알 수 있습니다.

<국립의전원 추진배경과 경과>

의대 정원 증원만으로는 지역의료 부족 문제, 필수의료 부족 문제를 해소하는 데도 한계가 있다는 사실도 지적하지 않을 수 없습니다. 또 기존의 대학 체계로는 공공보건의료의 가치와 미션의 실현이 불가능합니다. 때문에 공공보건의료 정책을 책임질 의료 인력 양성 체계를 별도로 구축해야 한다는 의견이 꾸준히 제기되어 왔습니다.

이에 따라 정부는 2018년 남원 국립의전원 설립 방침을 결정했습니다. 국립 공공의료대학(원)을 설립하여 공공의료에 종사할 인력을 국가에서 책임지고 양성하겠다는 것입니다. 소요 정원은 폐교된 (구)서남대 의대 정원 49명을 활용하기로 했습니다.

당시 서남대 폐교로 낙담한 전북도민과 남원시민은 정부의 결정에 쌍수를 들어 환영했습니다. 현재 부지 선정까지 모든 절차를 마치고 국회에서 국립의전원법만 통과되면 되는 상태입니다.

<우리의 요구와 각오>

그런데 이번 필수의료혁신전략에 국립의전원이 빠졌습니다. 이에 전북도민과 남원시민은 문제를 제기하는 것입니다. 국립의전원은 특정 지역만을 위한 것이 아니라, 우리나라 전체 공공의료를 강화하기 위한 것입니다. 전라북도와 남원에 특혜를 달라는 것이 아닙니다. 원래 있던 것을 찾겠다는 정당한 권리행사입니다. 약속을 이행하라는 신뢰의 요구입니다.

전북도민과 남원시민은 정부가 약속했고, 이미 부지 선정까지 마쳤으며, 의대정원 증원과도 무관한 남원 국립의전원의 조속한 설립을 강력히 촉구합니다. 새만금 예산의 전면적 삭감에 이어 남원국립의전원마저 중단될 경우 170만 전라북도 도민들은 현 정부가 전라북도의 발전은 안중에도 없었다고 두고두고 얘기할 것입니다. 우리 170만 전북도민과 8만 남원 시민은 국립의전원이 설립되는 그 날까지 모든 수단을 동원하여 투쟁할 것입니다.

2023년 10월 20일

남원시 의회 국립의전원유치지원특별위원회(강인식), 남원복지경제연대(김원종), 남원여성단체협의회(인영희), 남원 만 그루 무궁화꽃 심기 시민참여위원회(박문화), 남원시 애향운동본부(김경주), 전국 공무원 노동조합 전북지역본부 남원시 지부(이승일), 전국보건의료산업노조 남원의료원지부(동헌), 남원 YWCA(유정이), 남원 YMCA(장선화), 자유총연맹 남원시 지부(장재경), 남원 재향군인회(하정두), 남원시 향군여성회(진옥순), 전북지적발달장애인복지협회 남원시 지부(장영규), 사회복지법인 풍악복지재단(하정섭), (사)공직공익비리신고 전국시민운동연합 남원 지부(양은철)

[국립의전원 관련 참고자료 4]

<table>
<tr><td colspan="3">[남원 임실 순창] 바꿔야 산다!</td><td rowspan="3"></td></tr>
<tr><td>논 평
2023.12.26.[화]</td><td>국회의원예비후보
신상/진품/일꾼</td><td>김원종</td></tr>
<tr><td colspan="3">담당 : 우택엽 (010-3680-5659) woo3986@naver.com
/ 남원시 시청로65,3층</td></tr>
</table>

참고자료

국립의전원법 국회 본회의 통과, 가즈아!

국립의전원법이 지난 20일 국회 보건복지위를 통과했다. 2018년 정부가 설립을 약속한 후 5년 만이다. 만시지탄이지만 남원시민과 함께 쌍수를 들어 환영한다.

서남대를 잃은 남원시민에게 정부의 국립의전원 설립 약속은 치유였고 희망이었다. 그러나 시간이 흐르면서 희망고문으로 변했다. 윤석열 정부 들어서서 낙담과 '그거 되겠어?' 하는 자조가 만연했다. 그러나 뜻있는 시민과 단체들은 남원 국립의전원 설립을 위한 노력을 멈추지 않았다. 그 일환으로 시민, 시민단체로 구성된 남원시민 대표단은 지난 10월20일 국회 앞에서 통과 촉구 집회를 개최했었다.

본 예비후보도 공무원 시절 친정인 보건복지부의 담당자들을 수차례 찾아가 의전원 설립의 당위성과 필요성을 설명하고 읍소했다. 남원공공의대추진시민연대를 구성하여 공동대표들과 함께 국회 정문 앞에 국립의전원법 통과를 촉구하는 합동시위, 남원에서 1인 시위를 진행했으며, 전북도의회에서 국립의전원법 통과를 촉구하는 기자회견을 하는 등 줄기차게 노력했다. 전라북도 및 남원기자단들 앞에서 출마기자회견을 가질 때에도 남원국립의전원법 제정의지를 지속적으로 밝혔다.

국립의전원법의 첫 단추는 꿰졌지만, 샴페인을 터뜨릴 때는 아니다. 마지막 관문인 본회의 의결이 남아있기 때문이다. 우리 모두 예의 주시하면서 노력을 이어가야 한다. 본 예비후보도 네트워크를 총 동원하여 의원 설득 작업을 계속할 것이다.

국립의전원법이 21대 국회를 무사히 통과하고 남원 국립의전원이 조속히 설립되어 우리나라 공공보건의료의 수준향상과 남원

경제 회복의 기폭제가 되기를 소망한다. 국립의전원법 국회 본회의 통과, 가즈아 !

[국립의전원 관련 참고자료 5]

제21대 국회 「국립공공보건의료대학 설립 법안」 통과 촉구 건의문

한 달여 밖에 남지 않은 제21대 국회와 침묵으로 일관하고 있는 정부에 「국립공공보건의료대학 설립 법안 통과와 국립의전원 설립」을 강력히 촉구합니다.

지난 2018년 서남대 폐교에 따라 당시 당·정 합의사항인 서남대의대 정원 49명을 활용한 남원시 공공의대 설립을 위한 법률안 발의와 함께 남원시에서는 공공의대 설립을 위하여 지금까지 공공의대 부지 50% 이상을 매입하는 등 준비에 매진하여 왔습니다.

하지만, 2020년 의대 정원 확대에 대한 의료계의 반발과 집단휴진으로 인해 정부에서는 의정합의$_{2020.09.04.}$에 따라 의대 정원 확대 등은 코로나19가 안정화된 이후 논의를 진행키로 협의하였으나, 코로나19가 진정됨에도 불구하고 정부와 국회는 국립의전원에 대하여 전혀 논의하지 않고 있어, 남원시의회에서는 지난 제253회 정례회$_{2022.09.14.}$에서 "남원 국립보건의료대학 설립 촉구 결의안"과 이후 2회에 걸쳐 국립의전원 법안 통과 및 설립 촉구 결의안을 의결하여 관계 부처에 강력히 촉구한 바 있습니다.

또한 그동안 남원시의회, 남원시, 남원시민단체는 수차례 국회와 보건복지부를 찾아 의대 정원 확대와 관계없는 폐교된 서남대 의대 정원 49명을 활용한 국립공공보건의료대학 설립 법안이 조속히 통과될 수 있도록 지속적으로 건의하여 왔습니다.

다행히도 2023년 12월 국회 보건복지위원회에서는 「국립공공보건의료대학 설립 · 운영에 관한 법률안」을 의결하였지만, 현재는 법제사법위원회에 계류된 상태입니다.

지리산권역 3개 도전북, 전남, 경남의 의료격차 해소와 필수 의료인력 양성을 위해 국회와 정부는 공공성을 담보한 국립의전원 설립이 반드시 필요한 상황임을 직시해야 합니다.

물론 정부 발표의 의대정원 확대도 필요하지만 단순한 정원 확대만으로 지역별 의료격차 해소나 필수의료인력 양성에는 한계가 있을 것이고 이에 따른 피해는 고스란히 국민이 받을 것입니다.

또한 의대정원 확대 발표 결과를 보면 정원 배정을 하면서 정부는 국립의전원을 설립하기 위해 남원 몫으로 남겨 놓은 의대 정원 49명을 전북대, 원광대에 정원을 배정한 것을 볼 때 국립의전원 설립을 원천 봉쇄하고자 하는 처사가 아닌가 의구심이 들 수밖에 없습니다.

국립의전원은 필수 의료인력과 지역의사 부족 문제를 해결할 수 있는 가장 효과적인 방법으로 일종의 의료사관학교로서 우수한 의료인을 양성하는 기관으로서 국립의전원 법안이 얼마 남지 않은 제21대 국회 본회의에서 반드시 통과되어야 합니다.

만약 제22대 국회로 넘어가면 의협과의 논쟁이 다시 시작되고 몇 년 동안 진행하였던 절차를 다시 반복한다면 언제 「국립공공보건의료대학 설립 법안」이 만들어질 수 있을지 장담하지 못하기에 제21대 국회가 국민의 건강을 진정으로 생각한다면 국립의전원법안을 반드시 통과시켜 주기를 강력히 촉구합니다.

이에 우리 남원 시민 일동은 필수의료 인력을 양성하여 필수의료 인력을 제공할 수 있는 국립의전원 법안 통과를 온 국민의 염원을 담아 다시 한번 간곡히 호소하는 바이며, 정부가 이미 오래전에 약속한 남원 국립의전원 설립을 조속히 추진할 것을 강력히 촉구합니다.

2024년 4월 30일

남원공공의대 추진시민연대·남원시의회·남원 애향본부

보 도 자 료	남원공공의대추진시민연대 공동대표 : 김원종 010-5000-6431

남원공공의대 설치, 희망이 보인다!!

시민단체·시의회 「남원공공의대학 설치법」
제21대 국회 통과 촉구 호소를 위해 국회방문!
이재명대표와 윤석열대통령 영수회담 논의 의제로
공공의대법이 다루어진 사실 확인
민주당 당직자들! 총선 민의를 담아 공공의대 설치,
최우선 과제로 추진 의지 천명

남원공공의대 추진 시민연대상임대표 곽충훈, 공동대표 김원종는 남원시의회강인식 · 오동환 의원, 남원애향본부이사장 김경주, 재경남원향우회회장 박한근와 함께 4.30일(화) 국회를 방문, 법사위에 계류 중인 「국립공공보건의료대학 설립 · 운영에 관한 법률안」이 조속히 통과될 수 있도록 건의하였다.

시민연대는 이재명 대표의 정책멘토로 알려진 이한주 민주연구원장, 김윤덕 사무총장, 김성주의원, 박주민수석부대표, 진성준 정책위의장예정 등 공공의대와 관련된 핵심 관계자들을 고루 면담하고 동 법 통과 지연으로 인한 남원시민들의 실망과 이 법의 조속한 통과에 대한 열망을 가감 없이 전달하였다. 이날 면담에서는 공공의대법 통과에 대한 민주당의 강력한 의지를 확인할 수 있었다. 특히 4.29일(월) 이재명 대표와 윤석열 대통령간의 영수회담에서도 공공의대 설립이 주요의제의 하나로 다루어졌다는 점을 최초로 확인하였다. 즉, 야당이 정부의 의대정원 증원에 찬성하는 대신 지역의사제법과 공공의대법도 동시에 통과시키자는 제안이 그것이다. 정부측은 의대정원 증원에는 찬성하는 대신 지역의사제와 공공의대 이슈에 대해서는 부정적인 입장을 보여 최종 타결에 까지는 이르지 못한 것으로 보인다. 그럼에도 불구하고 여야 영수회담에서 공공의대가 주요 아젠다로 상정되었다는 점만 보더라고 머지않아 공공의대 문제가 타결될 수 있다는 희망을 갖게 하는 일이 아닐 수 없다.

의사 증원과 공공의대 문제를 동시에 타결하자고 한 야당의 제안은 국민의 건강과 생명을 고려한 시의적절한 제안이다. 정부가 합의했다면 국가적 난제인 의사정원 확대의 전기가 마련될 수 있었다는 점에서 정부의 입장은 선뜻 이해하기 어렵다. 정부가 의대정원 증원만 고집할 것이 아니라, 공공의대 설립을 통해 지역의사와 필수의료 부족문제에 실질적인 대안을 제시해야 한다.

오늘 면담에서 민주당 관계자들은 총선 민의를 담아 22대 국회에서 야당이 민생을 위한 정책 추진에 좌고우면하지 않겠다는 각오를 보인만큼 남원공공의대법도 조속한 통과가 기대되는 바이며, 남원공공의대추진시민연대는 공공의대법이 통과되는 날까지 8만 남원시민들과 함께 총력을 기울여 나갈 계획이다. 끝.

[국립의전원 관련 참고자료 6]

지방 의료공백 문제, 의무 사관학교 설립 외엔 답 없어

다소 생소하게 들릴 수도 있지만 우리나라에 의무醫務 사관학

참고자료

교 설립이 시급하다. 사관학교하면 육군사관학교 등 삼군에 있는 사관학교와 국군간호사관학교가 대표적이지만, 의대에도 사관학교를 하나 두자는 것이다.

물론 군인의사를 키우자는 것은 아니다. 군의관 제도가 있고 공중보건의도 있다. 지방에 너무나 의사가 부족하기 때문에 의무적으로 지역에서 근무할 의사를 키우는 국립공공보건의료대학원을 설립하자는 것이다. 기존 의대에서 배출되는 의사와 달리 국가와 지방정부의 부름을 받고 의사가 없는 지역에 달려가 생명을 구하는 의사를 양성하자는 의미에서 공공의료 사관학교이다.

작년에 법안도 발의가 됐고 설계비 예산도 책정이 됐지만 더 이상 진척이 안 되고 있다. 의사정원을 늘리는 것도 아니고 폐교된 서남의대 정원 49명을 받아서 설립하자는 것임에도 불구하고 반대하는 사람들이 있다. 정치권도 필요성은 인정한다고 하면서도 실제 추진에는 그다지 적극적이지 않은 것으로 보인다.

현재 국내에서 활동하는 소아외과 의사는 48명에 불과하고, 이마저도 절반은 서울과 수도권에서 근무하고 있으며 강원과 경북, 충남, 세종에는 소아외과 의사가 1명도 없다. 또, 소아외과 의사를 1명 이상 보유하고 있는 병원은 거의 없다. 이는 1명이 24시간동안 대기하며 소아외과 응급 상황에 대비하고 있다는 것이다. 현실적으로 혼자서 진료하기에는 의료 공백이 많이 발생해 위험 부담이 클 수밖에 없다는 우려다.

이 같은 지방 의료인력 부족과 이로 인해 생기는 의료서비스 공백에 대해 현행 의료체계를 가지고 해결할 수 있을까? 안타깝지만 필자는 불가능하다고 생각한다. 생활여건이 좋은 수도권과 대도시에서 근무하고 싶은 것은 의사뿐만 아니라 어느 직종이건 똑같다. 따라서 의사들에게, 스카이 캐슬을 꿈꾸는 의대생들에게 사람이 부족한데 왜 지방에는 안가느냐고 따질 필요도 없다. 지방 의료공백 문제는 의료체계 개선만으로는 풀기 힘든 사회적 환경 등이 많이 좌우하는 문제인 것이다.

해결책은 간단하다. 의사가 없으면 필요한 의사를 보내면 된다. 그런데 현행 의대 교육시스템으로는 그렇게 할 수가 없다. 보건소에서 근무하는 공중보건의는 계속 줄고 있고 의대 졸업생은 어떻게든 수도권 지역에서 근무하고 싶어 한다. 공공의료 사관학교인 국립공공보건의료대학원 외에는 답이 없다는 얘기다.

의대이기 때문에 학생들이 임상실습을 하는 교육병원이 매우 중요하다. 지방에서 특히 부족한 내과 · 외과 · 소아과 · 산부인과 · 응급의학과 등 필수의료 전문의를 양성해야 하고 이를 위해 국립중앙의료원과 전국의 국 · 공립 병원, 지방의료원 등을 두루두루 거치면서 다양한 지역의 공공의료를 임상현장에서 경험하게 해야 한다. 교육의 질에 대해 우려하는 목소리도 들리지만, 국립중앙의료원 신축 · 이전사업을 통해 우수한 교수인력을 많이 채용하면 된다.

기왕에 남원에 설립하기로 결정하고 부지까지 매입하고 있는 만큼 대학 설립지역을 두고 왈가왈부할 필요가 없다. 시 · 도 별로 의료취약 정도, 필요 의료인력 규모 등을 고려하여 정원을 배분하고 각 시 · 도지사에게 학생 선발과 교육, 졸업 후 의무복무 배치, 의무복무 종료 후 지역사회 정착에 이르기까지 필요한 권한과 책임을 부여하면 된다. 외형은 국립이지만 사실상 지자체의 연합형태로 운영하자는 것이다.

지방 의료인력 부족은 의사뿐만 아니라 간호사도 심각한 상황이다. 국립공공보건의료대학원에서 간호사까지 양성할 수 있기를 기대해 본다. 내년에 총선이 있다. 국회가 법안을 심의할 시간이 많이 남지 않았지만 아직 기회가 있는 만큼 국립공공보건의료대학원 설립법을 하루빨리 제정할 것을 정부와 국회에 강력하게 촉구한다.

[언론기고 _ 국립의전원 관련 참고자료 7]

'역대 최악' 오명 21대 국회, 「국립의전원법」 통과로 유종의 미를 거두길 바란다!

남원공공의대추진시민연대 공동대표 김원종
(전 보건복지부 보건의료정책관)

21대 국회의원 임기는 5월 29일까지로 한 달 여 남았다. 역대 최악의 국회로 불렸던 21대 국회 이지만 대한민국의 발전을 위해서 반드시 마무리해야 할 법률안은 반드시 처리해서 유종의 미를 거두기 바란다.

현재 정치권에서는 정치개혁과 연금개혁 관련 법률을 다루자는 움직임이 있는 것으로 알려졌다. 김진표 의장이 발의한 선거법, 개헌절차법, 국회법 등 3대 정치개혁 입법과제 관련 법안과 연금개혁 공론화위원회 등을 통해 논의 중인 연금개혁이 그것이다. 아울러 민주당은 채상병 사망사건 수사외압 의혹 특검법 등을 다음 달 2일 본회의를 열어 처리하겠다는 뜻도 밝히고 있다.

참고자료

임기 말을 앞두고 여야 원내대표들이 여야간 쟁점이 없는 법안을 추리게 될 것인데, 여기에 국립의전원법 역시 반드시 포함되어야 한다. 국립의전원법은 더불어민주당 김성주의원에 의해 2020년 발의되었지만 정부·여당의 반대로 4년 동안 제대로 논의조차 이루어지지 않았다.

윤석열정부는 국립의전원 설치가 필수의료와 지역의 의사 부족문제를 해결할 수 있는 가장 핵심적인 조치라는 점은 철저히 외면한 채 5년간 매년 의대정원 2,000명 증원계획을 발표하여 의사파업을 초래하였고 결과적으로 환자들의 건강과 생명을 위협하는 어처구니없는 일이 벌어지고 있다. 의대정원 증원이 맞는 방향이니 무조건 시키는 대로 하라는 오만함, 의사 반발을 무마하기 위해 겁박을 일삼는 광폭함, 전면적인 의사 파업에 부딪히자 어쩔 줄 몰라 하는 무능함이 이번 선거에서 여당이 참패한 요인이라는 것이 명확하다.

남원 국립의전원은 2018년에 정부가 약속한 이래, 부지 매입, 교육부 심사 등 모든 절차가 완료되어 있다. 지난해 12월 국회 보건복지위를 통과하여 법사위에 계류되어 있어서 여야간 합의만 되면 언제라도 통과시키는데 아무 문제가 없다.

국립의전원은 일종의 의료사관학교이다. 정부기관에 근무할 실력 있는 의무직공무원 양성이 목적이다. 정부가 필요한 분야의 의료인력을 정부가 양성하기 위한 것이다. 의료계가 반대할 아무런 이유가 없다.

만약 국립의전원법이 21대 국회에서 통과되지 않는다면 22대 국회 원구성 협상, 법안의 신규 발의 및 심사 등으로 또 다시 무의미한 시간을 낭비해야 한다. 여야가 오직 대한민국의 발전에 기여하고 국민들을 위한다는 한 가지 마음으로 21대 국회 임기 내에 반드시 국립의전원법을 통과시켜 유종의 미를 거두는 국회로 남게 되길 소망해 마지않는다.

[언론기고 _ 국립의전원 관련 참고자료 8]

21대 국회는 「국립의전원법」 통과로 유종의 미를 거두라!

남원공공의대추진시민연대 공동대표 김원종
(전 보건복지부 보건의료정책관)

세상만사 시작이 있으면 끝이 있다. '시작이 반'이라는 말도 있지만, 시작을 잘하는 것보다 끝을 잘 맺는 것이 훨씬 중요하다. 21대 국회가 4년의 임기를 거의 다 채우고 이제 한 달 남짓 남았다. 임기 동안 무엇을 했고 남은 기간 동안 무엇을 더 해야 할지 점검하고 마무리를 준비해야 할 시점이다.

21대 국회에서 여당과 야당은 서로를 악마화하면서 사사건건 대립했다. 국회를 통과한 법이 대통령의 거부권 행사로 휴지조각이 되기 일쑤였다. 입법과 행정은 물과 기름처럼 겉돌면서 서로 책임전가에 급급했다. 때문에 21대 국회는 '역대 최악'이라는 평가를 받는다. 21대 국회가 '역대 최악'이라는 오명을 벗고 유종의 미를 거두는 방법은 국가의 미래를 위한 법안들과 상임위를 통과한 민생법안들을 회기 내에 처리하는 것이다.

현재 정치권에는 정치개혁과 연금개혁 관련 법안을 회기 내에 처리하자는 움직임이 있다. 김진표 의장이 발의한 선거법, 개헌절차법, 국회법 등 3대 정치개혁 관련 법안과 연금개혁 공론화위원회 등을 통해 논의 중인 연금개혁이 그것이다. 정치개혁은 국가의 정치발전을 위해서, 연금개혁은 미래세대를 위한 지속가능한 연금제도를 위해서 반드시 손봐야 할 중요한 의제들이다.

조만간 여야 원내대표들은 앞에 언급한 굵직한 법안들 외에 임기 내에 처리해야 할 법안들을 추릴 것이다. 그 대상은 쉽게 합의 가능한 쟁점 없는 법안들이 될 것이다. 여기에 국립의전원법이 반드시 포함되어야 한다.

2020년 더불어민주당 김성주 의원이 대표 발의한 국립의전원법은 정부·여당의 반대로 4년 동안 논의조차 제대로 이루어지지 않았다. 그러나 다행히도 지난해 관련 상임위를 통과하고 법사위와 본회의라는 마지막 관문만 남겨두고 있다. 한 가지 마음에 걸리는 것은 의대정원 문제가 아직 해결되지 않고 있다는 것이다.

정부는 느닷없이 5년간 매년 의대정원 2,000명 증원계획을 발표하여 의사파업을 초래했다. 의대정원 증원문제가 해결되지 않는 것은 의료인력의 수급에 대한 윤석열 정부의 무지 또는 외면 탓이다. 국립의전원은 필수의료와 지역의 의사 부족문제를 해결할 수 있는 가장 효과적인 방법이다. 국립의전원은 일종의 의료사관학교로서 정부기관에 근무할 우수한 의무직공무원을 양성하는 기관이다. 때문에 국립의전원을 설치하면, 의대정원 늘리지 않거나 의료계와 합의 가능한 최소한의 증원만 하고도, 필수의료와 지역 의사인력을 배출할 수 있다. 의료계가 반대할 이유가 없다.

그렇기 때문에 국립의전원을 설치하면 의대정원 문제가 쉽게 해결될 수 있다. 이 어찌 '마당 쓸고 돈 줍고 도랑치고 가재 잡는'

참고자료

상책이 아니겠는가. 만시지탄이지만 정부는 이제라도 국립의전원 설치에 적극 나서야 한다.

남원 국립의전원은 2018년에 정부가 약속한 이래, 부지 매입, 교육부 심사 등 모든 절차가 완료된 상태다. 법안만 통과되면 일사천리로 진행할 준비가 되어있다. 21대 국회는 오직 대한민국의 발전과 국민 건강에 기여하겠다는 마음으로 국립의전원법을 반드시 통과시켜 유종의 미를 거두기 바란다.

2)「전북남원 첨단공공바이오헬스 연구개발단지」 조성

"전북 남원을 공공의료의 국제적인 메카도시로 만들겠습니다"

바이오헬스케어산업은 국민건강을 지키는 사회안전망이자 미래먹거리 산업이다. 정부도 '바이오헬스 신 시장 창출전략'을 수립하고 바이오헬스산업을 제2의 반도체 산업으로 성장시키기 위해 역량을 집중하고 있다.

오송 · 대구첨단의료복합단지는 국가주도 첨단의료산업단지로 조성되었는데, 오송에는 식품의약품안전처, 질병관리본부, 국립인체자원중앙은행 등 입주해 있고, 대구에는 한국뇌연구원, 한의기술응용센터, 3D융합기술지원센터 등 운영 중에 있어 유관 기업들이 단지에 입주해 있다.

매년 지자체들이 '바이오특화단지' 유치를 위해 총력을 벌이는 등 각 지역이 바이오산업을 전략산업으로 키우기 위한 경쟁이 치열하다. 그러나 코로나 등 신종감염병 백신 · 치료제 사전대응, 말라리아 등 열대병 치료제 개발 등 공공바이오헬스 관련 연구개발은 부족한 실정이다.

「남원 국립의전원」이 설립되면, 사명감을 가지고 공공바이오헬스 연구개발을 주도할 차별화된 인재양성체계를 구축하는 것이 가능해질 것으로 예견된다. 「남원의료원」에 대한 과감한 시설투자를 통해 「전북남원 첨단공공바이오헬스」 연구개발의 거점으로 육성하는 한편, 바이러스성 감염병, 인수공통전염병, 열대성 감염병 등 신종 감염병 대유행 대비 국가차원의 백신 · 치료제, 자동화 진단시스템 개발 및 실용화 관련 R&D 등을 집중적으로 추진하는 것이 가능해질 것이다. 「국제공공의료 인재양성센터」를 두고 각국의 공공보건의료인력 대상으로 공공바이오헬스 공동연구 및 신종 감염병 대응 교육 등 실시하는 것도 생각해볼 수 있는 대안이다.

남원에 첨단공공바이오헬스연구개발단지가 조성되면 미래 펜데믹 대비 국가 감염병 대응체계 고도화 및 공공의료 분야 국제협력을 주도할 수 있을 뿐만 아니라 공공보건의료 전문가 양성으로 국가보건의료시스템의 역량이 강화되는 효과가 기대된다.

3) 「범지리산내륙권 연계발전지원특별법」 제정

"지리산내륙권 획기적으로 발전시키겠습니다"

3도(전남 · 전북 · 경남), 7시군(남원 · 장수 · 곡성 · 구례 · 하동 · 산청 · 함양)이 인접한 지리산내륙권은 대표적인 소멸 · 낙후지역인 동시에 정부지원의 사각지대이다. 지리산 인근 7개 시군이 '지리산관광개발조합'을 운영 중이나, 지리산권역이 국립공원으로 지정되어 있어 개발에 상당한 애로가 있다.

오랜 기간 동안 개발 규제로 묶여온 지리산 내륙권이 함께 발전할 수 있도록 「범지리산내륙권 연계발전지원특별법」 제정이 필요한 시점이다. 지리산 인근 7개 시군의 특성을 감안하여 '영호남 화합형 양육 · 교육 · 연구개발 · 산업 · 의료 · 지역돌봄 · 주거 · 문화예술단지'를 구축하는 것이다.

전북 남원에 국립의전원을 설립하여 지리산권 의료사각지대 해소 및 '장수의료시스템' 운영토록 하고, 경남 함양에 영호남인이 함께 거주하면 함께 나이 들어가는 '공공실버주택단지' 조성하면 어떨까 싶다.

지리산 내륙권 인근 시군별 합리적인 보조금, R&D 지원액 확보를 위해 매년 '지리산내륙권발전계획'을 작성 중앙부처와 별도로 협의하여 동서화합형 연구개발 기금을 조성하는 것도 매우 의미 있는 일이 될 것이다.

이미 충청권은 '중부내륙연계발전지역 지원특별법(중부내륙지원법)'을 만들어 중부 내륙 지역의 체계적 지원과 자연 환경의 합리적 보전 및 이용, 합리한 환경 규제 완화, 국가 보조 확대와 각종 조세 · 부담금 감면을 실시하고 있다.

「범지리산내륙권 연계발전지원특별법」이 만들어지면 영호남 화합을 바탕으로 국가발전 및 남북화해의 신동력이 마련될 수 있고 지리산 내륙권 지원사각 해소 및 특성화 발전 모델 구축이 가능해질 것이다. 오랫동안 으르렁대던 호남권과 영남권이 함께 모여 고령화시대를 극복할 전기를 마련하는 것이 보기에도 좋은 일이 아닐 수 없다.

4) 남원형 신산업정책으로 청년 일자리 창출

남원은 수도권에서 떨어진 내륙권에 위치해 있어 기업유치가 쉽지 않다. 실제로 사매일반산업단지에 기업을 유치해 보려고 시도해 보았는데 분양조건이 여타 시에 위치한 산업단지와 별반 다른 것이 없어서 기업들에게 크게 어필하는 것이 쉽지 않았다.

남원 같은 오지에 기업을 유치하는 것은 불가능한가? 그렇지 않다고 생각한다. 크게 3가지 접근방법이 가능하지 않을까 한다. 첫 번째는 규제완화이다. 남원에서도 규제샌드박스를 활용해 신산업을 실증·사업화하거나 규제 리스크를 해결해 사업을 추진할 수 있다면 기업을 유치하는 것이 가능하다고 생각한다. 예를 들어 도시 운영·공공서비스 혁신을 위한 실증형 서비스나, 데이터 활용 규제 유예로 사업화 실증이 가능한 사업, 스마트 농업과 같은 분야는 남원에도 적용가능하지 않을까 싶다.

과거에 보면 우리나라에 자가줄기세포 시술이 허용되지 않아 환자들이 일본이나 중국까지 다녀오는 경우가 있었는데 남원지역에서 자가줄기세포 시술을 예외적으로 허용해준다면 의료산업이 활성화되는 계기가 될 수 있을 것이다.

두 번째는 비용절감 접근이다. 최근 AI 기반 산업이 대세로 자리 잡음에 따라 데이터센터와 같이 전기요금이 운영비의 상당부분을 차지하는 기업이 증가하고 있는 반면 수도권은 전력·입지 규제로 포화상태에 있다. 남원이 안정적인 전기를 공급해 줄 수 있다면 데이터센터, 반도체·전자 부품 공장, 냉동·냉장 물류센터, 식물공장, 재생에너지 연계산업 등의 유치가능성도 상당하다고 여겨진다.

세 번째는 영업활동 지원이다. 기업의 가장 큰 애로인

영업활동상 제약요인을 해결해 줄 수 있다면 기업은 당연히 초기투자에 머뭇거릴 이유가 없을 것이다. 남원은 한 시간 내에 전주, 광주, 대전, 대구, 진주 등 대도시를 포괄하고 있는 지리적 이점을 활용하여 순환경제나 친환경 설비를 운영토록 하고 인근 도시와 협업체계를 구축할 수 있다면 기업 유치가 가능하지 않을까 싶다.

특히 '남원사매일반산업단지' 공동화 문제는 최우선적으로 해결해야 한다. 현재 사매일반산업단지 분양률은 135 내외에 불과하다. 지역의 노동력이 부족하고 교통 및 물류 환경이 취약하여 기업유치에 많은 애로가 있는데, 이러한 장애요인을 극복하려면 파격적인 행·재정적 인센티브가 필요하다.

소멸지역 산업단지에 신규 입주하는 기업에 대해서는 최초 일정기간 해당 지역 기여액의 일정비율을 보조하는 제도(가칭, 소멸지역 신규기업 지역기여 매칭보조제도)를 도입하는 방안을 제시하고자 한다.

이를 통해 사매일반산업단지에 입주하는 기업의 초기투자비용을 사실상 제로로 만들고 남원에서 장기간 기업 활동을 하는 인센티브를 제공할 것이다. 「인구감소지역지원특별법」 제28조를 개정하여 남원산업단지에 대한 특화된 지원이 가능하도록 해야 한다.

보 도 자 료		남원녹지경제연대 대표 : 김원종 010-5000-6431	
보도 일시	즉시 보도	배포 일시	2023. 6. 2(금) 17:00

『소멸도시 남원, 첨단반도체산업 유치 토론회』 개최

남원복지경제연대(대표 김원종)가 시스템반도체분야 글로벌기업 인피니언 테크놀지스 코리아(대표 이승수)를 초청하여 "미래성장산업과 관련 기업 유치방안"을 주제로 지역민 간담회형식 토론회 개최

남원복지경제연대대표 김원종는 2023. 6.1(수) 『소멸도시 남원, 첨단반도체산업 유치』 토론회를 개최하였다.

금번 토론회는 시스템반도체분야 글로벌 기업인 인피니언 테크놀로지스 코리아 이승수대표이하 이대표가 최근 시스템반도체 시장 동향을 소개하고 남원지역에 동 산업유치방안을 제시한 후 참석자들과 질의응답하는 순으로 진행되었다.

이대표는 우선 시스템반도체의 활용이 스마트폰, 자동차, 로봇으로 다양화되고 있어 향후 성장가능성이 높고 수익성도 매우 뛰어난 산업이라고는 점을 설명하였다. 실제로 인피니온은 전체 매출액이 140억 Euro(20조원대), 이익률은 20% 정도의 초우량기업임을 강조하였다.

이대표는 미래성장산업으로 AI주택형 솔루션, 신재생에너지, 이차전지, IoT 등 7대 산업을 제시하면서 미래성장산업을 선도할 수 있는 인재양성과 벤처기업 유치전략이 남원과 같은 인구소멸 지역에 새로운 기회를 제공할 수 있을 것으로 전망하였다.

4차산업을 이끌어갈 개발역량이 뛰어난 인재와 벤처기업은 굳이 수도권에 있을 필요가 없으므로 이들이 남원에 자리를 잡고 연구개발에 집중할 수 있는 여건이 조성된다면 인피니언도 지방자치단체와 함께 이들을 함께 육성하기 위한 투자가 가능하다는 의견을 밝혔다.

특히 비메모리분야 개발을 선도할 인재는 대규모 조직보다는 소규모 팀단위 조직과 벤처기업에서 이루어질 경우가 많으므로 이들이 남원에서 편하게 연구할 수 있는 분위기가 조성되는 것이 중요하다고 하였다.

참석자 가운데 이상민 차의과학대학 데이터경영학과 교수는 의료분야 로봇개발의 현황을 설명하였고 박종희 전) 국회 보건복지위원회 수석전문위원은 남원에 시스템반도체 설계학과를 설치할 필요성이 있다는 의견을 제시하였다. 또한 남원시 한명숙 시의원은 남원시의회 차원에서 남원에 첨단산업을 유치하기 위한 노력이 필요하다는 견해를 표명하였다.

남원복지경제연대 김원종 대표는 실리콘 밸리의 사례에서 우수한 인재가 있으면 기업이 자연스럽게 몰려가는 현상을 볼 수 있듯이, 남원도 인재양성을 통해 4차 산업 혁명을 선도할 잠재력이 충분하다는 점을 확인할 수 있었다면서 앞으로도 합성생물학, 챗

GPT, 첨단의료복합단지 운영성과 등 첨단산업의 남원유치 가능성을 모색하는 토론회를 지속적으로 개최할 계획을 밝혔다. 끝.

5) 교육주도성장 도서 _ 남원

남원의 학생들을 보면 어떤 꿈을 꾸고 있을까 하는 궁금증이 든다. 내가 학교에 다닐 때와 너무 달라져서 지금 학생들의 마음속을 짐작하기조차 힘들다.

우리는 중학교를 마치면 전주에 있는 고등학교로 진학하고 그리고 서울에 있는 대학에 가는 것을 일종의 코스로 생각했다. 지금 생각하면 죽어라고 공부한 것이 꼭 맞는 일이었나? 하는 생각도 들지만 당시 분위기는 그랬다.

그런데 우리가 당연하게 여기던 진학코스를 제시하는 것이 어려운 것 같다. 남원용성중학교 졸업생 가운데 전주로 가는 학생이 몇 명 되지 않고 대부분 남원에 있는 고등학교로 진학을 한다고 한다. 고등학교를 마치면 상위권은 빠져나가고 중하위권은 진학을 포기하는 구조가 뚜렷하다.

김대규 교수님이 제시해 주신 IB(International Baccalaureate)교육은 나에게 단비와 같은 소식이었다. IB교육은 1968년 스위스 제네바에서 시작된 국제 공인 교육프로그램으로, 학생의 비판적 사고력, 창의성, 자기주도성을 길러 국제적 소양을 갖춘 평생 학습자를 양성하는 것을 목표로 한다고 한다.

실제로 제주 표선초·중학교는 IB교육 도입 이후 학생 수가 폭발적으로 증가했고 표선고는 IB 도입 후 다수의 졸업생이 국내 유명 대학과 해외 대학에 진학하였다고 한다.

자녀 교육에 가장 관심이 많은 학부모들이 선택한 과정이라면 거기에 답이 있지 않겠는가? 하는 생각이 들어 남원시 중앙초, 용성초, 하늘중 등에 IB교육을 도입하겠다는 약속을 했다. IB교육으로 소멸위기 도시가 교육주도 성장 도시로 전환되는 꿈을 꾸어본다.

6) 복지도 산업이다

남원은 대표적인 초고령 지역이다. 65세 이상 노인이 전체 인구의 30%를 돌파하였고, 면단위 소재 마을 주민의 상당수가 75세 이상의 후기고령인구로 진입중이다. 현재에는 마을 경로당에서 식사 등 공동생활이 가능하나 5~10년 경과 시 상당수 85세를 초과하게 되어 대부분 일상생활이 어려울 것을 보인다.

현재는 노인장기요양보험제도에 의거, 일상생활을 혼자서 수행하기 어려운 노인 등을 대상으로 재가시설, 생활시설이 운영 중이나, 대부분 읍 단위에 위치해 있어 면 소재 마을 어르신이 취약해질 경우 평생 살던 마을을 떠나 읍내로 이동이 불가피하다.

시골 마을의 빈집이나 마을회관을 개보수하여 「마을형 공동생활가정」으로 지정 및 운영해 보면 어떨까 한다. 지자체가 빈집을 인수하여 제공하고 요양보호사 자격이 있는 지역주민을 '마을요양보호사'로 인정하여 요양서비스 제공을 허용하는 방식이다. 노인복지법 등 개정으로 '마을형 공동생활가정'을 시설유형으로 규정 및 차별화된 수가지원 방안을 마련할 필요가 있다.

우리보다 노인복지의 선진국이라 할 수 있는 일본은 후쿠오카현 후쿠오카시 노인요양시설 '다쿠로쇼 요리아이'가 지역사회 공동체 돌봄을 실험 중에 있는 사례를 볼 수 있다.

이러한 지역사회 공동체 돌봄시스템 마련으로 늙어서도 익숙한 장소에서 살도록 지원해 나가는 것을 선도하는 남원시를 꿈꾸어 본다.

고령자 복지주택 도입도 서둘러야 한다. 청양교월의 사례와 같이 주거시설과 통합돌봄센터, 사회복지관이 함께 있는 고령자 복지주택을 신축하여 노인들이 한 건물 안에서 복합적인 서비스를 받을 수 있도록 할 필요가 있다.

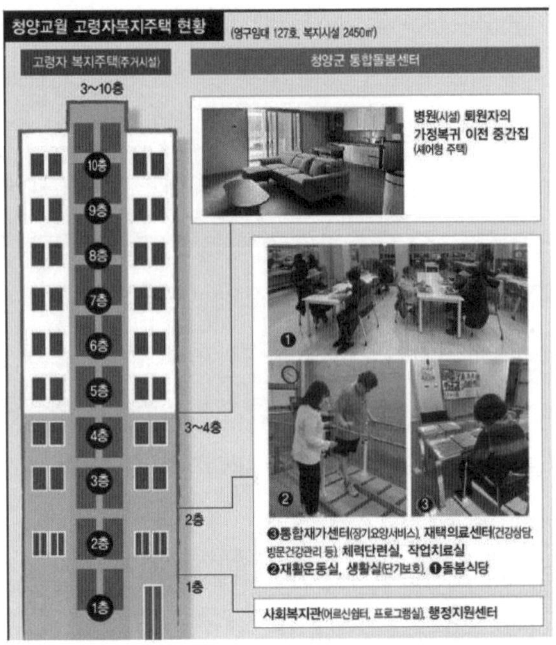

청양교월 고령자복지주택

바야흐로 복지시대를 맞이하고 있다. 고령자가 전체 인구의 20%를 넘어서서 인구의 메인스트림을 구성하고 있다.

그러나 막상 집안에 어르신이 치매가 발생하거나 거동이 불편하게 되었을 경우 이용할 수 있는 시설이 다양하게 구성되어 있지 않다. 노인장기요양보험을 중앙집권적으로 만들어서 생긴 폐단이라고 할 수 있는데, 만약 지방자치단체별로 노인장기요양보험제도를 운영토록 했다면 보다 다양한 시설유형을 설립하는 것도 가능하지 않았을까 싶다.

내가 도입해 보고 싶은 시설 유형에는 치매마을이 있다. 수용소 형태의 치매요양병원이나 치매요양시설 형태와는 달리 마을 형태의 시설이다. 이곳에 생활하는 환자들은 동네를 산보하듯이 다닐 수 있고 식당, 슈퍼, 약국, 병원들도 동네와 같은 형태로 구성이 되어 있다. 다만, 치매 시설 내 가게에 근무하는 종사자는 모두 치매 관련 전문가들이다. 남원에 치매마을을 만들어 부모님들을 모시게 한다면 미래형 복지시설로 자리 잡을 수 있지 않을까? 핵심은 내가 치매에 걸렸을 때 가고 싶은 시설을 만드는 것이다.

Warm materials will be used to create a "sense of home"

펜실베니아 치매 마을

프랑스 치매마을

7) 지방행정 투명한 절차와 공정한 인사가 핵심이다

나라를 망하게 하는 것은 부패라고 했던가? 지역에 내려와서 본 지방자치단체의 모습은 참담하고 부끄러운 그것이다. 주민을 봉사하는 자세는 온데간데없고 윗사람 눈치만 살피는 것을 보면 참 한심하다는 생각이 들곤 한다.

남원은 매년 청렴도가 전국 최하위 수준으로 평가받고 있고 급기야 인사 관련하여 시청의 주요부서가 수사를 받는 지경에까지 이르렀다.

행정이 신뢰를 확보하기 위해서는 투명성을 확보하는 것이 제일이다. 가급적 모든 것을 공개하는 과감한 자세가 필요하다. 국무회의도 공개하는 판에 지방행정이야 더 말해서 무엇하나? 나는 고위간부회의는 생중계하고 인사위원회에는 공무원노조 대표가 참여토록 함은 물론 과별로 성과계약을 체결하고 그 결과를 승진인사에 반영하겠다는 다짐을 드렸다.

시민참여예산을 대폭 확대하고 시민참여지원관 제도를 도입하여 실질적인 주민참여가 이루어지도록 할 것이다. 특히 모든 불가민원은 시장이 직접 결제를 하도록 민원처리시스템을 근본적으로 바꾼 것이다. 되는 민원은 담당자가 처리토록 하고 안 되는 민원은 상급자에게 올려서 안 되는 책임을 상급자가 지도록 할 것이다. 이렇게 해야 시민들의 민원을 하늘같이 받들게 되지 않을까 싶다.

[남원시 직제 증원에 대한 신문기고]

소멸지역 지방자치단체가 고위직을 늘리는 조례 개정은 가당치 않다

- 남원시 의회는 국장급 공무원 순증 조례를 부결시켜라

- 남원시는 주민생활을 돕는 하위직 위주의 직제개편안을 시행하라

남원시는 24년 10월 15일, 국장급 공무원 2명을 늘리는 것을 골자로 하는 조례 개정안을 시의회에 제출하였고, 11월 29일 남원시 의회 자치행정위원회에서 동 개정안이 부결된 이후 12.24일 같은 내용의 조례안을 다시 상정하여 시의회에서 재심의를 눈앞에 두고 있다. 조례 개정안의 주요 내용은 기획조정실을 신설하고 자치행정국을 행정복지국과 문화관광교육으로 분국하여 국장급(4급) 공무원을 현행 5명에서 7명으로 2명 증가시키고 과장급(5급) 공무원을 57명에서 58명으로 1명 순증시키는 것이다.

이번 조례 개정은 2024년 6월 '시군구의 실 · 국 설치기준'이 삭제되면서 가능해진 것이다. 그러나 타 시군구의 고위직 순증 사례가 많지 않은 상황에서 남원시가 고위공무원을 늘리는 조직개편안을 제출한 것은 지방 소멸의 위기에 서민들의 삶이 날로 피폐해지고 있는 지역 현실과 맞지 않는 잘못된 조치로서 시의회에서 반드시 부결시켜야 한다.

남원시 국장급 공무원 확충계획은 타 지자체 사례에 비추어 과도하다. 대부분의 지자체는 공무원 정원증가를 최소화하거나 실제로 주민생활에 도움이 되는 하위직 위주의 증원방침을 밝히고 있다. 경기도 31개 시군 가운데 11개 시군이 현재 정원을 유지할 계획이라고 밝혔다. 남원시 조직개편안이 통과되면 국장급 공무원이 총 7명이 되어 6개의 실국을 운영 중인 특별시 자치구나 3~6개의 실국을 운영 중인 광역시 자치구보다 남원시가 더 많은 국장급 기구를 운영할 수도 있다. 남원시가 서울시 자치구 보다 국장이 더 많은 것이 합리적인가?

남원시는 인수소멸 위험지수가 0.26에 달하는 전국에서 대표적인 소멸지역이다. 2024년 9월말 기준 남원시 인구는 약 76천 명으로 매년 약 1천 명씩 감소하고 있고 연간 출생아수는 약 240명인데 반해 인구 유출규모는 약 600명 규모로 순 유출규모도 계속 증가하고 있다. 2022년 전라북도 도민 1인당 개인소득은 2,289만 원으로 전국 평균인 2,554만 원의 89.7%에 불과한데, 남원은 그 중에서도 최하위 수준이다. 시민들 대부분이 빈곤상태에서 허덕이고 있고 남원의 청년들은 일자리가 없어 타 지역으로 내몰리고 있는데 고위직을 늘리는 잔칫상을 벌이는 것이 스스로 민망하지 않은가?

남원시의 개편안은 정부의 방침에도 역행하는 것이다. 정부의 자치단체 인력관리 기본방향은 향후 5년간 기준인력을 유지하고 신규 수요는 매년 정원의 1%를 발굴하여 신규 또는 증가분야로 재배치하여 대응한다는 것이다.

남원시의 국장급 공무원 증가는 실제로 시민들에게 돌아가야 할 교부세를 축소시킬 개연성이 높다. 행정안전부는 기준인건비를 초과하면 기준인건비 초과 전액을 지방교부세에서 감액하는 페널티 제도를 운영하고 있기 때문이다. 인건비 절감액의 경우 200% 반영되는 반면 인건비 결산액이 기준인건비를 초과하는 만큼 패널

참고자료

티를 받는 방식이므로 실제로 줄어드는 주민들 몫은 상당규모에 달할 것으로 보인다. 지방공무원의 인건비를 한 푼이라도 줄여서 주민들에게 돌아가게 하는 것이 바람직한 목민관의 자세 아닌가?

이번 조직개편안이 절차적 정당성을 갖추었는지도 의문이다. 남원시는 조례개정안을 입법예고하면서 단 4일간의 의견 제출 기간을 부여하여 통상적으로 20일을 부여해야 하는 행정절차법을 위반하고 있다. 행정절차법을 위반해가면서까지 서둘러서 조직개편안을 해야 하는 이유가 무엇인가?

남원시 의회는 불합리한 남원시의 직제 개편안을 반드시 부결시켜야 한다. 남원시민은 피눈물을 흘리는데 금준미주金樽美酒를 즐기는 패악을 되풀이하지 않기 바란다.

남원복지경제연대 대표 · 전주대 객원교수 김원종

남원로타리클럽
더 따뜻한 대한민국을
만듭니다!
설 귀성객맞이
떡 나눔봉사
어묵·음료

2025년도 정기총회
사단법인 일과

다시, 사람 곁으로
- 끝이 아닌 시작을 위하여

나는 다시 남원에 서 있다. 돌아온다는 말은 늘 낭만적으로 들리지만, 실제로는 수많은 선택과 포기의 결과다. 중앙정부에서 정책을 만들고, 제도의 설계도를 그리던 시간도 있었다. 숫자와 보고서, 회의실의 조명 아래에서 국가의 방향을 논의하던 순간들도 분명 의미 있었다. 그러나 시간이 흐를수록 내 마음은 점점 현장으로 향했다. 정책이 실제 삶에 닿는 순간, 종이 위의 문장이 아니라 사람의 얼굴에서 결과를 확인하고 싶었다.

나는 이 책에서 화려한 성공담을 쓰고 싶지 않았다. 오히려 실패와 좌절, 정치의 냉혹함, 그리고 지역 현실의 무게를 숨기지 않고 기록하고자 했다. 넘어지는 순간이 많았고, 기대했던 변화가 좌절되는 경험도 적지 않았다. 그럼에도 불구하고 내가 끝내 손에서 놓지 않은 것은 '사람'이었다. 복지는 통계가 아니라 한 가정의 식탁이며, 정책은 수치가 아니라 아이의 내일이라는 사실을 나는 현장에서 배웠다.

정치는 종종 권력의 언어로 말해진다. 누가 이겼는지, 누가 더 많은 자리를 차지했는지, 누가 더 큰 목소리를 냈는지가 뉴스의 제목이 된다. 그러나 내가 믿는 정치는 다르다. 정치는 봉사여야 하고, 책임이어야 하며, 때로는 불편한 진실을 감수하는 용기여야 한다. 주민 앞에서 고개 숙일 줄 아는 정치, 실패했을 때 변명하지 않는 정치, 성과를 독점하지 않고 공을 나누는 정치. 나는 그런 정치가 가능하다고 믿는다. 남원은 지금 거대한 전환점 위에 서 있다. 인구는 줄고, 청년은 떠나며, 고령화는 빠르게 진행되고 있다. 그러나 동시에 남원은 기회를 품고 있다. 지리산이라는 자연, 공동체의 끈끈한 연대, 그리고 아직 소진되지 않은 가능성들이 이 도시에 남아 있다. 문제는 방향이다. 토건 중심의 성장인가, 사람 중심의 회복인가. 단기 성과의 정치인가, 백년을 바라보는 설계인가.

나는 후자를 선택했다. 남원의 재도약은 거창한 구호가 아니라 구체적인 삶의 변화에서 시작되어야 한다고 믿는다.

청년에게는 머물 수 있는 일자리를, 농민에게는 지속 가능한 소득 구조를, 어르신에게는 존엄한 노후를, 아이들에게는 지역에서도 꿈을 펼칠 수 있는 교육 환경을 만들어야 한다. 이것은 이상이 아니라 반드시 해야 할 현실의 과제다.

이 책을 쓰며 나는 나 자신에게도 질문을 던졌다. "너는 끝까지 책임질 준비가 되어 있는가?" 말로만 정의를 외치는 것은 쉽다. 그러나 실제로는 비판을 견뎌야 하고, 이해관계의 압박을 버텨야 하며, 때로는 고독한 선택을 감수해야 한다. 그럼에도 불구하고 나는 다시 현장으로 가기로 했다. 정치의 중심이 아니라, 삶의 중심으로 돌아가기로 했다.

나는 오뚜기처럼 여러 번 넘어졌다. 그러나 매번 다시 일어났다. 그 이유는 단 하나였다. 포기하지 않는 시민들이 있었기 때문이다. 농촌의 새벽을 지키는 농부, 돌봄 현장에서 묵묵히 일하는 사회복지사, 작은 가게를 지키는 자영업자, 미래를 꿈꾸는 청년과 아이들. 그들의 삶이 내게 다시 일어설 이유를 주었다.

이 책의 마지막 장은 끝이 아니라 약속이다. 나는 독자에게 약속하고 싶다. 권력보다 책임을 택하겠다고, 편한 길보다 옳은 길을 걷겠다고, 그리고 언제나 사람의 편에 서겠다고. 정치가 신뢰를 잃은 시대일수록, 누군가는 다시 신뢰를 쌓는 일을 시작해야 한다. 나는 그 출발선에 다시 서기로 했다.

남원의 내일은 어느 한 사람의 능력으로 만들어지지 않는다. 시민과 행정, 전문가와 현장, 세대와 세대가 함께 만들어야 한다. 나는 그 연결의 역할을 맡고 싶다. 다리를 놓는 사람, 갈라진 목소리를 이어주는 사람, 느리더라도 방향을 바로 잡는 사람으로 남고 싶다.

오늘 이 책을 덮는 순간, 나는 다시 출발선에 선다. 그리고 독자에게 묻고 싶다. 우리는 어떤 도시를, 어떤 사회를, 어떤 미래를 다음 세대에 남길 것인가. 그 질문에 대한 답은 책 속이 아니라 우리의 선택 속에 있다.

나는 오늘도 다시 사람 곁으로 간다. 그리고 내일도, 그 다음 날도, 오뚜기처럼 일어나 걸어갈 것이다.

2026년 겨울

남원에서

김원종